Neue

Kleine Bibliothek 339

Arbeitsgruppe Alternative Wirtschaftspolitik

MEMORANDUM 2024

Schuldenbremse lösen:
Auftakt zu gerechtem Klimaschutz

PapyRossa Verlag

© 2024 by PapyRossa Verlags GmbH & Co. KG
Luxemburger Str. 202, D-50937 Köln

Tel.:	+49 (0) 221 – 44 85 45
Fax:	+49 (0) 221 – 44 43 05
E-Mail:	mail@papyrossa.de
Internet:	www.papyrossa.de

Alle Rechte vorbehalten

Grafiken:	Grafikdesign Susanne Weigelt, Leipzig
Druck:	Interpress

Die Deutsche Nationalbibliothek verzeichnet diese Publikation in der
Deutschen Nationalbibliografie; detaillierte bibliografische Daten sind
im Internet über http://dnb.d-nb.de abrufbar.

ISBN 978-3-89438-826-3

Inhalt

Vorwort

Das MEMORANDUM 2024, das Ende April der Öffentlichkeit vorgelegt wurde, gliedert sich wie in den vergangenen Jahren in zwei Teile:

I. Die Kurzfassung wurde bis Ende März von rund 700 Wirtschaftswissenschaftler*innen und Gewerkschafter*innen durch ihre Unterschrift unterstützt.

II. Die Langfassung enthält ausführliche Erläuterungen und Begründungen für die Kurzfassung. An der Vorbereitung und Ausarbeitung war ein großer Kreis von Wirtschaftswissenschaftler*innen aktiv beteiligt. Auf zwei Wochenendtagungen der *Arbeitsgruppe Alternative Wirtschaftspolitik* wurden die Grundpositionen erarbeitet und diskutiert und nach einer Endredaktion Mitte Februar in die vorliegende Fassung gebracht.

* * *

Mehr Informationen über die *Arbeitsgruppe Alternative Wirtschaftspolitik* sind im Internet zu finden (alternative-wirtschaftspolitik.de). Dort finden sich eine Liste aller Publikationen der Gruppe, Einladungen zu Tagungen, aktuelle Veröffentlichungen einzelner Mitglieder der *Arbeitsgruppe Alternative Wirtschaftspolitik* sowie Termine und Einladungen.

Kontaktanschrift:
Arbeitsgruppe Alternative Wirtschaftspolitik e.V.
Postfach 33 04 47
28334 Bremen
E-Mail: memorandum@t-online.de
Internet: www.alternative-wirtschaftspolitik.de

I. Kurzfassung des MEMORANDUM

Schuldenbremse lösen:
Auftakt zu gerechtem Klimaschutz

Deutschland ist in der Krise gefangen. Die Wirtschaft ist von einer multiplen Krise gebremst. Die Corona-Pandemie, der Krieg Russlands gegen die Ukraine und gestörte Lieferketten haben ihre Spuren hinterlassen. Der Krieg im Nahen Osten und andere geopolitische Konflikte bergen große Eskalationspotenziale. Preissteigerungen drücken weiter auf die Realeinkommen. Die Unzufriedenheit mit der Politik ist groß im Land. Nicht gelöste ökologische Probleme bereiten vielen Menschen Zukunftssorgen. Gleichzeitig besteht die Angst, bei der Lösung dieser Probleme überfordert zu werden.

Die großen Demonstrationen gegen Rechts sind ein Hoffnungsschimmer. Doch sie werden nur erfolgreich sein, wenn mit ihnen eine gesellschaftliche Stimmung entsteht, die eine solidarische Entwicklung einfordert. Eine Entwicklung, die die großen sozialen Gräben zuschüttet, keinen zurücklässt und die drängenden Probleme anpackt. Wir brauchen den Mut zu einem großen gesellschaftlichen Aufbruch.

1.   Keine Antwort auf die multiple Krise

Im Jahr 2023 schrumpfte die deutsche Ökonomie um 0,3 Prozent. Nach dem kräftigen Einbruch in der Corona-Pandemie im Frühjahr 2020 ging es zunächst schnell wieder aufwärts. Die Politik hat damals mit sehr umfangreichen staatlichen Hilfen für Unternehmen und Privatpersonen richtig reagiert. Auch der kräftige Anstieg der Energiepreise 2022 konnte von der Politik noch abgefedert werden. Allerdings ließ sich der Einbruch der Realeinkommen nicht verhindern. Die aufgelaufenen Ersparnisse aus der Corona-Zeit haben den Konsum zunächst gestützt. 2023 lag die Wirtschaftsleistung etwa einen halben Prozentpunkt über dem Vorkrisenwert von 2019. Im Grunde erleben wir seit vier Jahren Stagnation. Für 2024 erwarten

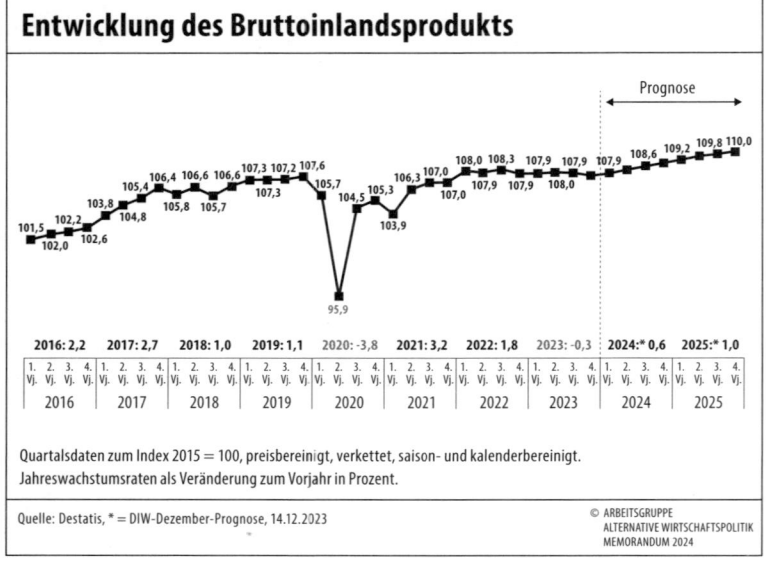

Entwicklung des Bruttoinlandsprodukts

Prognose

| 2016: 2,2 | 2017: 2,7 | 2018: 1,0 | 2019: 1,1 | 2020: -3,8 | 2021: 3,2 | 2022: 1,8 | 2023: -0,3 | 2024:* 0,6 | 2025:* 1,0 |

Quartalsdaten zum Index 2015 = 100, preisbereinigt, verkettet, saison- und kalenderbereinigt.
Jahreswachstumsraten als Veränderung zum Vorjahr in Prozent.

Quelle: Destatis, * = DIW-Dezember-Prognose, 14.12.2023

© ARBEITSGRUPPE
ALTERNATIVE WIRTSCHAFTSPOLITIK
MEMORANDUM 2024

viele Prognosen ein leichtes Wachstum. Doch die Abwärtsrisiken der gesamtwirtschaftlichen Prognosen sind sehr hoch. Es droht eine weitere Stagnation.

Die öffentlichen Debatten über den weiteren wirtschaftspolitischen Kurs sind erstaunlich. Die uralten neoliberalen Klagen werden wieder aufgetischt. Die Unternehmen hätten zu wenig Profite, die Löhne seien eher zu hoch und der Staat gäbe zu viel Geld aus, weil in der Krise die Schuldenbremse ausgesetzt wurde. Man fühlt sich an die Debatten der Agenda-Jahre Anfang der 2000er erinnert oder gar in die Ära Helmut Kohls zurückversetzt. Was nicht heißt, dass nun jede Kritik völlig unbegründet ist. Natürlich dauern etwa Genehmigungsverfahren oftmals zu lange. Ein Blick auf die Zahlen offenbart aber die wirklichen Krisenursachen.

Bei drei Nachfragekomponenten gab es 2023 einen dramatischen Einbruch: beim privaten Konsum, beim staatlichen Konsum und bei den Bauinvestitionen. Nur der Außenbeitrag (und in kleinerem Maßstab die Ausrüstungsinvestitionen) sorgten für positive Wachstumseffekte. Die Schwäche des privaten Konsums erklärt sich unmittelbar aus den Kaufkraftverlusten, zumal sich die Sparquote nicht nennenswert verändert hat. Der Rückgang des öffentlichen Konsums ergibt sich auch wegen auslaufender Mittel für die Corona-Hilfen. Die abgestürzte Baukonjunktur ist eine unmittelbare Folge der Zinssteigerungen in Kombination mit stark gestiegenen Preisen am Bau.

Für eine Ökonomie, die seit Jahren aus mehreren Gründen in der Krise steckt, sind negative Impulse einer restriktiven Finanzpolitik pures Gift. Um aus der Mehrfachkrise herauszukommen, bedarf es starker öffentlicher Impulse. Das können Konsumhilfen für einkommensschwache Haushalte sein, Kostenhilfen für Unternehmen, die unter den Energiekosten leiden, und natürlich öffentliche Investitionen und Hilfen für private Investitionen. Die *Arbeitsgruppe Alternative Wirtschaftspolitik* weist seit Jahren auf die Investitionsschwäche in Deutschland hin. Die öffentliche Infrastruktur verfällt weiter, auch wenn das Problem seit geraumer Zeit nicht mehr bestritten wird.

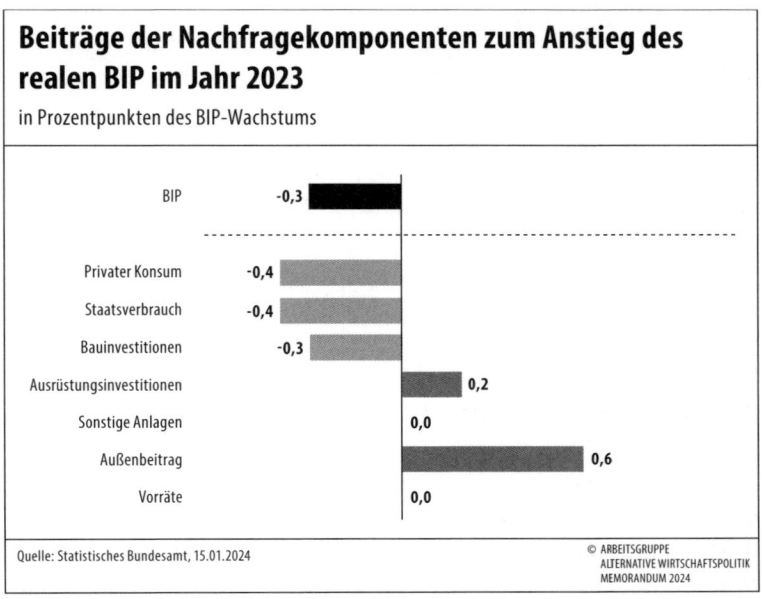

Beiträge der Nachfragekomponenten zum Anstieg des realen BIP im Jahr 2023

in Prozentpunkten des BIP-Wachstums

BIP	-0,3
Privater Konsum	-0,4
Staatsverbrauch	-0,4
Bauinvestitionen	-0,3
Ausrüstungsinvestitionen	0,2
Sonstige Anlagen	0,0
Außenbeitrag	0,6
Vorräte	0,0

Quelle: Statistisches Bundesamt, 15.01.2024

© ARBEITSGRUPPE
ALTERNATIVE WIRTSCHAFTSPOLITIK
MEMORANDUM 2024

Die derzeitige Bundesregierung war in der Finanzpolitik mit einem grundsätzlichen Konstruktionsfehler gestartet: Man wollte die Schuldenbremse einhalten und keine Steuern erhöhen. Mit einigen pragmatischen Maßnahmen konnten Gelder für eine Erhöhung der Investitionen organisiert werden. Nicht ausreichend, aber ein Schritt in die richtige Richtung. Von zwei Seiten her ist diese Strategie jetzt gescheitert: Einerseits hat die Wucht der Krisen dieses Konzept der kleinen Schritte überfordert. Angesichts der Folgen des Krieges fehlten die Finanzvolumina. Andererseits hat das Verfassungsgericht die Umgehung der Schuldenbremse jetzt unmöglich gemacht.

Am 15.11.2023 erzeugte das Bundesverfassungsgericht einen finanzpolitischen Paukenschlag. Dass die Versuche zur Umgehung der Schuldenbremse beim Bundesverfassungsgericht landen würden, war abzusehen. Die Bundes-CDU nahm die Umbuchung der Kreditermächtigung von 60 Milliarden Euro aus den Corona-Töpfen in den »Klima- und Transformationsfonds« zum Anlass einer Klage. Wegen dieser »Buchungstrickserei« ist das zweite Nachtragshaushaltsgesetz 2021 mit Art. 109 Abs. 3, Art. 110 Abs. 2 und Art. 115 Abs. 2 Grundgesetz (GG) unvereinbar und nichtig. Ernsthaft durfte dieses Urteil niemanden überraschen. Die Warnungen waren von Anfang an unüberhörbar. Trotzdem löste es ein politisches Beben aus. Selbst die Klägerpartei CDU überraschte die Härte dieses Urteils. Schließlich haben auch Landesregierungen mit CDU-Beteiligung das Instrument der Ermächtigung von Krediten auf jährlichen Abruf genutzt. Nach dem Urteil kann die Bundesregierung den von der Schuldenbremse eng gesteckten Rahmen jetzt nur noch in Form einjähriger Kredite überschreiten, sofern sie den Nachweis einer besonderen Notlage erbringen kann.

2. Der absehbare Schock in der Finanzpolitik

Die 2009 beschlossene Schuldenbremse im Grundgesetz zwingt den Bund, die Neuverschuldung auf 0,35 Prozent des Bruttoinlandsprodukts zu begrenzen. Die Länder müssen gänzlich ohne neue Kredite auskommen. Da es politisch von Anfang an nicht gewollt war, die Einnahmeausfälle durch das Kreditverbot mit angemessenen Steuererhöhungen und/oder Kürzungen von Ausgaben gegenzufinanzieren, sind am Ende dringliche öffentliche Investitionen zurückgedrängt worden. Unter dem Regime der Schuldenbremse ist der öffentliche Kapitalstock geschrumpft. Darüber hinaus fielen die dringend erforderlichen Investitionen in die Modernisierung und vor allem in die ökologische Transformation viel zu gering aus. Deshalb wurde die Schuldenbremse von Anfang an von der *Arbeitsgruppe Alternative Wirtschaftspolitik* scharf kritisiert. Das finanzpolitische Desaster nach dem Urteil des Bundesverfassungsgerichts macht noch einmal deutlich, wie berechtigt diese Kritik war und ist.

Die *Arbeitsgruppe Alternative Wirtschaftspolitik* hat immer wieder auf die gravierenden Fehleinschätzungen der Kritiker jeglicher Staatsverschuldung hingewiesen:

- Die Anforderungen an das fiskalische Handeln des Staates werden auf das einzelwirtschaftliche Kalkül der Unternehmen und der privaten Haushalte reduziert. Was für diese mit ihren einzelwirtschaftlich eingeschränkten Haushaltseckwerten Ausgaben, Einnahmen und Ersparnisse gilt, lässt sich auf den Staat *nicht* anwenden. Der Grund ist seine strategische Rolle in der Gesamtwirtschaft. Wenn der Staat etwa seine Ausgaben zurückführt, dann folgt ein sich verstärkender Ausfall an gesamtwirtschaftlicher Nachfrage.

- Es wird beteuert, durch die wachsende Aufnahme von Krediten auf den Finanzmärkten würden privatwirtschaftliche Investitionen verdrängt und die Inflation angeheizt. Wie die Empirie zeigt, kann davon in den letzten Jahren nicht die Rede sein. Auch bei dem schockartigen Anstieg der Staatsschulden – zuletzt durch die Corona-Krise und dann durch die Folgen des Russland-Krieges gegen die Ukraine – sind die Kapitalmarktzinsen erst einmal extrem niedrig geblieben. Offensichtlich werden die Zinssätze an den Kapitalmärkten nicht durch Staatsschulden, sondern durch die Geldpolitik der EZB, Renditeerwartungen von Investoren und vorhandene Ersparnisse bewegt.

- Zur Kritik an der Staatsverschuldung, mit der auch die Schuldenbremse immer wieder gerechtfertigt wird, gehört die Behauptung:

Heutige Schulden produzierten nur eine Erblast, die die nachfolgenden Generationen zu tragen hätten. Dagegen stehen die positiven Wirkungen der mit Krediten finanzierten öffentlichen Investitionen in die Zukunft. Während die Finanzierung der riesigen Investitionssummen durch Steuererhöhungen und/oder Ausgabenkürzungen die heutige Generation erdrücken würde, sorgt die Kreditfinanzierung dafür, dass nachfolgende Generationen per Zinszahlungen und Tilgungen nach dem Grundsatz »pay as use« an der Finanzierung angemessen beteiligt werden.

Dominiert wird die Mehrfachkrise durch die Klimakrise. Bei der Bekämpfung der Ursachen und der Folgen kommt dem Staat auch gegenüber der Privatwirtschaft die Führungsrolle zu. Heute steht das Mega-Zukunftsprojekt gegen die Klimakrise auf der Agenda: Die ökologische Transformation vor allem durch Dekarbonisierung, mit dem Ziel, die Basis eines klimaverträglichen Wohlstands für kommende Generationen zu schaffen. Die dazu erforderlichen Finanzvolumina, die der Staat und die Privatwirtschaft aufzubringen haben, sind gigantisch. In einem Gutachten vom Januar 2024, das die vorliegenden Prognosen und Daten auswertet, schätzt das »Handelsblatt Research Institute (HRI)« den finanziellen Gesamtbedarf zur Herstellung der Klimaneutralität bis 2045 allein im Energiesektor auf über 1,1 Billionen Euro. Solche Mittel können unter dem Regime einer Schuldenbremse nicht mobilisiert werden.

Das hat durchaus zu einem Sinneswandel bei vielen Ökonom*innen geführt. Die durch die Schuldenbremse über dreizehn Jahre ausgelösten Belastungen der gesamtwirtschaftlich nachhaltigen Entwicklung haben eine finanzpolitische Zeitenwende unausweichlich gemacht. Während die *Arbeitsgruppe Alternative Wirtschaftspolitik* bereits in der Föderalismuskommission II (2007-2009) zusammen mit vielen anderen Publikationen gegen die landläufig behauptete »Erfolgsstory Schuldenbremse« argumentiert hat, vollzieht sich endlich auch in der beratenden Wirtschaftswissenschaft auf der Basis empirisch abgesicherter Analysen ein Paradigmenwechsel. Selbst die Deutsche Bundesbank, die immer wieder als Gralshüterin einer strengen Schuldenbremse auftrat, leitete mit ihrem Monatsbericht vom April 2022 (also lange vor dem Karlsruher Urteil) mit der Forderung, den »Neuverschuldungsspielraum insbesondere bei niedrigen Schuldenquoten moderat auszuweiten« den Kurswechsel ein. Ende Januar 2024 ist der »Sachverständigenrat zur Begutachtung der gesamtwirtschaftlichen Entwicklung« (SVR), der viele Jahre ebenfalls eine strikte »schwarze Null« gefordert hat, in seinem »Policy Brief« einstimmig der Deutschen Bundesbank gefolgt. Nach dem Karlsruher Urteil nehmen die Forderungen nach einer Verfassungsänderung zur Reform der Schuldenbremse aus der Wirtschaftswissenschaft zu.

Verglichen mit den EU-Fiskalregeln ist die Schuldenbremse im Grundgesetz deutlich restriktiver gestaltet. So gibt es nur für den Bund (nicht den Gesamtstaat) die gegenüber der EU niedrigere 0,35-Prozent-Regel (Anteil der Neuverschuldung am BIP). Diese Restriktion soll auf 0,5 bzw. 1,0 Prozent gelockert werden. Das steht im Mittelpunkt der Reformvorschläge der Deutschen Bundesbank und des »Sachverständigenrates zur Begutachtung der gesamtwirtschaftlichen Entwicklung«. Wird dem Vorschlag des SVR gefolgt, dann ließe sich beim Bund durch einen Spielraum von 0,5 Prozent der Defizitspielraum um 5,4 Milliarden Euro und bei 1 Prozent um 23,4 Milliarden Euro erweitern. Durch diese von der Schuldenstandsquote abhängigen oberen Defizitgrenzen wird die Politik für den Abbau des Gesamtschuldenstands mit einem größeren Spielraum für Neuverschuldung belohnt.

Gegenüber den vom Schuldenstand abhängigen Quoten zur Begrenzung der Neuverschuldung (bezogen auf das Bruttoinlandsprodukt) befürwortet die *Arbeitsgruppe Alternative Wirtschaftspolitik* die »goldene Regel« als angemessene Schuldenbegrenzung vorzuziehen. Zur »goldenen Regel« werden derzeit drei Varianten mit unterschiedlicher Reichweite diskutiert:

- Der »Wissenschaftliche Beirat beim Bundeswirtschaftsministerium« plädiert für die »*goldene Regel plus*«. Öffentliche Nettoinvestitionen, die schuldenfinanziert sind, werden nicht auf die maximale Nettokreditaufnahme der Schuldenbremse angerechnet. Die Beschränkung auf Nettoinvestitionen zwingt den Staat, die Erhaltung des bestehenden Kapitalstocks aus regulären Haushaltmitteln zu finanzieren. Es droht damit weiterhin der Verfall der bestehenden Infrastruktur.

- Die Deutsche Bundesbank hat bereits im Monatsbericht vom April 2019 eine »*gekappte goldene Regel*« in Hinblick auf den Europäischen Stabilitätspakt vorgeschlagen. So darf der Bund die künftig erhöhte Schuldengrenze nur ausschöpfen, wenn der Kapitalstock per Saldo nicht sinkt.
- Die *Arbeitsgruppe Alternative Wirtschaftspolitik* setzt auf die Rückkehr zur »*bedingungslosen goldenen Regel*«. Dabei gilt die bereits genannte Spezifikation: Öffentliche Konsumausgaben fallen bei nicht nachweisbarer Zukunftswirksamkeit nicht unter diese Regel.

Ein pragmatischer Vorschlag setzt auf die Forderung nach der Einrichtung eines »Sondervermögens«. Dazu ist zwar auch eine qualifizierte Mehrheit im Bundestag erforderlich. Da jedoch mit dieser Lösung auf eine grundsätzliche Abschaffung der Schuldenbremse zugunsten klar definierter Aufgabenschwerpunkte verzichtet wird, ist eine qualifizierte Mehrheit eher zu erreichen. Sondervermögen können nach dem Grundgesetz mit 2/3-Mehrheit begründet werden. Zum Start wird zur Finanzierung der Gesamtausgaben für die gesamte Laufzeit eine entsprechende Summe per Kreditermächtigungen verfügbar gehalten. Der Abruf der Kredittranchen erfolgt Jahr für Jahr. Mit dem Sondervermögen für die Bundeswehr gibt es gerade ein praktiziertes Beispiel.

Aus der beratenden Wirtschaftswissenschaft wird der Vorschlag positiv aufgenommen. Clemens Fuest, Michael Hüther und Jens Südekum haben ein entsprechendes Sondervermögen gefordert. Michael Hüther nennt für diesen »Transformations- und Infrastrukturfonds« ein Gesamtvolumen von 400-500 Milliarden Euro (in Preisen von 2023) über zehn Jahre – in Kombination mit einem anfänglichen Tilgungsverzicht. Die IG Metall fordert einen Sonderfonds mit einem Ausgabenvolumen zwischen 500 und 600 Milliarden Euro.

Debatten gibt es nicht nur über die deutsche Schuldenbremse. Auch die europäische Regelung, die 2024 wieder greifen soll, wurde reformiert. Die Verhandlungsführer des Rates und des Europäischen Parlaments haben sich am 10. Februar 2024 auf eine Reform der Fiskalregeln verständigt. Schon der Vorschlag, der am 23. April 2023 aus der Kommission kam, war durch das zu erwartende Sperrfeuer der

»geizigen« Länder (vorneweg immer Deutschland, die Niederlande und Österreich) beeinflusst. So war schon der Text, der der beginnenden Verhandlung zugrunde lag, nicht geeignet, den Mitgliedstaaten die nötigen Finanzmittel zu verschaffen, um die vielen Herausforderungen zu meistern, die gegenwärtig auf der Agenda stehen: ökologische Transformation und Hilfe für 95 Millionen in Armut lebende Menschen in der EU. Eine Untersuchung der in London sitzenden »New Economic Foundation« zeigt, dass die bisherigen Schuldenregeln nur vier EU-Mitgliedstaaten genügend Spielraum zum Erreichen der Klimaziele lassen. Das Europäische Parlament (EP) hatte deswegen für die jetzige Reform die Einführung einer »goldenen Regel« für Klima- und Zukunftsinvestitionen gefordert. Diese richtige Forderung wurde von den Mitgliedstaaten abgelehnt.

Was wurde stattdessen beschlossen?

Schuldenabbaupfade: Länder mit einer Staatsschuldenquote höher als 90 Prozent des BIP müssen nun jedes Jahr ihre Verschuldung um 1 Prozent verringern, bei einer Staatsschuldenquote von 60-90 Prozent muss jedes Jahr 0,5 Prozent des Schuldenstandes abgebaut werden. Diese Regel ersetzt die frühere »1/20-Regel«, die deutlich restriktiver war. Die 3-Prozent-Regel für Neuverschuldungen wird verschärft hin zu einer de facto 1,5-Prozent-Grenze, was als Puffer gelten soll, damit man nicht die Grenze von 3 Prozent überschreitet. Bei Nichteinhaltung dieser Grenze legt die Kommission »reference trajectories« (Referenz-Verlaufsbahnen) vor, basierend auf einer länderspezifischen »*Schuldentragfähigkeitsanalyse*«. Diese von der Kommission selber errechneten Analysen waren schon in der Vergangenheit höchst umstritten. Was geändert wurde, ist, dass der *Anpassungszeitraum* für den Schuldenabbau nun auf 4 Jahre bzw. für »gute Schüler« auf bis zu 7 Jahre verlängert werden kann, wenn EU-konforme Investitionen durchgeführt werden (z. B. Klima oder Digitalisierung).

Eine positive Idee des EP war, dass Geld, das für die *Ko-Finanzierung* von EU-Programmen gezahlt werden muss, nicht auf die nationalen Schulden angerechnet wird. Diese Ko-Finanzierung gibt es allerdings nur bei Kohäsionsprojekten. Über einen Zeitraum von 7 Jahren machen diese Projekte für Deutschland 21,7 Milliarden Euro aus. Das erhöht den Schuldenspielraum um drei Milliarden Euro pro Jahr. Das ist nicht der große Schritt, den wir benötigen. Aber es gibt Stimmen, die hier den möglichen Kern einer zukünftigen »goldenen Regel« sehen. Die endgültige Annahme durch die drei EU-Institutionen wird noch im ersten Halbjahr 2024 erwartet.

Keine Unterstützung gibt es für die Idee, die am 18. Dezember 2020 beschlossene, für EU-Verhältnisse geradezu revolutionäre »Aufbau- und Resilienzfazilität« weiterzuführen und so einen wichtigen Finanzierungsbaustein für die Transformation zu schaffen (damals nahm die EU mehr als 670 Milliarden Euro an den Finanzmärkten als Schulden auf). Am 25. September 2020 billigte der Rat außerdem 87,4 Milliarden Euro für das SURE-Programm, mit dem Staaten bezüglich der finanziellen Lasten durch steigende Arbeitslosigkeit geholfen werden sollte. Auch hierfür sollten später Anleihen an den Märkten aufgenommen werden.

Das Next Generation EU-Projekt mit der »Aufbau- und Resilienzfazilität« wird bis 2026 laufen. Mit diesem Programm gibt es Möglichkeiten, in klimarelevante Projekte und in Digitalisierung zu investieren. Damit konnte zeitweise eine entscheidende Schwäche der EU-Politik überwunden werden. Viele Programme erlauben es den Staaten, einzelne Unternehmen und Projekte zu fördern, sie stellen aber keine Finanzierung dafür bereit. Weniger finanzstarke Staaten innerhalb der EU haben so keine Entwicklungsmöglichkeiten.

Um so notwendiger wären hier weitergehende Veränderungen. Doch es steht zu befürchten, dass nach den Europawahlen im Juni 2024 im Europäischen Parlament eine Mehrheit von rechten Parteien aktiv ist, die an solchen gemeinsamen europäischen Initiativen kein Interesse hat.

Die *Arbeitsgruppe Alternative Wirtschaftspolitik* fordert in der Wirtschafts- und Finanzpolitik:
- Ein umfangreiches Investitions- und Ausgabenprogramm für die Bereiche Bildung, Verkehrsinfrastruktur, Digitalisierung,

kommunale Ausgaben, energetische Gebäudesanierung, Sozialer Wohnungsbau, lokale Pflegeinfrastruktur und für Arbeitsmarkt und Qualifizierung. Dies ist als Antwort auf die multiplen Krisen notwendiger denn je.

- Die Abschaffung der Schuldenbremse. Die Umdefinition von Schulden als »Sondervermögen« und damit Ausgliederung aus dem normalen Haushalt ist keine Lösung. Sollte eine grundlegende Überarbeitung der Schuldenbremse an den hohen Verfassungshürden scheitern, sind zumindest Reformen nötig, die eine ausreichende und antizyklische Finanzierung der öffentlichen Haushalte ermöglichen.

- Ein gerechteres Steuersystem mit höherem Gesamtaufkommen zur Finanzierung der regulären, dauerhaften öffentlichen Ausgaben. Dazu gehören eine Vermögensteuer und die Verhinderung von Steuerflucht und Steuer»gestaltung« bei Unternehmen. Dazu gehört auch eine dauerhafte Übergewinnsteuer für alle Wirtschaftsbereiche.

- Die alte Forderung nach einer besseren Regulierung der Finanzmärkte bleibt weiter auf der Agenda.

- Die Initiative für eine internationale Mindestbesteuerung von Unternehmensgewinnen und für Kapitalerträge ist weiter voranzutreiben.

- Die alte Forderung für eine Finanztransaktionssteuer bleibt weiter richtig und wichtig. Viele ökologische Projekte und Entwicklungsprojekte könnten damit finanziert werden.

- Bei einer Beibehaltung der Schuldenbremse ist die Finanzierung der Krisenlasten aus der multiplen Krise über eine einmalige Vermögensabgabe notwendig.

- Auf der europäischen Ebene werden die Fiskalregeln abgeschafft oder zumindest umfassend reformiert. Der Resilienz- und Aufbaufonds wird zu einem dauerhaften Instrument ausgebaut. Das wird auch zur Bewältigung der industriepolitischen Herausforderungen immer wichtiger.

3. Geldpolitik verschärft die Situation unnötig

Noch im Februar 2022 vertrat die EZB die grundsätzlich richtige Einschätzung, dass sie gegen die gestiegenen Preise – in Deutschland lag die Inflationsrate damals auch schon bei gut vier Prozent – über kein wirksames Instrumentarium verfüge. Die Preissteigerungen rührten von gestörten Lieferketten, geopolitischen Spannungen und künstlichen Verknappungen auf den Energiemärkten her. Gegen diese »Angebotsinflation«, die für Deutschland konkret eine vor allem über die Energiepreise importierte Inflation war, lässt sich mit Zinssteigerungen und Liquiditätsverknappung nichts ausrichten. Der einzige Weg, wie unter diesen Bedingungen die Geldpolitik die Preisdynamik einfangen könne, wäre einer über den Umweg einer Rezession.

Kurz danach überfiel Russland die Ukraine und die Energiepreise gingen durch die Decke. Eigentlich hatte sich an der Analyse nichts geändert, Auslöser der Preissteigerungen war nach wie vor ein Angebotsschock. Aber die EZB gab dem Druck nach und verschärfte die Geldpolitik. Mit ihrer Zinswende, durch die seit Ende Juli 2022 in zehn Schritten der Leitzins von null Prozent auf 4,5 Prozent erhöht worden ist, hat sie die in der Mehrfachkrise dringend erforderliche Fremdfinanzierung der Unternehmen verteuert. Die Folge von steigenden Bauzinsen und -kosten ist der Absturz des Wohnungsbaus. Auch der Staat wird in der Phase der erhöhten Kreditfinanzierung mit höheren Zinszahlungen belastet.

Noch im Jahresverlauf 2022 sanken die Gaspreise wieder. Vor allem, nachdem die befürchtete große Krise in der Energieversorgung im Winter 2022/23 abgewendet werden konnte, beruhigte sich die Lage auf den Energiemärkten zusehends. Die Preise liegen zwar weiter erheblich über dem Niveau von vor 2021 – und viele erwarten, dass dies auch langfristig der Fall sein werde – aber der große Peak ist vorbei. Das bedeutet, es geht derzeit keine inflationäre Wirkung von ihnen aus. Die *Arbeitsgruppe Alternative Wirtschaftspolitik* hatte das so erwartet.

Die Entwicklung lässt sich, mit einer leichten zeitlichen Verzögerung, unmittelbar an den Inflationsraten in Deutschland ablesen. Seit Ende 2020 stiegen nach den Importpreisen die Verbraucherpreise kontinuierlich an und erreichten seit langem nicht gekannte Höhen. In der

Spitze lagen sie bei 8,8 Prozent (in alter Rechnung lag die Inflationsrate noch höher, 2022 gab es aber eine turnusmäßige Revision der Statistik.) Seitdem schwächt sich die Inflationsrate wieder ab. Für eine dauerhafte Persistenz hoher Preissteigerungsraten gibt es derzeit keine Anzeichen.

Allerdings hat der beobachtete Rückgang der Inflationsraten seit dem Höhepunkt Anfang des Jahres 2023 kaum etwas mit der restriktiven Geldpolitik zu tun.

Denn die Kaufkraftverluste werden nicht durch eine monetäre Überschussnachfrage gegenüber dem Angebot im Inland angetrieben.

Vielmehr wird die Inflationsbewegung durch die importierten Energiepreise, die über die Erzeugerpreise auf den privaten Verbrauch umgewälzt werden, bestimmt. Hinzu kommen die hohen Preise für Nahrungsmittel. Es sind vor allem die aus dem Ausland importierten Energiepreise, die hier Wohlstand kosten.

Diese Verursachung der Inflation zeigt sich an der Entwicklung der Erzeugerpreise. Sie führen auch zum Niederschlag der gestiegenen

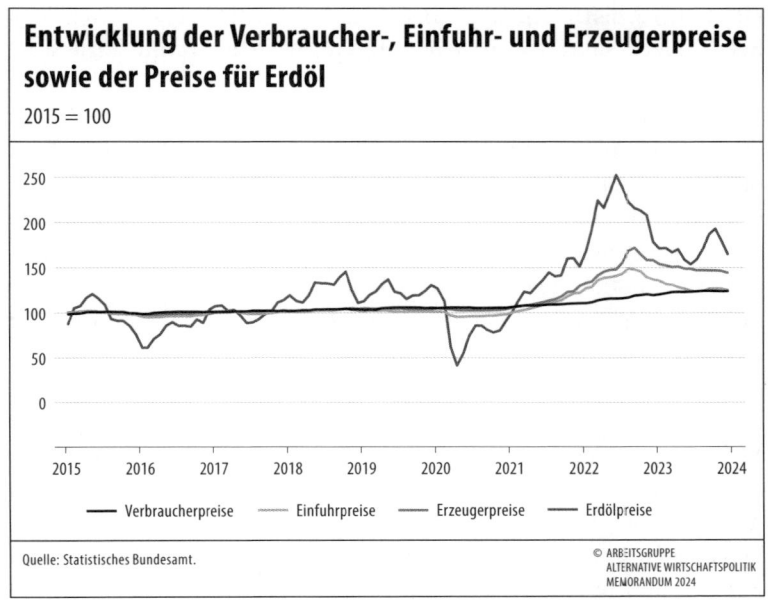

Entwicklung der Verbraucher-, Einfuhr- und Erzeugerpreise sowie der Preise für Erdöl

2015 = 100

Verbraucherpreise — Einfuhrpreise — Erzeugerpreise — Erdölpreise

Quelle: Statistisches Bundesamt.

© ARBEITSGRUPPE
ALTERNATIVE WIRTSCHAFTSPOLITIK
MEMORANDUM 2024

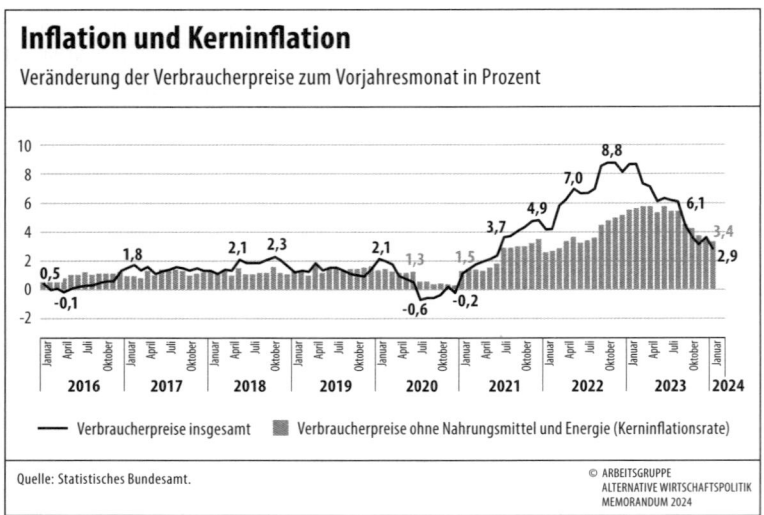

Inflation und Kerninflation

Veränderung der Verbraucherpreise zum Vorjahresmonat in Prozent

— Verbraucherpreise insgesamt ▪ Verbraucherpreise ohne Nahrungsmittel und Energie (Kerninflationsrate)

Quelle: Statistisches Bundesamt.

© ARBEITSGRUPPE
ALTERNATIVE WIRTSCHAFTSPOLITIK
MEMORANDUM 2024

Energiepreise in der Kerninflationsrate. Diese beschreibt zwar per Definition den Preisanstieg ohne Energie und saisonale Lebensmittel, doch bei der Herstellung der meisten Produkte, die in der Kerninflationsrate erfasst werden, wird Energie genutzt.

Gegenüber diesen exogenen Ursachen demonstrierte die EZB mit ihrer restriktiven Geldpolitik eher ihre machtvolle Machtlosigkeit, denn importierte Energiepreise lassen sich nun mal nicht durch Geldpolitik reduzieren. Dagegen dominiert bei der EZB der altbekannte monetaristische Trugschluss: Immer wenn es Inflation gibt, kann diese nur die Folge einer monetären Übernachfrage sein, die vor allem durch die Lohnpolitik und die expansiven Staatsausgaben verursacht sein soll.

Diese in Sachen der Inflationsbekämpfung erfolglose Geldpolitik belastet im Gegenzug die konjunkturelle Dynamik erheblich. In der Wahrnehmung der Notenbank sieht dies ganz anders aus: Danach war die Geldpolitik eine Erfolgsgeschichte. Die Zinsen wurden schnell und massiv erhöht und in der Folge ging die Inflationsrate wieder zurück. Dass die Preise auch deshalb nicht mehr stiegen, weil die Preise für die Energieimporte sanken, wird geflissentlich ignoriert.

> Die *Arbeitsgruppe Alternative Wirtschaftspolitik* fordert für die Geldpolitik: Einleitung einer Zinswende durch die EZB und damit den Übergang in expansive Geldpolitik.

4. Ungleiche Verteilung bleibt zentrales gesellschaftliches Problem

Die Inflation hat auch die Einkommenssituation der Beschäftigten in Deutschland stark belastet. Nach den starken *Reallohnverlusten*, insbesondere in 2022, die die Einkommensposition der abhängig Beschäftigten auf den Stand von 2015 zurückbefördert haben, bleiben neben den Energiepreisen weiterhin starke Inflationstendenzen bestehen, die u. a. über die Lebensmittelpreise die Kerninflation erreicht haben. 2023 betrug der Anstieg der Verbraucherpreise 5,9 Prozent, nach 6,9 Prozent im Jahr 2022. Erwartbar ist, dass die Kerninflation (Inflation ohne Energie) trotz eines abflauenden Auftriebs bei den Lebensmittelpreisen hoch bleibt (2024: 3,1 Prozent, 2025: 2,3 Prozent). Ein Gutteil des Lohnanstiegs in den Jahren 2024 und 2025 dürfte wahrscheinlich zu Lasten der Unternehmensgewinne gehen, welche durch die Preiserhöhungsrunden der letzten Jahre stark ausgeweitet wurden.

In den kommenden beiden Jahren dürfte die Inflation zurückgehen. Annahmen gehen davon aus, dass die Kerninflationsrate schrittweise auf die bereits genannten 2,3 Prozent in 2025 zurückgehen wird. Damit wird sie immer noch deutlich über ihrem langjährigen Mittel von rund 1,6 Prozent liegen (Projektgruppe Gemeinschaftsdiagnose 2023: 59; vgl. auch Dullien/Tober 2023). Insgesamt wird der Druck auf die Reallöhne durch die Preisentwicklung hoch bleiben. Die Entwicklung der Reallöhne ist zudem zwischen den Einkommensklassen unterschiedlich. Ärmere Haushalte sind besonders stark betroffen, weil sie einen großen Teil ihres schmalen Budgets für Nahrungsmittel und Haushaltsenergie ausgeben müssen. Diese Güter waren die stärksten Preistreiber.

Für die Tarifauseinandersetzungen seit 2023 gibt es eine Besonderheit zu beachten. In vielen Tarifverträgen wurde die Tarifausgleichsprämie mit genutzt. Diese fällt als Einmalzahlung in der nächsten Periode weg. Langfristig wichtiger sind tabellenwirksame Tariferhöhungen. 2023 konnten die Tarifentgelte um 3,7[1] Prozent erhöht werden. Dieser Betrag muss erst einmal erstritten werden, um sinkende Reallöhne zu verhindern. Die Gewerkschaften sollten nicht davon ausgehen, dass ihnen von Seiten der Ampel-Koalition oder einer Nachfolgeregierung künftig weitere Schützenhilfe bei Tarifverhandlungen geleistet wird.

Im Zeitraum 2010 bis 2023 gab es zwei positive Entwicklungen: Der *Niedriglohnsektor* wurde kleiner. Verdienten 2011 noch 23,9 Prozent aller Beschäftigten weniger als 66 Prozent des Medianeinkommens (das war die Höchstmarke in Folge der Agenda 2010), sank der Anteil bis 2023 auf 16,0 Prozent. Das war einerseits Folge einer positiven Arbeitsmarktentwicklung auch für geringer Qualifizierte. Es war aber auch die Folge einer erfolgreichen »anti-neoliberalen« Bewegung für gesetzliche Mindestlöhne, die in vielen Branchen durch Tariferhöhungen oberhalb des Mindestlohns noch verbessert werden konnten. Der gesetzliche Mindestlohn von 12 Euro ab Oktober 2022 kam mehr als 22 Prozent der Beschäftigten zugute. Er wurde aber durch die danach steigende Inflation entwertet. Dennoch setzte die Mindestlohnkommission 2023 in einer Kampfabstimmung gegen die Gewerkschaftsseite für 2024/25 eine nur minimale Erhöhung (weit unter der Inflationsrate) durch und entwertete damit den neuen Mindestlohn bewusst. Eine Erhöhung auf 14 Euro ist nötig, damit er – auch entsprechend der EU-Mindestlohnrichtlinie – auf die Niedriglohnschwelle von 60 Prozent angehoben wird. Das muss ergänzt werden durch mehr allgemeinverbindliche Tarifverträge, um den Niedriglohnsektor weiter abzubauen. Dafür muss das Mindestlohngesetz entsprechend geändert werden. Zusätzlich muss die Tarifbindung, die inzwischen auf 50 Prozent gesunken ist, deutlich erhöht werden. Bei allen öffentlichen Aufträgen

---

1   Wert entsprechend der Daten des Statistischen Bundesamtes vom März 2024 aktualisiert.

müssen die Auftragnehmer zur Tarifbindung verpflichtet werden. Eine EU-Richtlinie verpflichtet alle Staaten dazu, die Tarifbindung auf 80 Prozent zu erhöhen.

Verringert werden konnte in den letzten Jahren der Einkommensunterschied zwischen Männern und Frauen, er bleibt aber immer noch hoch. Der unbereinigte *Gender Pay Gap* – er vergleicht die Lohneinkommen von Männern und Frauen ohne Rücksicht auf unterschiedliche Qualifikation oder Branchen – sank von 22,7 Prozent im Jahr 2006 auf 17,7 Prozent im Jahr 2022. Da das Qualifikationsniveau sich weitgehend angeglichen hat, beruht er auf der schlechteren Bezahlung in typischen »Frauenbranchen«. Ein zweiter Grund: Frauen wechseln in der Familienphase immer noch häufig auf schlechter bezahlte Teilzeitarbeitsplätze, weil Beruf und Familie schwer vereinbar sind. Die Bundesregierung will den Gender Pay Gap auf 10 Prozent reduzieren. Dafür müsste sie den Mut haben, endlich die staatliche Subventionierung der männlichen Versorger-Ehe zu streichen (Ehegattensplitting usw.). Sie müsste die Tarifbindung in »Frauenbranchen« deutlich stärken und es Frauen und Männern ermöglichen, sich in der Familienphase gleichberechtigt Erwerbsarbeit und Sorgearbeit zu teilen: durch bessere öffentliche Kinderbetreuung, durch Ausbau der Elternzeit. Unternehmen müssen verpflichtet werden, Beschäftigten Wahlmöglichkeiten zwischen Vollzeit und Teilzeit einzuräumen und bei der Arbeitszeitlage Rücksicht auf ihre familiären Bedürfnisse zu nehmen – Zeitsouveränität für die Beschäftigten, nicht für Unternehmen!

Im Jahr 2022 hatten 16,7 Prozent der Haushalte ein Einkommen, das unter der Armutsschwelle lag. Das betraf immerhin 14 Millionen Menschen. Trotz des großen Kriseneinbruchs durch Corona im Jahr 2020 war die gesamte Periode von 2010 bis 2022 durch die lange Boomphase nach der Finanzkrise wirtschaftlich recht erfolgreich – das reale BIP stieg um fast ein Fünftel (17,7 Prozent) an. Doch die Armutsquote hat sich in dieser Zeit sogar erhöht, nach Gruppen betrachtet wie folgt:

Gesamtbevölkerung	+ 15,2 %
Alleinerziehende	+ 11,1 %
Rentner*innen und Pensionär*innen	+ 43,7 %

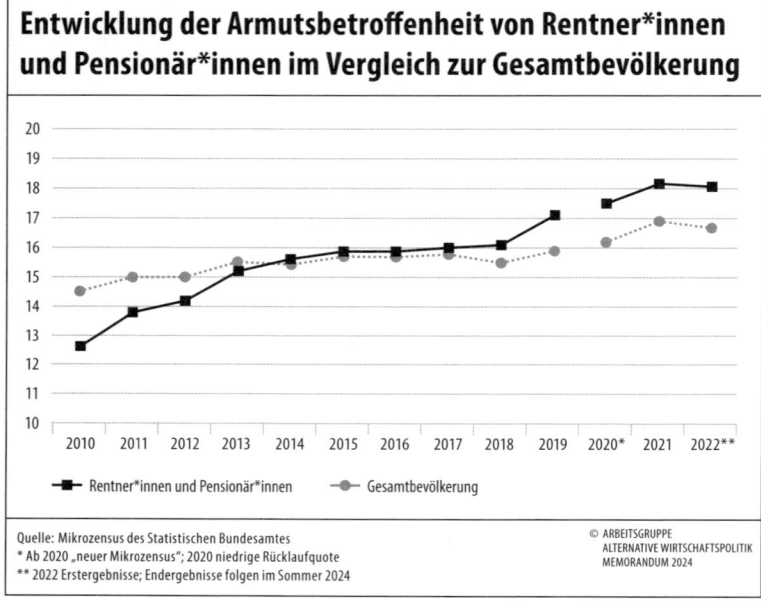

Entwicklung der Armutsbetroffenheit von Rentner*innen und Pensionär*innen im Vergleich zur Gesamtbevölkerung

■ Rentner*innen und Pensionär*innen   ● Gesamtbevölkerung

Quelle: Mikrozensus des Statistischen Bundesamtes
* Ab 2020 „neuer Mikrozensus"; 2020 niedrige Rücklaufquote
** 2022 Erstergebnisse; Endergebnisse folgen im Sommer 2024

© ARBEITSGRUPPE
ALTERNATIVE WIRTSCHAFTSPOLITIK
MEMORANDUM 2024

Für die Gruppe der Rentner*innen gab es den steilsten Anstieg bei den Armutsquoten. Ein Ende dieser Entwicklung ist sehr unwahrscheinlich, da Zeiten von Arbeitslosigkeit und Niedriglöhnen noch viele Jahrzehnte die Renten beeinflussen. Außerdem wurden die dramatischen Rentenkürzungen, hervorgerufen durch die Agenda 2010, nur geringfügig zurückgenommen. Armut der Rentner*innen ist besonders deprimierend, da sie fast immer dauerhaft bis zum Lebensende besteht.

Für das Jahr 2022 ergeben sich nach der Erstauswertung des Mikrozensus für einzelne Gruppen folgende Armutsquoten:

Unter 18 (Kinder und Jugendliche)	21,6 %
Erwerbslose	49,2 %
Alleinerziehende	42,9 %
Niedriges Qualifikationsniveau (der/s Hauptverdienenden)	38,9 %
Ohne deutsche Staatsangehörigkeit (der/s Hauptverdienenden)	35,3 %

Mit der im Herbst 2023 ins Gesetzgebungsverfahren gebrachten *Kindergrundsicherung* verfolgt die Ampel-Koalition das Ziel, die Einkommenssituation einer überdurchschnittlich von Armut betroffenen Gruppe, der Familien mit Kindern und insbesondere der Alleinerziehenden, zu verbessern.

Dazu sollen die bisherigen Leistungen in einem System zusammengefasst werden, das neben einem einkommensunabhängigen Betrag einen mit wachsendem Einkommen abschmelzenden Kinderzusatzbetrag bietet. Das Gesetz soll erreichen, dass mit der Kindergrundsicherung die Zielgruppe besser als bisher erreicht werden kann und ein höherer Anteil der Berechtigten die Leistungen in Anspruch nimmt. Kritikwürdig ist jedoch, dass die Koalition das Ziel einer Neudefinition des soziokulturellen Existenzminimums von Kindern im Zuge des Streits um die vertretbaren Kosten des Projekts fallengelassen hat. Dies ist umso ärgerlicher, da durchaus Möglichkeiten bestanden hätten, im steuerlichen Familienleistungsausgleich zusätzliche Mittel zu mobilisieren.

Die Losung »Arbeit muss sich lohnen« ist im politischen Diskurs um das Bürgergeld wieder allgegenwärtig, auch wenn das sozialgesetzliche Instrument des Lohnabstandsgebots schon länger gestrichen wurde. Aus neoliberalen Parteikreisen wird dies, als »Fördern und Fordern« verklausuliert, genutzt, um Sanktionsmechanismen und Beschränkungen bei Sozialtransfers zu rechtfertigen. Auch wenn das Bürgergeld über zwei Jahre um 24 Prozent steigen wird, so kritisieren Sozialverbände, wie zum Beispiel der Wohlfahrtsverband *Der Paritätische*, dass dieser Anstieg nicht ausreicht, um das Existenzminimum abzudecken. Folgt man der Logik für ein Lohnabstandsgebot, gibt es zwei Möglichkeiten: entweder man betrachtet die unteren Löhne zur Bemessung der Sozialleistung, oder aber man nimmt das Existenzminimum als Maßstab der Anpassung. Ersteres ist im Interesse all derjenigen, die eine Beibehaltung des Niedriglohnsektors befürworten, letzteres im Interesse einer konsequenten Mindestlohnpolitik, die Erwerbseinkommen oberhalb der Armutsschwelle ansiedeln möchte. Gute Renten und Sozialtransfers speisen sich vor allem aus einem guten Lohnniveau. Prekäre Arbeitsverhältnisse führen zu geringen Einzahlungen in die gesetzliche Rentenversicherung und damit zu finanzieller Schlechterstellung im Alter.

Die *Arbeitsgruppe Alternative Wirtschaftspolitik* tritt für eine Stärkung der Erwerbsarbeit ein, die allen Erwerbspersonen ein auskömmliches, armutsfestes Einkommen und eine stabile Altersversorgung garantiert. Sie tritt gleichzeitig für bessere Sozialleistungen ein, die allen Menschen unabhängig von ihrem Erwerbsstatus eine angemessene Existenz oberhalb der Armutsschwelle garantieren.

Die *Arbeitsgruppe Alternative Wirtschaftspolitik* fordert für die Stärkung der Einkommen von Beschäftigten:
- Die Abschaffung der Sonderregelungen für Mini- und Midi-Jobs.
- Die Einführung eines gesetzlichen Mindestlohns von 14 Euro in der Stunde
- Die stufenweise Abschaffung des Ehegattensplittings.
- Die Einführung eines Rechtsanspruchs für den Wechsel zwischen Vollzeit- und Teilzeitarbeit mit Rückkehrrecht und Lohnausgleich.
- Eine Erhöhung des Regelsatzes für das Bürgergeld um mindestens 200 Euro.
- Erhöhung der Tarifbindung.

5. Verkehrswende braucht Verkehrsgerechtigkeit

Eine gelingende gesamtgesellschaftliche Transformation setzt voraus, dass auch einkommensschwächere Bevölkerungsschichten mehrheitlich Maßnahmen und politische Instrumente mittragen können, die in Richtung Suffizienz (ökologisch nachhaltiger Konsum) und Emissionsminderung wirken. Dies wird jedoch nur dann der Fall sein, wenn – als Mindestbedingung – die bestehende Ungleichverteilung nicht weiter verstärkt wird und einkommensschwächere Schichten erkennen können, dass die oberen Einkommensschichten entsprechend ihrer höheren CO_2-Emissionen und ihrer größeren Belastungsfähigkeit verstärkt zum Klimaschutz herangezogen werden, so dass insgesamt eine gerechtere Transformation (die EU spricht von »Just Transition«) erfahrbar wird. Für einkommensschwache Schichten bedeutet dies z. B., dass eine zusätzliche finanzielle Belastung für den CO_2-Ausstoß von Heizung oder Auto über ein Klimageld rückverteilt wird, so dass die großen Emittenten höher, die unteren Einkommensschichten, die auf Grund ihrer geringeren Kaufkraft geringere Emissionen verursachen, weniger belastet werden. Auch auf der Unternehmensseite ist für die soziale Akzeptanz und Kohärenz erheblich, ob und wie die Balance bei staatlichen Klimaschutzprogrammen (Stichwort: »Fordern und Fördern«) bei Konzernen und Mittelständlern ausgewogen justiert wird.

Entscheidend für eine mehrheitsfähige sozial-ökologische Transformation zur Dekarbonisierung (»net zero«) in Deutschland bis 2045 ist daher nach Auffassung der *Arbeitsgruppe Alternative Wirtschaftspolitik* eine kritische Bestandsaufnahme, erstens inwieweit der derzeitige Politikmix bei der Energie- und Klimapolitik bestehende Ungleichheiten weiter verschärft und zweitens wie dieser Politikmix durch eine »gerechte Suffizienzpolitik« so weiterentwickelt werden kann, dass soziale Ungleichheiten abgebaut werden.

Suffizienzpolitik bedeutet im 21. Jahrhundert, ein gutes Leben und mehr Lebensqualität für alle innerhalb planetarer Grenzen zu sichern. Diese globale Perspektive muss auf die Lebenswirklichkeit ungleicher Gesellschaften sowie auf konkrete Handlungsschritte heruntergebrochen werden. Vor allem aber kommt es darauf an, suffizientes Handeln für alle, wie z. B. die Nutzung eines zielführenden und umweltgerechten Verkehrsverbunds, durch staatliche Maßnahmen erst zu ermöglichen und attraktiv zu machen und damit schließlich eine Veränderung der Konsummuster einzuleiten.

2021 gab es 3,24 Millionen Haushalte in Deutschland mit drei oder mehr Pkw. Rund 40 Prozent der Haushalte mit einem hohen ökonomischen Status besitzen zwei oder mehr Autos. Etwa 12,66 Millionen Haushalte waren komplett autofrei. Ein erheblicher Anteil der Haushalte (etwa 30 Prozent) ist damit hinsichtlich ihrer Mobilitätsbedürfnisse auf Verkehrsmittel abseits des Autos angewiesen.

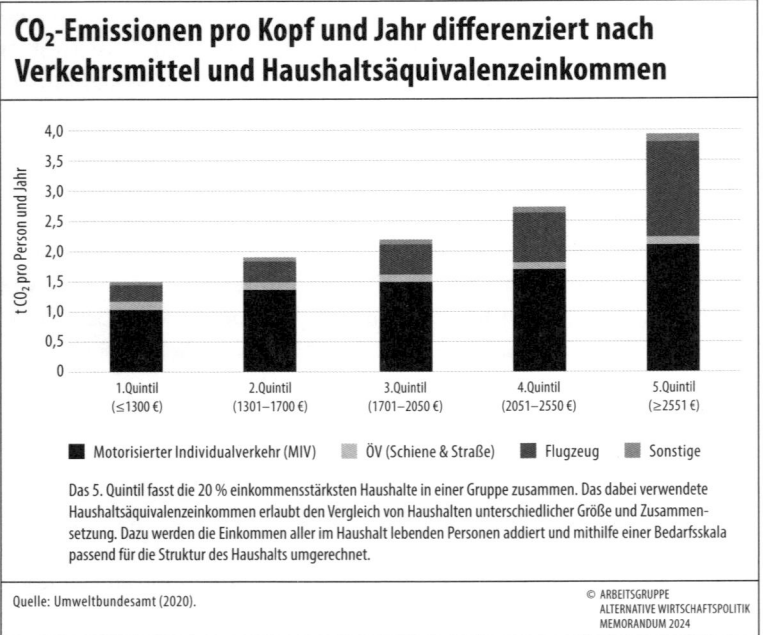

CO₂-Emissionen pro Kopf und Jahr differenziert nach Verkehrsmittel und Haushaltsäquivalenzeinkommen

Das 5. Quintil fasst die 20 % einkommensstärksten Haushalte in einer Gruppe zusammen. Das dabei verwendete Haushaltsäquivalenzeinkommen erlaubt den Vergleich von Haushalten unterschiedlicher Größe und Zusammensetzung. Dazu werden die Einkommen aller im Haushalt lebenden Personen addiert und mithilfe einer Bedarfsskala passend für die Struktur des Haushalts umgerechnet.

Quelle: Umweltbundesamt (2020).

© ARBEITSGRUPPE
ALTERNATIVE WIRTSCHAFTSPOLITIK
MEMORANDUM 2024

Die Ausstattung der Haushalte mit Pkw hängt deutlich mit deren ökonomischem Status zusammen. So liegt der Anteil der Autofreiheit bei den Haushalten mit einem sehr niedrigen ökonomischen Status bei gut der Hälfte und nimmt bis hin zu den Haushalten mit sehr hohem ökonomischem Status auf unter 10 Prozent ab.

Mobilitätsarmut ist die Kehrseite der ausufernden Automobilität von wohlhabenden Haushalten einerseits und mangelnder Mobilitätsalternativen für einen großen Bevölkerungsanteil andererseits. Dies kann auf dem Land zu einem »erzwungenen Autobesitz« führen. Wer jedoch kein Auto fahren oder sich keines leisten kann, dessen Mobilitäts- und Aktionsradius wird so erheblich eingeschränkt.

Die Abbildung zeigt, dass sowohl überproportionale Automobilität als auch insbesondere Reisen mit dem Flugzeug die Pro-Kopf-CO₂-Emissionen von gut situierten Haushalten nach oben treiben. Zu beachten ist, dass hierbei im Durchschnitt des 5. Quintil (>2.551 Euro/

Monat) auch sehr reiche Haushalte mit noch weit höheren Pro-Kopf-CO_2-Emissionen enthalten sind.

Auf der anderen Seite stehen die Belastungen aus der Mobilität. Wie eine Befragung des Umweltbundesamts (UBA) ermittelt hat, fühlen sich besonders an Hauptverkehrsadern und Großflughäfen 75 Prozent der Befragten durch *Verkehrslärm* belästigt. 3,3 Millionen Menschen waren 2017 ganztägig einer Verkehrslärmbelastung von mehr als 65 dB(A) ausgesetzt. Damit steigt nach UBA das Herzinfarktrisiko um 30 Prozent, aber auch andere Krankheiten wie Arterienverkalkung und Bluthochdruck können durch Lärm verursacht werden. Um zu ermitteln, wie sich im Gegensatz zum Gebrauch von motorisierter Individualmobilität die Folgen verteilen, wären Analysen zur systematischen Verknüpfung des sozialen Status mit umwelt- und verkehrsbedingten Belastungen sowie privilegierten Nutzungen nötig. Leider liegen hierzu nur wenige UBA-Berichte vor. In diesen wird festgestellt, dass der soziale Status in Deutschland mit darüber entscheidet, ob und in welchem Umfang Kinder, Jugendliche und Erwachsene durch Umweltschadstoffe belastet sind. Sozioökonomische Faktoren wie Bildung und Einkommen, aber auch andere Faktoren wie Migrationshintergrund und das soziale Umfeld beeinflussen die Wohnbedingungen, Lebensstile, die verfügbaren Ressourcen sowie die damit verbundenen Gesundheitsrisiken. In den meisten Studien zeigt sich bei Menschen mit niedrigem Sozialstatus eine Tendenz zur stärkeren Belastung durch negative Umwelteinflüsse.

Ein mehrheitsfähiger Übergang zu nachhaltiger und suffizienter Mobilität muss transparent und gerecht sein. Das Credo für den traditionellen energie- und verkehrspolitischen Instrumentenmix heißt »Fordern und Fördern«. Gemeint ist damit allerdings in der Regel, dass unabhängig vom sozialen Status der Betroffenen und unterschiedslos für alle Gebote und Standards (sogenanntes Ordnungsrecht) oder über den Preis steuernde Maßnahmen (z. B. CO_2-Steuer) angewandt werden oder ebenso unterschiedslos Förderprogramme nach dem Gießkannenprinzip ausgeschüttet werden. Ungleiches gleich zu behandeln, führt aber regelmäßig zu Ungerechtigkeit und unnötigem staatlichem Finanzaufwand. Diejenigen gutsituierten Haushalte, die es verkraften können oder nicht gefördert werden müssen, profitieren unnötigerweise und diejenigen sozial schwachen Haushalte, die nicht ausweichen können, werden überproportional zusätzlich belastet. Ökonom*innen sprechen von der regressiven Wirkung über den Preis steuernder Instrumente. Man kann das »negative Diskriminierung« nennen.

Ein Instrument für eine positive Diskriminierung wäre dagegen eine Rückverteilung der CO_2-Bepreisung mit einem »Klimageld« nur an einkommensschwache Haushalte bis zu einer bestimmten Einkommensgrenze, um bei einem Anstieg die Verschärfung der regressiven Wirkung zu bremsen. Möglich ist natürlich auch, die gravierende Ungleichverteilung von Verursachung und Betroffenheit etwa durch direkte Zuschüsse an »vulnerable« Haushalte anzugehen. Piketty nutzt die Begrifflichkeit einer positiven Diskriminierung in umfassenderem Sinne: zur Herstellung von möglichst realer Chancengleichheit in einer ungleichen Gesellschaft in Bezug auf Einkommen, Vermögen, Bildung, Teilhabe etc. Scharf kritisiert er die faktische Heuchelei vieler Programme, die das Problem eher verschleiern, als es an der Wurzel zu packen.

Die *Arbeitsgruppe Alternative Wirtschaftspolitik* fordert in der Verkehrspolitik:

- *Abbau schädlicher Subventionen* | Besonders positiv wirken der Abbau von Steuervorteilen für Dienstwagen, der Abbau der Energiesteuervergünstigung bei Dieselkraftstoff sowie die Besteuerung (Mehrwertsteuer) des internationalen Luftverkehrs.
- *Sozial gerechter Ausgleich durch Klimageld* | Die Einnahmen aus dem steigenden CO_2-Preis werden zu einem Drittel für Umweltinvestitionen verwendet und zu zwei Dritteln als Klimageld zurückerstattet. Empfangsberechtigt sind Menschen mit einem Einkommen bis zu 40.000 Euro im Jahr.
- *Einführung Zulassungssteuer für alle Fahrzeuge* | Statt der vielfältigen Förderung der E-Fahrzeuge und des Individualverkehrs eine Zulassungssteuer für alle Fahrzeuge (fossil-

und batteriebetriebene). Diese sollte nach Größe, Gewicht und Antriebsart gestaffelt sein und sich zunächst in einer Spanne von 1.000 (für elektrische Kleinwagen) bis 11.000 Euro (fossiler Sportwagen, SUV) bewegen.

- *Neugestaltung der EU-Flottenverbrauchsrichtlinie* | Aufhebung der Besserstellung von größeren und schwereren Fahrzeugen durch höhere zulässige CO_2-Grenzwerte pro Fahrzeug, Berücksichtigung der Hybrid-Fahrzeuge mit den tatsächlichen Verbrauchswerten und keine Gegenrechnung von E-Fahrzeugen.

- *Prioritätenwechsel beim Verkehrswegebau* | Konzentration der Mittel auf den Erhalt der Straßeninfrastruktur. Die freiwerdenden Mittel sollten zugunsten des Schienenverkehrs, für den ÖPNV und Fahrradwege umgewidmet werden. Zusätzlich braucht es ein Ausgabenprogramm für den Ausbau der öffentlichen Verkehrsmittel.

- *Tempolimit* | Kommunen muss die Einführung einer allgemeinen Tempo-30-Regelung ermöglicht werden. Einführung eines Tempolimits von 80 km/h auf Landstraßen und 100 km/h auf Autobahnen.

- *Parkraumpolitik und Ausbau des Radwegenetzes* | Reduzierung der Zahl öffentlicher Parkplätze, ausdehnen der Parkraumbewirtschaftung (Parkgebühren), Umgestaltung des öffentlichen Raums, mehr Platz fürs Zufußgehen und Radfahren.

6. Gerechte Wärmewende

Nach älteren Untersuchungen sind rund 40 Prozent der deutschen Treibhausgasemissionen dem Gebäudesektor zuzurechnen. Dies berücksichtigt zusätzlich zu den betriebsbedingten Emissionen der Wärmeversorgung auch die Herstellungsemissionen der Gebäude selbst.

Angesichts dieses Ausmaßes ist die Dekarbonisierung des Gebäudesektors eine enorme Herausforderung. Sie lässt sich aber bewältigen: Erstens muss der Gebäude-Energieverbrauch deutlich reduziert werden. Zentral dafür sind anspruchsvolle Effizienzstandards bei Neubau und energetischer Sanierung von Gebäuden. Zweitens ist der verbleibende Restwärmebedarf zunehmend mit Erneuerbaren Energien statt mit Öl und Gas zu decken. Das ist das Thema Heizungstausch – Wärmepumpe oder grüne Fernwärme statt Öl- oder Gasheizung. Und drittens ist der Neu- und Ausbau von Wärmenetzen und -speichern wesentlicher Baustein dafür, regenerative Wärme und nicht vermeidbare Abwärme insbesondere für verdichtete Räume und Industrieanwendungen verfügbar zu machen. Die Umsetzung drängt, denn die im Klimaschutzgesetz festgeschriebenen Höchstgrenzen für die direkten Emissionen des Gebäudesektors wurden 2022 zum vierten Mal hintereinander überschritten.

Der Versuch der Bundesregierung, das Problem anzugehen, endete in einem Fiasko. Kaum eine Rechtsänderung mit klimapolitischer Relevanz hat in der Bundesrepublik gesellschaftlich solch ein Erdbeben ausgelöst wie das Heizungsgesetz im letzten Jahr. Dafür sind drei Gründe maßgeblich: Erstens steckten im Entwurf der Novelle des Gebäudeenergiegesetzes (GEG) handwerkliche Fehler. Zweitens wurde seitens des Bundesministeriums für Wirtschaft und Klimaschutz (BMWK) die sozialpolitische Dimension des Vorhabens vollkommen unterschätzt. Und drittens gehört das neue Heizungsgesetz zu jenen rechtlichen Regelungen, die für viele Menschen – zumindest gefühlt – deutlich unmittelbarer in das Alltagsleben eingreifen als etwa die in der Stromrechnung versteckte (und inzwischen abgeschaffte) EEG-Umlage.

Im Jahr 2023 wurde in den 40,9 Millionen Wohnungen Deutschlands fast jede zweite Heizung mit Erdgas und knapp jede vierte mit Öl betrieben. Nach dem Klimaschutzgesetz ist jedoch der Restwärmebedarf spätestens 2045 vollständig auf Basis Erneuerbarer Energien zu decken. In Anbetracht der üblichen Nutzungsdauer von Heizungssystemen von 20 bis 30 Jahren ist es demnach längst überfällig, keine neuen fossil befeuerten Heizungen mehr einzubauen. Vorangegangene Bundesregierungen hätten eigentlich schon früher gesetzlich darauf hinwirken müssen, um gute Planungen und vernünftige Übergangs- und Härtefallregelungen zu ermöglichen.

Allerdings kann der Einbau einer weitgehend regenerativen Heizung kurzfristig hohe Zusatzkosten für Haushalte bedeuten. Diesen sozialen Aspekt hatte das BMWK in seinem in Robert Habecks Verantwortung liegenden Entwurf der Novelle des GEG zunächst völlig unterbelichtet – die Bundesregierung hat ihn über später verabschiedete Förderprogramme nur zum Teil berücksichtigt. Im Gebäudebereich zeigt sich besonders deutlich, dass Klimaschutz ohne soziale Gerechtigkeit nicht vorstellbar ist.

Nach dem beschlossenen Gesetz können bestehende Gas- und Öl-heizungen weiter betrieben und repariert werden, denn erst 2044 ist für sie endgültig Schluss. Die medialen Begriffe »Heizungsverbot« oder »Austauschpflicht« waren folglich reiner Populismus. Seit Januar 2024 müssen vielmehr grundsätzlich fossile Heizungen, die nach Ende ihrer Lebenszeit ausgetauscht werden, durch Heizungen ersetzt werden, die ihre Wärme zu 65 Prozent aus Erneuerbaren Energien (EE) oder unvermeidbarer Abwärme beziehen.

Tatsächlich kritisch im Heizungsgesetz waren bzw. sind aus fachpolitischer Sicht drei Dinge:

Erstens war der erste Entwurf nicht mit der kommunalen Wärmeplanung verzahnt. Gebäudeeigentümer*innen, bei denen ein Heizungstausch ansteht, müssen aber wissen, ob in ihrem Umfeld in absehbarer Zeit eine Wärmeleitung gelegt werden soll, oder ob sie eine eigene Lösung, etwa eine Wärmpumpe installieren müssen. Die kommunale Wärmeplanung ist etwa in Dänemark, einer der Wärmewenden-Vorreiter in der EU, seit Jahren gesetzlich vorgeschrieben.

Zweitens ermöglicht das verabschiedete Gesetz fast unkonditioniert den Einsatz wertvoller Biomasse selbst im Neubau (in Hybridsystemen mit Wärmepumpen) und in Wärmenetzen. Holz beispielsweise wird (ebenfalls aus Klimaschutzgründen) verstärkt im Baubereich nachgefragt, beides steht nicht zuletzt in Konkurrenz zum Natur- und Landschaftsschutz.

Und drittens ist die im Regelwerk verankerte Hoffnung auf grünen (also mittels Ökostrom und Elektrolyse hergestelltem) Wasserstoff als Gasersatz eine gefährliche Sackgasse. Ihn wird es absehbar nicht geben, das geringe Aufkommen benötigen andere Sektoren deutlich dringender, zudem wäre sein ineffizienter Einsatz im Gebäudesektor teure Verschwendung.

Ein Großteil des Heizungsgesetzes besteht aus Ausnahmen und Übergangsregelungen. So haben bei einem Totalausfall einer fossilen Heizung die Eigentümer fünf Jahre Zeit, die gesetzliche Pflicht zu erfüllen. Hochproblematisch ist, dass im jeweiligen Übergangszeitraum auch neue Gas- und Ölheizungen eingebaut werden können, sofern sie später auf Wasserstoffbetrieb umgestellt werden können. Diese vermeintlich technologieoffene Regelung ist nicht nur aus Sicht des Klimaschutzes problematisch, sondern auch im Hinblick auf Kosten und Versorgungssicherheit.

Der Wärmepumpe kommt als Heizungstechnologie die überragende Rolle zu, weil sie um ein Vielfaches effizienter ist als etwa der Wasserstoffeinsatz im Heizungsbereich. Ihr Vormarsch wurde von der Politik leider über Jahre verschleppt. Ein Grund, warum nun ein Tempo erforderlich ist, das Planungsbüros und Handwerk an ihre Grenzen bringen kann. Nützlich ist hier der vergleichende Blick auf Skandinavien, wo es nicht nur kältere Temperaturen, sondern auch europaweit die meisten Wärmepumpen gibt. Laut Europäischem Wärmepumpen Verband (EHPA) heizen in Norwegen 60 Prozent der Haushalte mit einer Wärmepumpe, in Schweden 43 Prozent und in Finnland 41 Prozent.

Nach verschiedenen Studien, namentlich von Fraunhofer ISE, Öko-Institut und RAP, eignet sich die Hälfte der Bestandsgebäude in Deutschland auch ohne Sanierungsmaßnahmen für den Einsatz von Wärmepumpen. Weitere 20 bis 30 Prozent der Gebäude bräuchten nur überschaubare Sanierungsmaßnahmen, um eine effiziente Betriebsweise der Wärmepumpen zu ermöglichen. Der Rest habe eine so schlechte Energieeffizienz, dass unabhängig von der Heizungsart eine Sanierung dringend zu empfehlen ist.

Im Gegensatz zu Deutschland sind Großwärmepumpen in Skandinavien eine etablierte Technologie. Sie sind nicht nur höchst effizient, sie eignen sich auch für einen kollektiven Betrieb über Stadtwerke, städtische Eigenbetriebe, Wohnungsgenossenschaften bzw. dörfliche oder Bürgerenergiegemeinschaften. Mit Blick auf die dafür notwendigen Wärmenetze könnte in diese zudem auch Abwärme von Industrie, Gewerbe und Landwirtschaft eingespeist werden.

Zeitgleich mit der GEG-Novelle wurde das Wärmeplanungsgesetz (WPG) verabschiedet. Kerninhalte des WPG sind die Dekarbonisierungsziele für die leitungsgebundene Wärmeversorgung sowie die Pflicht und die Vorgaben zur Durchführung der Wärmeplanung in den Kommunen. Dazu enthält es Regeln für die Ausweisung als Gebiet zum Neu- oder Ausbau von Wärmenetzen oder als Wasserstoffnetzausbaugebiet. Daraus ergeben sich dann zum einen jene Gebiete, die zentral über Wärmenetze versorgt werden und zum anderen Gebiete für dezentrale Lösungen (etwa hauseigene Wärmepumpe) sowie »Prüfgebiete«.

In der Regel wird die Kommune Träger der kommunalen Wärmeplanung sein. Gleichzeitig sind in den für die Technologieumstellung im Wärmebereich kritischen Geschäftsfeldern ein Großteil der Unternehmen Stadtwerke, was für den Prozess von Vorteil sein wird. Denn wenn die Kommune über ihre Unternehmen in der Gas-, Strom- und Fernwärmewirtschaft aktiv ist, kann sie beispielsweise ihre Stadtwerke beauftragen, die kommunale Wärmeplanung zu steuern.

Nach einer Studie des Öko-Instituts für die Rosa-Luxemburg-Stiftung haben Mieter*innen mit geringem Einkommen eine deutlich kleinere Pro-Kopf-Wohnfläche und zahlen dennoch prozentual deutlich mehr für ihre Heizkosten. Ein plausibler Erklärungsansatz ist, dass die unteren Einkommensklassen überwiegend in älteren Gebäuden wohnen. Haushalte in neueren Gebäuden ab 2001 haben durchschnittlich zwanzig Prozent weniger Heizenergieausgaben. Nur fünf Prozent der Haushalte des unteren Einkommensdrittels wohnen jedoch in solchen Häusern.

Vor dem Hintergrund von hohen Mieten und Inflation können die letztlich verabschiedeten GEG-Regeln zur Weitergabe der Umstellungskosten an die Mieter*innen dennoch explosiv wirken. So wurde für Mietwohnungen eine neue Modernisierungsumlage für den Heizungstausch eingeführt. Sie zu erheben ist jedoch dauerhaft möglich, nicht nur bis zur Amortisierung der Kosten für eine neue Heizung.

Für eine sozialverträgliche Wärmewende wäre es notwendig, För-

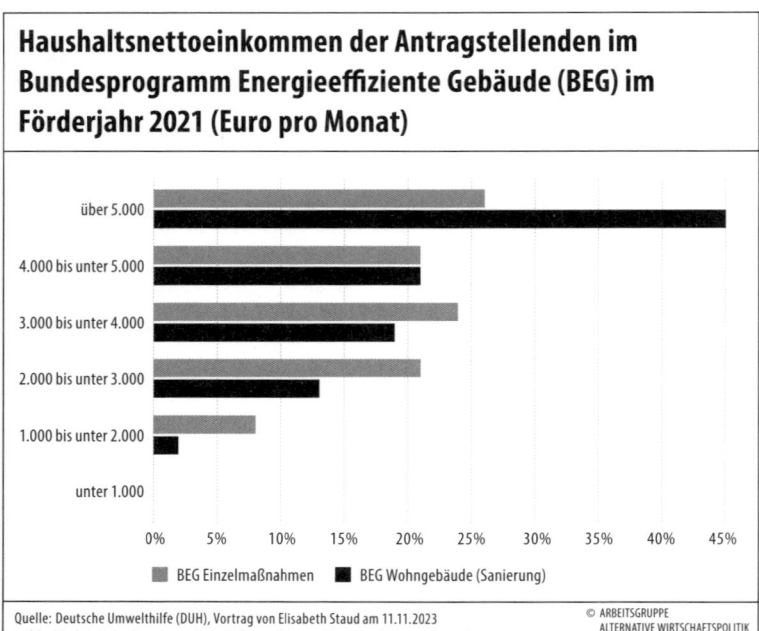

Haushaltsnettoeinkommen der Antragstellenden im Bundesprogramm Energieeffiziente Gebäude (BEG) im Förderjahr 2021 (Euro pro Monat)

Quelle: Deutsche Umwelthilfe (DUH), Vortrag von Elisabeth Staud am 11.11.2023 auf der Werkstatt der Rosa-Luxemburg-Stiftung „Wohnen klimagerecht organisieren"

© ARBEITSGRUPPE ALTERNATIVE WIRTSCHAFTSPOLITIK MEMORANDUM 2024

dermittelgerechtigkeit herzustellen. Wie die Abbildung zeigt, profitierten in der Vergangenheit hohe Einkommen überproportional von Förderprogrammen des Bundesprogramms Energieeffiziente Gebäude (BEG), insbesondere von Sanierungszuschüssen.

Immerhin hat die Bundesregierung für den Heizungstausch im Zuge der Überarbeitung des BEG soziale Komponenten eingebaut. Der Staat übernimmt beim Austausch alter, fossiler Heizungen durch solche auf Basis Erneuerbarer Energien bis zu 70 Prozent der Investitionskosten. Bis zu 30 Prozentpunkte davon entfallen auf den sogenannten Einkommensbonus. Diesen können selbstnutzende Eigentümer*innen erhalten, deren zu versteuerndes Einkommen höchstens 40.000 Euro pro Jahr beträgt. Unabhängig vom Einkommen werden sonstige Maßnahmen zur energetischen Sanierung (Gebäudehülle, Anlagentechnik) mit bis zu 20 Prozent gefördert.

Die *Arbeitsgruppe Alternative Wirtschaftspolitik* fordert als Maßnahmen im Gebäudebereich:

- *Mehr finanzielle Mittel bei der Umsetzung der Gebäuderichtlinie* | Bei der Umsetzung der EU-Gebäuderichtlinie sollen durch klare ordnungsrechtliche und möglichst gebäudescharfe Vorgaben sowie durch Bereitstellung weiterer finanzieller Mittel energetische Sanierungen im Wohngebäudebestand beschleunigt werden.

- *Schutzrechte für Mieter*innen* | Parallel sind im Mietrecht Regeln gegen den Missbrauch von Klimasanierungen und zu Gewährleistung möglichst warmmietenneutraler Sanierungen festzuschreiben. Die maßgeblichen Förderprogramme sollten ausgebaut und sozial abgestuft werden, wobei selbstnutzende Wohnungseigentümer*innen entsprechend Berücksichtigung finden müssen.

- *Überarbeitung GEG* | Das GEG muss erneut novelliert werden, um den Kosten- und Betriebsrisiken für Gebäudeeigentümer*innen und Mieter*innen entgegenzuwirken, welche sich gegenwärtig aus dem angestrebten Bezug durch einen ineffizienten Einsatz von Wasserstoff und Biomasse ergeben.

7. Es fehlt bezahlbarer Wohnraum

Von den Wohnungssuchenden zu den Vermietenden, von der Bauwirtschaft bis in die Politik gibt es ein Bewusstsein über die Probleme auf dem Wohnungsmarkt und im Wohnungsbau. Doch die Versorgungsprobleme sind in den letzten Jahren trotz eines breiten medialen Echos und vielfältiger Bewegungen auf verschiedenen Ebenen und in verschiedenen Bereichen noch gewachsen. Vor diesem Hintergrund löst die Diskussion um die notwendige »Wärmewende« auch bei denen existenzielle Ängste aus, die ihre Wohnkosten noch aufbringen können.

An immer neuen Beschreibungen der Misere auf dem deutschen Wohnungsmarkt mangelt es nicht. Die Preise für selbstgenutztes Wohneigentum sowie die Mieten sind in den Jahren seit 2010 massiv gestiegen (Bundesregierung 2021, 2023). Der Wohnungsmangel nicht nur in Großstädten bestimmt das Kräfteverhältnis auf dem Wohnungsmarkt (MEMORANDUM 2018). Das gut begründete Ziel der Bundesregierung von 400.000 neuen Wohnungen pro Jahr wird weit verfehlt. Der Höhepunkt des Wohnungsbaus im letzten Aufschwung lag mit 306.000 Wohnungen im Corona-Jahr 2020.

Wirkung zeigte der Zinsanstieg bei den Immobilienpreisen, die von ihrem Höhepunkt Mitte 2022 langsam zurückgehen und inzwischen auf dem Niveau von 2020 angekommen sind (Bundesbank 2023). Noch vor den Bauunternehmen gerieten daher 2023 eine Reihe von Projektentwickelnden unter Druck. Erste spektakuläre Pleiten folgten. Dagegen zeigte sich die Lage für private Vermietende wie große Wohnungsunternehmen stabil: Die Mieten garantieren auch in Krise und Stagnation stabile Zahlungsströme. Die größte Wohnimmobilien-AG Europas, die Vonovia, musste zwar ihren Wachstumskurs 2022 abrupt beenden. Die Spekulation auf weiter steigende Immobilienpreise ist bis auf weiteres kein erfolgversprechendes Geschäftsmodell mehr. Die Investitionen wurden zusammengestrichen. In der Bestandsbewirtschaftung verdient das Unternehmen aber genug, um nicht zu Notverkäufen gezwungen zu sein. Und die überhitzten Wohnungsmärkte ermöglichen weiter steigende Mieten.

Seit Jahren weisen nicht nur Betroffene und Analysen darauf hin, dass Wohnungen fehlen. Wie die Entwicklung des Auftragsbestands des Baugewerbes zeigt, ist die zahlungsfähige Nachfrage seit 2015 der realen Bauproduktion davongelaufen. Aber die Nachfrage traf nicht auf ein entsprechendes Angebot. Die Bauwirtschaft investierte nur zurückhaltend. Die Verluste aus der Baukrise bis 2003 konnten auch in einem mehrjährigen Aufschwung nicht wieder aufgeholt werden (MEMORANDUM 2019). Denn ein Neuaufbau von Kapazitäten in der Bauwirtschaft, auch in der Ausbildung, wird nur erfolgen, wenn eine langfristige Auslastung gesichert ist. Ohne eine solche Perspektive setzte die Bauwirtschaft den Nachfrageboom mit seiner hohen Auslastung ihrer Kapazitäten (BBSR 2023) erfolgreich in Preissteigerungen um.

Für die privaten Haushalte wird der Anstieg der Wohnkosten noch durch den Anstieg der Heizungs- und Energiekosten verschärft. Die Ausweitung der Subjektförderung bedürftiger Haushalte (Kosten der Unterkunft, Wohngeld) rennt dem Markt hinterher. Zweifelhaft ist, wie und von wem die Kosten der anstehenden energetischen Modernisierungen aufgebracht werden. 16 Prozent der Mehrfamilienhäuser in Deutschland fallen in die Energieeffizienzklassen G bis H! Und bei den Ein- und Zweifamilienhäusern sieht es noch schlechter aus. Unklar ist, ob selbst die aufgestockten Mittel ausreichen werden.

Seit 2020 wird auf der Grundlage des neuen Artikels 104d des Grundgesetz durch Verwaltungsvereinbarungen zwischen Bund und Ländern die Zweckbindung der Bundeszuweisungen für den Sozialen Wohnungsbau geregelt. Das Volumen dieser Zuweisungen ist von anfangs einer Milliarde Euro auf 2,5 Milliarden Euro im Programmjahr 2023 gewachsen. Hinzu kommen die Mittel der Länder. Verglichen mit dem Umfang der Subjektförderung – etwa 15 Milliarden Euro pro Jahr – sind die insgesamt etwa fünf Milliarden Euro für die Objektförderung immer noch der kleinere Teil.

Diese Gelder werden allerdings nicht für öffentliche Investitionen in einen öffentlichen Wohnungsbestand verwendet, der dann dauerhaft im öffentlichen Eigentum verbleibt. Sondern sie werden als Förderung an Privatpersonen oder Unternehmen ausgeteilt, die sich im Gegenzug zu zeitlich befristeten Miet- und Belegungsbindungen verpflichten.

Öffentlicher Wohnungsbau kann durch den Aufbau entsprechender Kapazitäten im kostengünstigen seriellen Wohnungsbau die Baukosten deutlich senken – ohne Abstriche an der Wohnqualität. Nötig wäre darüber hinaus eine Landesentwicklungsgesellschaft für eine strategische Bodenpolitik im Hinblick auf den Wohnungsbau, die Entwicklung effektiver Strukturen der öffentlichen Bauträgerschaft und schließlich ein Kulturwandel auf Seiten der Landespolitik – von der Begleitung und teilweisen Korrektur des Marktes zur Gestaltung der Lebensbedingungen in der Stadt. Öffentliche Investitionen für öffentliche Aufgaben. Der Vergleich einer direkten Investition in öffentliche Wohnungsunternehmen mit den Fördermodellen des Sozialen Wohnungsbaus zeigt, dass so die öffentlichen Gelder effektiver eingesetzt werden können.

Eine Veränderung der Wohnungspolitik ist nötig. Und sie ist möglich. Im MEMORANDUM 2018 haben wir einen Vorschlag für einen neuen kommunalen Wohnungsbau formuliert, der durch öffentliche Investitionen einen Wohnungsbestand aufbaut, der dauerhaft im öffentlichen Eigentum bleibt und so für demokratische Gestaltung offen ist.

8. Aufrüstung verschärft die finanzielle Situation

Mit dem Ende des Kalten Krieges 1989/91 gab es scheinbar keine Feinde mehr. Das Zeitalter der großen Kriegsgefahr schien vorüber, die gewaltigen Rüstungsausgaben konnten zurückgefahren werden. Nicht nur das, auch ein erheblicher Teil der Rüstungsgüter wurde physisch verschrottet. In den politischen Debatten war von der Friedensdividende die Rede. Befreit von den gigantischen Belastungen der Rüstung würden finanzielle Ressourcen für den sozialen Ausgleich und den ökologischen Umbau in erheblichem Umfang zur Verfügung stehen. Es war ein kurzer Frühling der Hoffnung.

Zwar wurde zunächst tatsächlich in erheblichem Umfang abgerüstet, bereits 1996 war aber der Tiefpunkt bei den weltweiten Rüstungsausgaben erreicht. Mit Rüstungsausgaben sind nicht nur die Ausgaben für Rüstungsgüter, sondern alle Militärausgaben gemeint. Danach stiegen sie (real) wieder an. Zunächst noch verhalten, doch mit Beginn des neuen Jahrtausends legten sie kräftig zu. 2008 hatten sie (real) das Niveau von 1988 übertroffen und erreichten laut SIPRI-Institut immer neue Rekordwerte. Die Welt wurde von heftigen Kriegen erschüttert: Die Angriffe der USA gegen Irak und Afghanistan, die Bürgerkriege in Syrien, Jemen und Äthiopien, zuletzt der Krieg Russlands gegen die Ukraine und der neu entflammte Krieg im Nahen Osten, um nur die allergrößten Konflikte zu benennen.

Nach den SIPRI-Zahlen waren die Militärausgaben sehr ungleich verteilt. Auf die fünf führenden Militärnationen USA, China, Russland, Indien und Saudi-Arabien entfielen fast zwei Drittel der gesamten

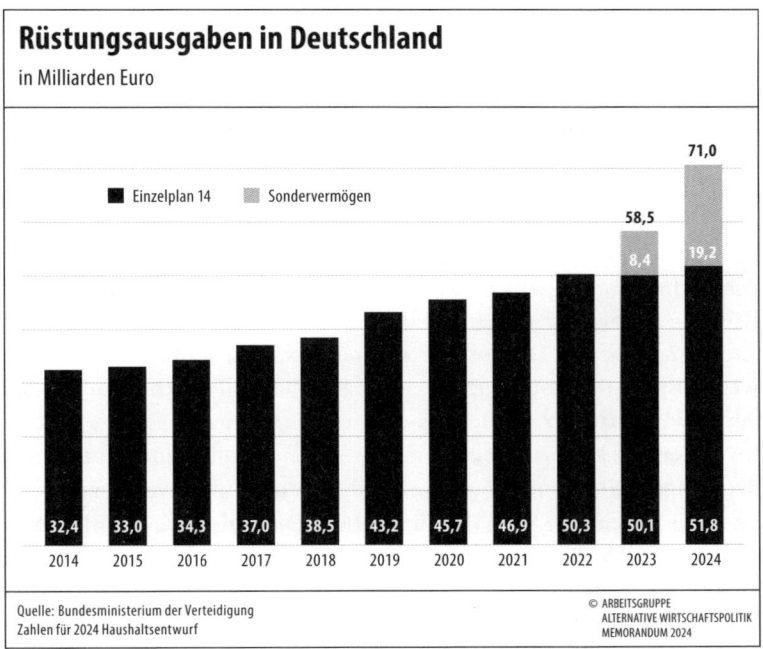

Rüstungsausgaben in Deutschland
in Milliarden Euro

Einzelplan 14 Sondervermögen

71,0

58,5

8,4 19,2

2014	2015	2016	2017	2018	2019	2020	2021	2022	2023	2024
32,4	33,0	34,3	37,0	38,5	43,2	45,7	46,9	50,3	50,1	51,8

Quelle: Bundesministerium der Verteidigung
Zahlen für 2024 Haushaltsentwurf

© ARBEITSGRUPPE
ALTERNATIVE WIRTSCHAFTSPOLITIK
MEMORANDUM 2024

weltweiten Rüstungsaufwendungen. Absolut dominierend waren die USA. Im Jahr 2022 tätigten sie allein knapp 40 Prozent der weltweiten Rüstungsausgaben. China lag mit einem Anteil von 13 Prozent schon weit zurück. Deutschland lag auf Rang 7 mit immerhin 2,5 Prozent. Auf die europäischen NATO-Staaten (einschließlich Deutschland) entfielen 13,3 Prozent der weltweiten Militäraufwendungen.

Nach 1991 wurde nicht nur international, sondern auch in Deutschland kräftig abgerüstet. Jedes Jahr sanken sogar in absoluten Zahlen (also nicht preisbereinigt) die Militärausgaben. Anders als im weltweiten Maßstab wurde das Ende dieses Trends erst mit den niedrigsten Ausgaben von 24,4 Milliarden Euro im Jahr 2005 erreicht. Danach gingen die Ausgaben wieder nach oben.

Die Dynamik der Militärausgaben nimmt nach 2022 Fahrt auf. Mit den Haushaltsmitteln von 51,8 Milliarden Euro nach Einzelplan 14 des Bundeshaushalts, den zusätzlichen Ausgaben aus dem 2022 beschlossenen 100-Milliarden-Sondervermögen von 19,2 Milliarden Euro und den zusätzlichen Ausgaben nach NATO-Kriterien von 9,5 Milliarden Euro (Schätzung Dorn/Schlepper 2023) gibt Deutschland 2024 insgesamt 80,5 Milliarden Euro für Rüstung aus. Nach der Schätzung von Wagner (2023) werden sich die zusätzlichen Ausgaben nach NATO-Kriterien sogar auf 14,5 Milliarden Euro belaufen, die Gesamtausgaben dementsprechend auf 85,5 Milliarden Euro.

Deutschland hat sich, wie alle anderen NATO-Mitgliedsländer, dazu verpflichtet, mindestens zwei Prozent seiner Wirtschaftsleistung für die Rüstung auszugeben. Nach Angaben der Bundesregierung wurde dieses Ziel 2023 erreicht. Die zusätzliche finanzielle Substanz dieser Zeitenwende ist die Bereitstellung von weiteren 100 Milliarden Euro jenseits der im Haushalt für die Bundeswehr zur Verfügung gestellten Gelder. Im Gegensatz beispielsweise zum Wirtschaftsstabilisierungsfonds und dem Klima- und Transformationsfonds war das Sondervermögen Bundeswehr die einzige Schuldenaufnahme jenseits der Schuldenbremse, die über eine Verfassungsänderung abgesichert wurde.

Die Festlegung auf das Zwei-Prozent-Ziel ist genauso falsch wie eine Festlegung auf einen anderen BIP-Anteil. Es gibt keinen sachlichen Zusammenhang zwischen den notwendigen militärischen Fähigkeiten der Bundeswehr und der Entwicklung des BIP. Ein solches Junktim führt in einer wachsenden Ökonomie nur zu einer automatischen Aufrüstungsverpflichtung. Welche militärischen Fähigkeiten die Bundeswehr haben muss, ist in einem demokratischen Entscheidungsprozess politisch zu definieren. Angesichts der bereits hohen und excessiv steigenden Militärausgaben, auch im internationalen Vergleich, und der gleichfalls hochgerüsteten Nachbarstaaten, die fast alle NATO-Verbündete sind, ist eine weitere Aufrüstung nicht zu rechtfertigen. Daran ändert auch der russische Angriffskrieg gegen die Ukraine nichts.

Ein anderer Argumentationsstrang bezieht sich auf die tatsächliche Einsatzfähigkeit der Bundeswehr. Sie sei wegen zahlreicher Pannen und Defekte praktisch gar nicht gegeben und erfordere deshalb dringend weitere Mittel. In der Tat stehen unzählige Berichte über nicht funktionsfähiges militärisches Gerät und entsprechend nicht vorhandene militärische Kapazitäten im Gegensatz zu den enormen Finanzmitteln für die Bundeswehr. Wulf (2023) sieht angesichts der hohen Rüstungsausgaben die Probleme nicht im fehlenden Geld, sondern in bürokratischen Strukturen, in der Beschaffung überteuerter Waffen (hier ist auch die Preisbildung bei Rüstungsgütern dringend zu korrigieren, die Preiserhöhungen faktisch mit höheren Renditen belohnt) und in einem zu starken Hang zu Hochtechnologie.

Wer die Schuldenbremse unbedingt einhalten will und Steuererhöhungen konsequent ablehnt, hat bei einer kräftigen Erhöhung der Militärausgaben keine andere Wahl, als dringende Aufgaben zu vernachlässigen. Auf der Sitzung des Haushaltsausschusses am 18. Januar 2024 wurden Ausgaben des Bundes für 2024 in Höhe von 476,81 Milliarden Euro beschlossen, ein Anstieg um 3,4 Prozent gegenüber dem Vorjahr (Bundestag 2024). Real dürften die Ausgaben damit geringfügig ansteigen. Im Gegensatz dazu steigen die Militärausgaben (je nach Schätzung, siehe oben) um 18,3 bzw. um 25,7 Prozent.

Ein Profiteur der zunehmenden Aufrüstung ist zweifellos die Rüstungsindustrie. Die fünf größten Rüstungskonzerne haben ihren Sitz in den USA, allen voran als umsatzstärkstes Unternehmen Lockheed Martin. Zu den weltweiten Größen der Branche zählen die deutschen Unternehmen nicht. Gerechnet nach dem Rüstungsumsatz war 2022 Airbus, als französisch-deutsch-spanischer Konzern, der größte. Der Rüstungsanteil lag hier mit 20 Prozent am Gesamtumsatz jedoch eher im unteren Bereich. Im weltweiten SIPRI-Ranking der Rüstungsumsätze kam Airbus auf den 14. Rang. Allerdings konnte Airbus beim Rüstungsumsatz mit 17 Prozent kräftig zulegen. Dahinter folgt auf dem weltweit 28. Platz Rheinmetall. Hier ist der Umsatz 2022 (Konzernumsatz insgesamt) um 13,3 Prozent gestiegen. Auch in diesem Fall verhindern eher die Kapazitätsgrenzen noch viel bessere Geschäfte. Wie gut die Zukunftsaussichten eingeschätzt werden, lässt sich eher am Aktienkurs ablesen: Während der Aktienkurs vom Winter 2019 bis zum Einmarsch Russlands in die Ukraine stagnierte, ist er seitdem um fantastische 266 Prozent angestiegen. Rüstungskonzerne sehen goldenen Zeiten entgegen.

Die *Arbeitsgruppe Alternative Wirtschaftspolitik* hat sich schon immer klar gegen Aufrüstung positioniert. Aufgabe alternativer Wirtschaftspolitik ist es, Bedingungen aufzuzeigen, wie ökonomisch die Versorgung *aller* Menschen mit den Grundbedürfnissen Wohnraum, gute Ernährung, Kleidung, aber auch mit Bildung und Ausbildung, Mobilität und Teilhabe an Kultur in ausreichendem Maße sichergestellt werden kann. Dazu gehört auch ein Leben in sozialer Sicherheit, ohne Angst vor Arbeitslosigkeit, Armut, sozialer Ausgrenzung oder sozialem Abstieg. Auch im reichen Deutschland leben viele Menschen, für die dies nicht sichergestellt ist. Die tiefe soziale Spaltung und große Ungleichverteilung an Einkommen, Vermögen und Lebenschancen wird immer wieder in den MEMORANDEN thematisiert. Da ist für die Verschwendung von wertvollen Ressourcen kein Raum.

9. Schlussbetrachtung

In der derzeitigen multiplen Krise ist die Lage objektiv schwierig. Die zerstrittene Ampel-Regierung ist nicht fähig, sich zu einigen. Deshalb fehlt ihr die Kraft für einen Neuanfang. Die Krise wird verwaltet statt bekämpft. Obwohl neoliberale Antworten weitgehend delegitimiert sind, obwohl die Kritik an der Schuldenbremse in Fachkreisen fast schon Mainstream geworden ist, halten Teile der Bundesregierung und Teile der Opposition an der Schuldenbremse fest. Sie wollen die wirtschaftliche Dynamik durch Geldgeschenke an die Unternehmen und durch Deregulierung (getarnt als Bürokratieabbau) wieder beleben. Überfällige Investitionen in einen sozial gerechten Klimaschutz sollen unterbleiben, obwohl deren Notwendigkeit niemand bestreitet. Auch Sozialabbau droht angesichts der anstehenden Haushaltskürzungen. Unsicherheit und soziale Spaltung nehmen zu. Das lähmt die Gesellschaft und stärkt rechtsradikale Kräfte.

Trotzdem geben die wachsende Kritik an neoliberalen Gewissheiten und die Anfang 2024 einsetzenden kleinen und großen Demonstrationen Hoffnung. Daran muss angeknüpft werden. Die Bewegungen müssen gebündelt und gestärkt werden, damit sich auch in wirtschaftlichen und sozialen Fragen das gesellschaftliche Klima wendet.

Die Kurzfassung des MEMORANDUM 2024 wurde bis zum 22.03.2024 von folgenden Personen unterstützt:

Tom Ackermann, München
Andrea Adrian, Bremen
Susanne Agne, Bad Oldesloe
Michael Ahlmann, Blumenthal
Jutta Ahrweiler, Oberhausen
Markus Albrecht, Düsseldorf
Matthias Altmann, Weimar
Dr. Werner Anton, Merseburg
Lutz Apel, Bremen
Horst Arenz, Berlin
Dieter Argast, Erlangen-Buckenhof
Norbert Arndt, Herne
Dr. Helmut Arnold, Wiesbaden
Dr. Jupp Asdonk, Bielefeld

Erich Bach, Bad Nauheim
Berthold Balzer, Fulda
Robert Bange, Oelde
Ursula Bär, Kall
Hans Joachim Barth, Wiesbaden
Stephan Bartjes, Krefeld
Manfred Bartsch, Gütersloh
Hagen Battran, Heuweiler
Jochen Bauer, Herne
Mechthild Bayer, Karlsruhe
Herbert Bayer, Frankfurt
Wolfgang Bayer, Berlin
Dr. Johannes M. Becker, Marburg
Friedrich-Karl Beckmann, Pinneberg

Dr. Peter Behnen, Breitnau
Jan-Patrick Behrend, Marburg
Herbert Behrens, Osterholz-Scharmbeck
Prof. Dr. Hermann Behrens, Klein Vielen
Dr. Theodor W. Beine, Isselburg
Rüdiger Beins, Ostermunzel
Anke Beins, Ostermunzel
Andreas Beran, Hamburg
Jochen Berendsohn, Hannover
Tilman von Berlepsch, Berlin
Sabine Beutert, Köln
Wolfgang Bey, Chemnitz
Ortwin Bickhove-Swiderski, Dülmen-Rorup
Prof. Dr. Heinz Bierbaum, Saarbrücken
Kerem Billor, Heilbronn
Dr. Fritz Bilz, Köln
Dr. Detlef Bimboes, Berlin
Dr. Joachim Bischoff, Hamburg
Prof. Gudrun Bischoff-Kümmel, Hamburg
Dr. Reinhard Bispinck, Düsseldorf
Prof. Dr. Arno Bitzer, Dortmund
Dr. Antje Blöcker, Ilsede
Dirk Blotevogel, Troisdorf
Peter-Josef Boeck, Bielefeld
Peter Boettel, Göppingen
Dr. Hermann Bömer, Dortmund

Klaus Borchardt, Bremen
Volker Borghoff, Oberhausen
Reinhard Borgmeier, Paderborn
Prof. Dr. Gerd Bosbach, Köln
Prof. Dr. Gerhard Bosch, Köln
Manfred Böttcher, Hannover
Maren Bracker, Kassel
Giesela Brandes-Steggewentz,
  Osnabrück
Klaus Brands, Drolshagen
Eberhard Brandt, Hamburg
Monika Brandt, Dortmund
Prof. Dr. Peter Brandt, Berlin
Dietrich Brauer, Oberhausen
Prof. Dr. Karl-Heinz Braun,
  Magdeburg
Hugo Braun, Düsseldorf
Peter Braun, Rödinghausen
Leo Braunleder, Wuppertal
Carsten Bremer, Hamburg
Uli Breuer, Frankfurt
Dr. Oskar Brilling, Schwelm
Karl-Heinz Brix, Tüttendorf
Karin Brugger, Neu-Ulm
Dr. Wiebke Buchholz-Will,
  Nordhorn
Prof. Dr. Margret Bülow-
  Schramm, Hamburg
Hans-Ulrich Bünger, Freuden-
  stadt
Jürgen Burger, Bremen
Günter Burkart, Offenbach
Dr. Sylvia Burkert, Düsseldorf
Günter Busch, Reutlingen
Dr. Ulrich Busch, Berlin

Prof. Dr. Klaus Busch, Berlin
Dr. Carolin Butterwegge, Köln
Prof. Dr. Christoph Butter-
  wegge, Köln

Ferhat Cato, Neuwied
Jörg Cezanne, Mörfelden-
  Walldorf
Dr. Christian Christen, Berlin
Heinz-Günter Clasen, Duisburg
Martine Colonna, Hamburg

Matthias Dam, Köln
Monika Damaschke, Lüneburg
Adelheid Danielowski, Trebel
Wolfgang Denecke, Leipzig
Prof. Dr. Frank Deppe, Marburg
Katja Derer, Braunschweig
Herbert Derksen, Kleve
Walter Deterding, Hannover
Richard Detje, Göttingen
Alexander Deutsch, Schwerin
Karsten Deutschmann, Berlin
Theodor Dickmann, Bad Hom-
  burg
Dr. Andreas Diers, Bremen
Reinhard Dietrich, Bremerhaven
Joachim Dillinger, Berlin
Helmut Dinter, Wessobrunn
Florian Dohmen, Duisburg
Jochen Dohn, Hanau-Mittel-
  buchen
Wolfgang Dohn, Hanau
Prof. Dr. Ulrich Dolata, Bremen
Harry Domnik, Bielefeld

Werner Dreibus, Wagenfeld
Dieter Dressel, Berlin
Prof. Dr. Dominik Düber,
    Frankfurt
Rolf Düber, Weimar
Jochen Dürr, Schwäbisch Hall

Jochen Ebel, Borkheide
Roman Eberle, Dortmund
Dirk Ebert, Radebeul
Gunter Ebertz, Berlin
Raimund Echterhoff, Wuppertal
Dr. Kai Eicker-Wolf, Marburg
Prof. Dr. Dieter Eißel, Gießen
Uschi Eiter, Kirchdorf im Wald
Stephan Elkins, Marburg
Prof. Dr. Wolfram Elsner, Bre-
    men
Gerhard Endres, München
Dieter Engel, Wiesbaden
Joachim Ernst, Bremen
Otto Ersching, Lüdenscheid
Rolf Euler, Recklinghausen

Walter Fabian, Hannover
Wolfgang Faissner, Aachen
Hinrich Feddersen, Hamburg
Josef Fehlandt, München
Ansgar Fehrenbacher, Lauter-
    bach
Wolf-Rüdiger Felsch, Hamburg
Herbert Fibus, Übach-Palenberg
Harald Fiedler, Oberursel
Dr. Ulrich Fiedler, Berlin
Bernd Fiegler, Köln

Dr. Fritz Fiehler, Husum
Adrijana Filehr, Klana, Kroatien
Josef Filippek, Lüdenscheid
Arno Fischer, Peine
Dr. Hans Ulrich Fischer, Mainz
Maria Fischer, Biessenhofen
Prof. Dr. Dietrich Fischer, Pots-
    dam
Prof. Dr. Irene Fischer, Berlin
Volker Fischer, Berlin
Claudia Flaisch, Marl
Tino Fleckenstein, Aschaffen-
    burg
Hermann Fleischer, Salzgitter
Dr. Michael Forßbohm, Wies-
    baden
Wolfgang Förster, Speyer
Uwe Foullong, Bottrop
Michael Frank, Hildesheim
Matthias Frauendorf, Dresden
Otfried Frenzel, Chemnitz
Dr. Joke Frerichs, Köln
Günter Frey, Burgau
Dr. Michael Frey, Berlin
Klaus Friedrich, Würzburg
Marianne Friemelt, Frankfurt
Jürgen Friemelt, Frankfurt

Ludger Gaillard, Göttingen
Gabriela Galli, Werther
Prof. Dr. Berthold Gasch,
    Baiersbronn
Dieter Gautier, Bremen
Elmar Gayk, Trebel
Prof. Dr. Klaus Gebauer, Berlin

Werner Geest, Wedel
Andreas Gehrke, Hannover
Dr. Friedrich-Wilhelm Geiers-
    bach, Hagen
Udo Gelhausen, Burscheid
Dr. Roman George, Diez
Dr. Cord-Albrecht Gercke,
    Geilenkirchen
Dr. Klaus-Uwe Gerhardt,
    Obertshausen
Sebastian Gerhardt, Berlin
Renate Gerkens, Hamburg
Prof. Dr. Dr. Thomas Gerlinger,
    Bielefeld
Dr. Sabine Gerold, Leuna
Lisa Gesau, Northeim
Dr. Jürgen Glaubitz, Düsseldorf
Dr. Sigmar Gleiser, Bad Hersfeld
Marie-Luise Gleiser, Bad Hersfeld
Christian Gloede, Bremen
Renate Gmoser, Neckartailfingen
Horst Gobrecht, Ober-
    Flörsheim
Joachim Gogoll, Nottuln
Sandra Goldschmidt, Hamburg
Susanne Gondermann, Hamburg
Thomas Gorsboth, Bad Orb
Arno Gottschalk, Bremen
Ralph Graf, Goslar
Gerhard Grawe, Ense
Dr. Herbert Grimberg, Kaarst
Herbert Grimm, Dortmund
Julia Großholz, Frankfurt
Prof. Dr. Dr. Rainer Grothusen,
    Hamburg

Walter Gruber, Salzgitter
Günter Grzega, Treuchtlingen

Dr. Elsa Hackl, Wien
Wolfgang Haferkamp, Ober-
    hausen
Dr. Thomas Hagelstange,
    Düsseldorf
Elke Hahn, München
Volker Hahn, Bad Gandersheim
Ellen Hainich, Lindenberg
Ulf Halbauer, Ilsenburg
Andreas Hallbauer, Berlin
Andreas Hammer, Östringen
Thomas Händel, Fürth
Detlef Hansen, Görmin
Jürgen Hartmann, Wolfenbüttel
Rosmarie Hasenkox, Wupper-
    tal
Rüdiger Hauff, Stuttgart
Wolfgang Haupt, Renningen
Rosi Haus, Münster
Kornelia Haustermann, Rastede
Dr. Gert Hautsch, Frankfurt
Lothar Havemann, Leipzig
Manfred Heidbreder, Bielefeld
Alexander Heieis, Hanstedt
Anny Heike, Fürth
Michael Hein, Schwelm
Dr. Cornelia Heintze, Leipzig
Dr. Michael Held, Berlin
Julius Heller, Tübingen
Prof. Dr. Fritz Helmedag,
    Chemnitz
Jürgen Hennemann, Ebern

Prof. Dr. Peter Hennicke, Wuppertal
Peter Henrich, Flemlingen
Dr. Frank W. Hensley, Dossenheim
Jürgen Hentzelt, Dortmund
Dr. Ursula Herdt, Berlin
Michael Hermund, Bochum
Philipp Hersel, Berlin
Stefan Herweg, Berlin
Markus Herzberg, Leingarten
Dr. Horst Hesse, Leipzig
Dr. Ludwig Heuwinkel, Bielefeld
Hermann Hibbeler, Lage
Prof. Dr. Rudolf Hickel, Bremen
Frank Hiebert, Saarbrücken
Nicolaus Hintloglou, Düsseldorf
Lieselotte Hinz, Düsseldorf
Timo Hodel, Mannheim
Beate Hoffmann, Hanau
Bernhard Hoffmann, Eppelheim
Jürgen Hölterhoff, Bielefeld
Helmut Holtmann, Bremen
Christine Holzing, Koblenz
Rolf Homeyer, Hannover
Heinz-Rudolf Hönings, Solingen
Roland Hornauer, Erlangen
Guido Hornkohl, Worpswede
Frank Hornschu, Molfsee
Jürgen Horstmann, Berlin
Gerd Huhn, Friedrichskoog
Frank Hühner, Frankfurt (Oder)
Doris Hülsmeier, Bremen
Prof. Dr. Ernst-Ulrich Huster, Pohlheim

Tamer Ilbuga, Bremen
Dr. Norbert Irsch, Schwalbach

Prof. Dr. Klaus Jacob, Berlin
Dr. Nils Jacobsen, Rumohr
Michael Jäkel, Köln
Christoph R. Janik, Wesseling
Dr. Dieter Janke, Leipzig
Prof. Dr. Jörn Janssen, London, Großbritannien
Anne Jenter, Frankfurt
Brigitte Jentzen, Flörsbachtal
Christoph Jetter, Darmstadt
Michael Jung, Hamburg
Kurt-Dieter Jünger, Oberhausen
Jörg Jungmann, Wiesbaden
Luthfa Jungmann, Wiesbaden
Jürgen Jürgens, München
Regina Jürgens, Bielefeld
Herbert G. Just, Wiesbaden
Dr. Heiner Jüttner, Aachen

Ingrid Kagermeier, Erlangen
Kurt Kaiser, Kassel
Armin Kaltenbach, Hamburg
Helmut Kanand, Wetter/Ruhr
Dr. Irmtraud Kannen, Cloppenburg
Tobias Kaphegyi, Tübingen
Ralf Kapschack, Witten
Dr. Bernd Kaßebaum, Frankfurt
Manfred Kays, Braunschweig
Dr. Andreas Keller, Frankfurt am Main
Prof. Erich Kern, Hamburg

Karin Kettner, Münster
Dr. Gunnar Ketzler, Kerkrade, Niederlande
Dierk Kieper, Bonn
Wolfgang Killig, Hamburg
Ralf Kläsener, Ahlen
Manfred Klei, Bad Salzuflen
Dr. Angelika Klein, Seegebiet Mansfelder Land
Dr. Ansgar Klinger, Krefeld
Dr. Bernhard Klinghammer, Ronnenberg
Helmut Klingl, Amstetten
Pat Klinis, Heidelberg
Dr. Sebastian Klinke, Bremen
Jürgen Klute, Herne
Dieter Knauß, Waiblingen
Reiner Harald Knecht, Berlin
Detlev Knocke, Bonn
Prof. Dr. Helmut Knüppel, Bielefeld
Dieter Knutz, Elsfleth
Anton Kobel, Heidelberg
Erich Koch, Schieder-Schwalenberg
Cornelia Koch, Braunschweig
Hajo Koch, Dortmund
Horst Koch-Panzner, Bruchköbel
Michael Kocken, Nürtingen
Sandra Kocken, Nürtingen
Lydia Kohaus, Nottuln
Roland Kohsiek, Hamburg
Stefan Konrad, Herne
Prof. Christian Kopetzki, Kassel

Wilhelm Koppelmann, Bramsche
Prof. Dietrich-Wilhelm Köppen, Berlin
Ina Korte-Grimberg, Kaarst
Marion Koslowski-Kuzu, Salzgitter
Jörg Köther, Peine
Michael Kotzian, Bottrop
Martin Krämer, Frankfurt
Lothar Kraschinski, Wuppertal
Astrid Kraus, Köln
Prof. Dr. Jürgen Krause, Erfurt
Stefan Kreft, Essen
Jutta Krellmann, Coppenbrügge
Peter Kremer, Castrop-Rauxel
Daniel Kreutz, Köln
Walter Krippendorf, Hamburg
Hans Jürgen Kröger, Bremen
Tobias Kröll, Wangen/Allgäu
Günter Kronschnabl, Wald
Ulrich Kröpke, Bielefeld
Beate Krügel, Hannover
Martin Krügel, Hannover
Lothar Krüger, Ascheberg
Dr. Stephan Krüger, Berlin
Reinhard Krüger, Hannover
Gerrit Krull, Oldenburg
Stephan Krull, Hamburg
Werner Kubitza, Salzgitter
Hajo Kuckero, Bremen
Michael Kuehn, Münster
Michael Kugelmann, Neu-Ulm
Dr. Roland Kulke, Brüssel
Alfons Kunze, Germering

Peter Kurbjuweit, Hameln
Wilfried Kurtzke, Frankfurt

Knut Langenbach, Berlin
Winfried Lätsch, Berlin
Bernd Lauenroth, Hattingen
Richard Lauenstein, Lehrte
Steven Lavan, Kassel
Dr. Steffen Lehndorff, Köln
Dr. Jürgen Leibiger, Radebeul
Bruno Leidenberger, Feldkirchen
Dr. André Leisewitz, Weilrod
Rolf Lemm, Glava, Schweden
Reiner Liebau, Minden
Christoph Lieber, Berlin
Hartmut Limbeck, Zetel
Hartmut Lind, Bad Münster
Godela Linde, Marburg
Beate Lindemann, Rugensee
Axel Lindenlaub, Teupitz
Ralf Linder, Hamburg
Axel Lippek, Bochum
Wolfgang Lippel, Nienburg
Jochem Loeber, Übach-Palen-
berg
Prof. Gerhard Löhlein, Frank-
furt
Walter Lohne, Aachen
Steffen Lübbert, Lüneburg
David Lübeck, Berlin
Regine Lück, Rostock
Barbara Ludwig, Ober-
Ramstadt
Prof. Dr. Christa Luft, Berlin
Sibylle Lust, München

Henry van Maasakker, Nim-
wegen, Niederlande
Gerd Mack, Ulm
Peter Malcherek, Norderstedt
Carsten P. Malchow, Lübeck
Annette Malottke, Koblenz
Frank Mannheim, Hannover
Dirk Männicke, Pattensen
Manfred Margner, Oldenburg
Dr. Peter Marquard, Bremen
Wolfgang Marquardt, Solingen
Heinz Martens, Oberhausen
Heike Marx, Straußfurt
Uta Matecki, Klein Vielen
Philipp Mattern, Berlin
Prof. Dr. Harald Mattfeldt,
Fintel
Horst Maylandt, Sprockhövel
Frank Mecklenburg, Schwerin
Christine Meier, Berlin
Michael Meineke, Hamburg
Dr. Heinz-Rudolf Meißner,
Berlin
Helmut Menzel, München
Reinhard Meringer, Hof
Jonas Metz, Saarbrücken
Thomas Meyer-Fries, Bad
Endorf
Dr. Wolfgang Mix, Berlin
Peter Mogga, Stolberg-
Gressenich
Annegret Mohr, Bonn
Dr. Katrin Mohr, Berlin
Gerald Molder, Braunschweig
Margret Mönig-Raane, Berlin

Manfred Moos, Schmitten/Ts.
Kai Mosebach, Oberursel
Prof. Dr. Gernot Mühge,
    Bochum
Marc Mulia, Oberhausen
Norbert Müller, Oberhausen
Petra Müller, Hamburg
Werner Müller, Bremen
Bernhard Müller, Hamburg
Gregor Müller, Kabelsketal
Michael Müller, Berlin
Prof. Dr. Klaus Müller, Lugau
Prof. Dr. Andres Musacchio,
    Bad Boll
Dr. Frank Mußmann, Göttingen
Uwe Myler, Bonn

Jochen Nagel, Groß-Gerau
Dr. Georg Nagele, Hannover
Martin Nees, Köln
Hans-Georg Nelles, Düsseldorf
Joachim Neu, Berlin
Bernd Neubacher, Lübeck
Angelika Neubäcker, Kempten
Peter Neumaier, Wiesbaden
Klaus Neuvians, Dortmund
Wolfgang Niclas, Erlangen
Prof. Dr. Jürgen Nowak, Berlin
Edeltraut Nülle, Detmold

Ralf Oberheide, Springe
Dr. Paul Oehlke, Köln
Jürgen Offermann, Neustadt am
    Rübenberge
Dr. Rainald Ötsch, Berlin

Dr. Silke Ötsch, Göttingen
Prof. Dr. Erich Ott, Künzell
Wilfried Ottersberg, Cremlingen/Schandelah
Walter Otto-Holthey, Telde,
    Spanien

Pia Pachauer, Hildesheim
Fritz Peckedrath, Detmold
Josef Peitz, Krefeld
Prof. Peter Peschel, Essen
Dr. Emanuel Peter, Rottenburg
Finn Petersen, Schleswig
Jörn Pfeifer, München
Dr. Hermannus Pfeiffer, Hamburg
Dr. Wolfram Pfeiffer, Raguhn-Jeßnitz
Klaus Pickshaus, Frankfurt
Michael Pilz, Hanau
Fabian Pilz, Hanau
Rainer Pink, Berlin
Achim Plener, Frankfurt
Dieter Prottengeier-Wiedmann,
    Gräfensteinberg
Prof. Dr. Ralf Ptak, Wankendorf
Dieter Pysik, Walldürn

Michael Quetting, St. Ingbert

Björn Radke, Bahrenhof
Jens Rannenberg, Magdeburg
Jana Rasch, Wuppertal
Stefan Rascher, Langenzeun
Andreas Raschke, Meßstetten

58

Wolfgang Räschke, Coppen-
brügge
Dr. Paul Rath, Münster
Peter Rauscher, Nürtingen
Alexander Recht, Köln
Matthias Regenbrecht, Reutlin-
gen
Frank Rehberg, München
Hans-Joachim Reimann, Bremen
Jörg Reinbrecht, Hannover
Dr. Sabine Reiner, Klein-
machnow
Christian Reischl, München
Prof. Dr. Jörg Reitzig, Mann-
heim
Carmen Remus, St. Wendel
Thomas Ressel, Kelkheim
Dr. Norbert Reuter, Berlin
Christa Revermann, Berlin
Thomas Rexin, Regensburg
Dr. Gerhard Richter, Buckow
Dr. Fabian Richter, Chemnitz
Anne Rieger, Graz, Österreich
Frank Riegler, Bubenreuth
Siegfried Riemann, Bruchköbel
Michael Ries, Hannover
Monika Rietze, Hannover
Prof. Dr. Rainer Rilling, Mar-
burg
Juana Riquelme Ahumada, Bie-
lefeld
Mark Roach, Hamburg
Willi Robertz, Windeck
Günter Roggenkamp, Moers
Hermann Römer, Bad Nauheim

Eckart Rosemann, Kaarst
Dr. Volker Roth, Düsseldorf
Holger Rottmann, Rüthen
Franz-Josef Röwekamp, Münster
Albert Rozsai, Düsseldorf
Hajo Rübsam, Homberg
Anke Rudat, Hagen
Stefan Rudschinat, Hamburg
Dr. Urs Peter Ruf, Bielefeld
Sabine Ruwwe, Wiesbaden

Robert Sadowsky, Gelsen-
kirchen
Prof. Dr. Wolfgang Saggau,
Bielefeld
Bernhard Sander, Wuppertal
Anne Sandner, Münster
Ruth Sauerwein, Hagen
Günther Schachner, Peiting
Dietmar Schäfers, Gelsenkirchen
Manfred F. G. Schäffer, Bad
Oeynhausen
Remo Schardt, Mömbris
Heidi Scharf, Fellbach
Christoph Scherzer, Düsseldorf
Dr. Egbert Scheunemann, Ham-
burg
Burkhard Schild, Aachen
Dominik Schirmer, Kiefersfelden
Jörg Schledorn, Hagen
Ewald Schleiting, Reckling-
hausen
Gudrun Schlett, Coesfeld
Thorsten Schlitt, Mülheim an
der Ruhr

Detlev Schmidt, Duisburg
Gabriele Schmidt, Gladbeck
Prof. Dr. Peter Schmidt, Bremen
Werner Schmidt, Stuttgart
Marlis Schmidt, Salzgitter
Thomas Schmidt, Düsseldorf
Christian Schmidt, Olten,
    Schweiz
Dr. Helmut Schmidt, Maintal
Dr. Ingo Schmidt, BC, Kanada
Gisbert W. Schmidt, Hamburg
Gudrun Schmidt, Frankfurt
Werner Schmitz, Bremen
Gerhard Schneider, Ellwangen
Gottfried Schneider, Hallerndorf
Günter Schneider, Unna
Frieder Schneider, Bietigheim-
    Bissingen
Karl-Heinz Schneider, Augsburg
Bernhard Schneider, Kronberg
Michael Schnitker, Rosenheim
Dr. Wolfgang Schober, Bremen
Wilfried Schollenberger, Heidel-
    berg
Dieter Scholz, Berlin
Klaudia Scholz, Herne
Christian Schreiner, Oberursel
Prof. Dr. Mechthild Schrooten,
    Berlin
Dr. Ursula Schröter, Berlin
Dr. Florian Schubert, Hamburg
Dr. Michael Schuler, Tecklenburg
Karin Schüller-Mirza, Frankfurt
Hans-Peter Schulz, Wuppertal
Hartmut Schulz, Hannover

Thorsten Schumacher, Hanno-
    ver
Prof. Dr. Susanne Schunter-
    Kleemann, Bremen
Sandra Schuster, Berlin
Dr. Bernd Schütt, Friedrichsdorf
Kevin Schütze, Berlin
Prof. Dr. Jürgen Schwark, Kre-
    feld
Michael Schwarz, Tübingen
Helga Schwitzer, Hannover
Reinhard Schwitzer, Hannover
Prof. Dietmar Seeck, Emden
Prof. Dr. Franz Segbers,
    Konstanz
Reinhard Seiler, Lemgo
Dr. Friedrich Sendelbeck, Nürn-
    berg
Frank Sichau, Herne
Gerd Siebecke, Hamburg
Thorsten Sieber, Lehrte
Reinhold Siegers, Mönchen-
    gladbach
Friedrich Siekmeier, Hannover
Dr. Ralf Sitte, Berlin
Alfred Skambraks, Berlin
Gert Söhnlein, Kist
Margarete Solbach, Helpsen
Stephan Somberg, Köln
Dr. Jörg Sommer, Bremen
Thomas Sorg, Altbach
Prof. Dr. Richard Sorg, Hamburg
Siegfried Späth, Ulm
Bernd Spitzbarth, Straußfurt
Uwe Spitzbarth, Dortmund

Gabriel Spitzner, Düsseldorf
Sonja Staack, Berlin
Martina Stackelbeck, Dortmund
Andreas Stähler, Niedernhausen
Miladinka Stancic, Detmold
Enrico Stange, Leipzig
Siegfried Stapf, Brühl
Alfred Staudt, Schmelz
Manfred W. Steglich, Bremen
Robert Steinigeweg, Ibbenbüren
Prof. Dr. Klaus Steinitz, Berlin
Hartmut Stinton, Bremen
Gerd Stodollick, Arnsberg
Roland Stolze, Halstenbek
Klaus Störch, Flörsheim
Ruth Storn, Bad Vilbel
Herbert Storn, Bad Vilbel
Dr. Detlev Sträter, München
Manfred Sträter, Dortmund
Peter Stutz, Oldenburg

Ingo Tebje, Bremen
Ingo Thaidigsmann, Lindenfels
Anneliese Thie, Aachen
Matthias Thomsen, Hamburg
Christian Thym, Ludwigsburg
Michael Tiemens, Idstein
Dr. Lothar Tippach, Leipzig
Ulrike Tirre, Wagenfeld
Günter Treudt, Berlin
Mathias Troost, Frankfurt
Antje Trosien, Ulm
Uwe Tschirner, Mülheim
Manfred Tybussek, Mühlheim
    am Main

Hüseyin Ucar, Bochum
Marco Unger, Rottenburg
Hermann Unterhinninghofen,
    Frankfurt
Dr. Hans-Jürgen Urban, Frank-
    furt

René Vits, Dresden
Willi Vogt, Bielefeld
Dr. Rainer Volkmann, Hamburg
Detlev von Larcher, Weyhe
Jürgen von Strauwitz, Dresden
Heinz Georg von Wensiersky,
    Bad Bentheim
Reinhard van Vugt, Siegbach

Prof. Dr. Roderich Wahsner,
    Bremen
Prof. Dr. Dieter Walter, Potsdam
Rolf Walther, Ohlstadt
Hans-Dieter Warda, Bochum
Veronika Warda, Bochum
Wilhelm Warner, Hannover
Hugo Waschkeit, Ronnenberg
Georg Wäsler, Taufkirchen
Claudia Weber, München
Marianne Weg, Wiesbaden
Dr. Diana Wehlau, Bremen
Torsten Weil, Köln
Doris Weist-Knauß, Waiblingen
Stefan Welberts, Kleve
Michael Wendl, Kirch-
    anschöring
Markus Wente, Wedemark
Rainer Wermelt, Coesfeld

Alban Werner, Köln
Christina Wesemann, Detmold
Markus Westermann, Bremen
Ulrich Westermann, Frankfurt
Jörg Wiedemuth, Berlin
Roland Wiegmann, Hamburg
Margarete Wiemer, Frankfurt
Michael Wiese, Herne
Angelika Wiese, Bonn
Franziska Wiethold, Berlin
Matthias Wilhelm, Kissenbrück
Gerd Will, Nordhorn
Sven Wingerter, Wald-
    Michelbach
Thomas Winhold, Frankfurt
Arne Winkelmann, Engels-
    kirchen
Burkhard Winsemann, Bremen
Johannes Wintergerst, Queiders-
    bach

Viktor Wittke, Peine
Herbert Wöhrl, Abensberg
Hans-Otto Wolf, Dortmund
Prof. Dr. Frieder Otto Wolf,
    Berlin
Rüdiger Wolff, Berlin
Michael Wörle, Hamburg
Dr. Beatrix Wupperman,
    Barjols, Frankreich

Wilhelm Zachraj, Dorsten
Karl-Friedrich Zais, Chemnitz
Ingo Zander-Koller, Stadthagen
Prof. Dr. Karl Georg Zinn,
    Wiesbaden
Norbert Zirnsak, Würzburg
Kay Zobel, Rostock
Thomas Zwiebler, Peine

II. Langfassung des MEMORANDUM

1   Sozial gerechte Zukunft finanzieren

1.1   Unter dem Regime der Schuldenbremse

Vorbereitet wurde die im Mai 2009 mit der erforderlichen 2/3-Mehrheit im Deutschen Bundestag beschlossene Schuldenbremse durch die »Föderalismuskommission II« (2007-2009). In Kraft trat sie ab dem Haushaltsjahr 2011 mit einer Übergangsregelung für den Bund bis 2016, für die Länder bis 2019. Die zuvor geltende Regel, nach der öffentliche Investitionen durch die Aufnahme von Krediten auf den Kapitalmärkten finanziert werden durften, ist abgeschafft worden. Beibehalten wurde lediglich das Prinzip einer antizyklischen Finanzpolitik, die im Falle eines konjunkturellen Rückgangs eine gegensteuernde Kreditaufnahme zulässt. An die Stelle dieser »goldenen Regel« ist ein grundsätzliches Verbot der Fremdfinanzierung von Investitionen in den öffentlichen Kapitalstock mit Art. 109 und Art. 115 GG in die Verfassung übernommen worden. Allerdings wird in der aktuellen Debatte immer wieder übersehen oder ignoriert, dass bereits vor 2009 grundsätzlich ein im Grundgesetz verankertes Verbot, öffentliche Konsumausgaben per Schulden zu finanzieren, bestand.

Mit der Wende zur Schuldenbremse sind drei Abweichungen vom Verbot der Neuverschuldung festgeschrieben worden: Nur der Bund darf seine Ausgaben ohne Unterscheidung zwischen investiv und konsumtiv bis zu 0,35 % des nominalen Bruttoinlandprodukts (BIP) durch Kredite finanzieren (strukturelle Komponente). Im Falle eines konjunkturellen Abschwungs sollen die durch sinkende Steuereinnahmen und steigende Krisenausgaben erzeugten Defizite beim Bund sowie bei den Ländern nicht abgebaut werden (antizyklische Komponente). Schließlich gelten derzeit zwei Ausnahmen von der kompletten Schuldenbremse: »Im Falle von Naturkatastrophen oder außergewöhnlichen Notsituationen, die sich der Kontrolle des Staates entziehen«, ist es zulässig, die gegen die Folgen gerichteten staatlichen Programme über die Kreditmärkte zu finanzieren. Wichtig ist jedoch der Zusatz: Das Grundgesetz schreibt für diese beiden Ausnahmen zur Kreditaufnahme eine Tilgung der Kredite in einem »angemessenen Zeitraum« vor. Durch diese Refinanzierung werden allerdings in den nachfolgenden Jahren die regulären Haushalte mit den Zinsen und der Tilgung belastet.

1.1.1 Schuldenbremse unter dem Druck der Multikrise

Das 2009 beschlossene Regelwerk Schuldenbremse im Grundgesetz hat die Länder und den Bund dazu gezwungen, die zuvor in den jeweiligen Haushaltsjahren vorgesehene Neuverschuldung weitestgehend abzubauen. Bereits in der Anpassungsphase wurden die ausgelösten Finanzierungsengpässe spürbar. Wie die zahllosen Beispiele heute nicht mehr funktionstüchtiger Brücken und Straßen belegen, sind selbst Investitionen in die Instandhaltung oder Reparatur unterlassen worden. Unter dem Regime der Schuldenbremse ist der öffentliche Kapitalstock geschrumpft. Darüber hinaus fielen die dringend erforderlichen Investitionen in die Modernisierung und vor allem in die ökologische Transformation viel zu gering aus. Deshalb wird die Schuldenbremse im politischen Streit zu Recht als Zukunftsbremse bezeichnet. Bedrohlich viel Zeit ging auf dem Weg, einen neuen, ökologischen Wohlstand zu schaffen, verloren. Zusammen mit dem Verzicht auf Steuererhöhungen war es auch nicht möglich, durch Kürzungen bei den Ausgaben an anderer Stelle auf breiter Front finanziellen Spielraum für öffentliche Investitionen zu schaffen. Durch den fiskalischen Engpass hat der Druck, Kürzungen auch im Sozialsystem durchzusetzen, zugenommen. Damit hat die Schuldenbremse auch die künftige Sicherung des sozialen Ausgleichs zur Bewältigung der vielfältigen Herausforderungen ausgebremst.

Während die streng interpretierte Schuldenbremse den Handlungsspielraum öffentlicher Haushalte für die klassischen Staatsaufgaben geschmälert hat, wurde der Staat in den letzten Jahren mit zwei Arten von Belastungen konfrontiert. Die Schuldenbremse erzeugte Jahr für Jahr sich kumulierende Altlasten – Verfall der Infrastruktur –, die heute dringlich abgebaut werden müssen. Hinzu kamen unterschiedliche, sich wechselseitig verstärkende Krisen. Dafür steht der inzwischen oft gehörte Begriff Multikrise (Mehrfachkrise). Deren Folgelasten zur ökonomischen und sozialen Stabilisierung forderten den Staat umfassend heraus, gerade auch bezüglich der Übernahme einer Führungsrolle. Zu der über Nacht notwendig gewordenen Finanzierung verschiedener Rettungsprogramme für die Wirtschaft und zum sozialen Zusammenhalt ließen sich kurzfristig nur Kreditmittel über die Finanzmärkte mobilisieren. Die Stichworte zu der den Staat herausfordernden durch unterschiedliche Kriseneinflüsse getriebenen Mehrfachkrise sind: Um die Folgen der *Corona-Krise* zu bewältigen, mussten Hilfen an die privaten Haushalte, an die Unternehmen und öffentlichen Einrichtungen, etwa im medizinischen (Vorsorge-)System, finanziert werden. Hinzu kam Russlands Angriffskrieg auf die *Ukraine*. Vor allem die dadurch politisch durch die EU gewollten Embargos haben die Preise für importierte Energie, allen voran Gas, das in Deutschland zuvor lange preiswert aus Russland geliefert wurde, nach oben getrieben.

Übersteigende Erzeugerpreise, die in die konsumtive Endnachfrage weitergereicht worden sind, erreichte die Inflationsrate für den privaten Verbrauch in 2022 mit 7,9 % gegenüber dem Vorjahr den Höchstwert seit der Wiedervereinigung 1990. Die monatliche Inflationsrate erreichte mit 10,4 % im Oktober 2022 gegenüber dem Vorjahresmonat den Gipfel. Trotz allerdings nur zögerlich und allmählich wieder sinkender Energiepreise blieb der Geldwertverlust auch 2023 mit 5,9 % noch hoch. Dazu beigetragen haben auch die, meist durch marktbeherrschende Unternehmen, mitgenommenen gewinnsteigernden Preisaufschläge.

Maßnahmen zum sozialen Ausgleich und zur Unterstützung schwer belasteter Unternehmen, entstanden durch die Kaufkraftverluste, wurden erforderlich. Beispiele dafür sind einmalige Ausgleichszahlungen sowie die Energiepreis- und Strompreisbremse. Zu deren Finanzierung mussten die Kreditermächtigungen aus dem ursprünglich für andere Zwecke geschaffenen »Wirtschafts- und Stabilisierungsfonds (WSF)« eingesetzt werden. Der im Dezember 2023 erreichte Bestand an eingesetzten Krediten belief sich auf über 107 Milliarden Euro.

Weitere Belastungen der Gesamtwirtschaft und schließlich auch der staatlichen Finanzen sind durch die allgemeine Krise der viel zu wenig regulierten *Globalisierung* dazugekommen. Im Zentrum der Globalisierungskrise stehen:

der Rückfall in neu positionierte geopolitische Machtblöcke, die brüchigen Lieferketten innerhalb der Weltmärkte sowie der wachsende Protektionismus nach dem Motto »... Nation first«. Für die protektionistische Strategie »America First« steht der »Inflation Reduction Act« der Biden-Administration. Dieser dient dem Ziel, die ohnehin durch hohe Energiepreise belasteten Unternehmen auch aus Deutschland zum Standortwechsel in die USA per stattlicher Subventionen für ökologische Investitionsprojekte zu locken.

Schließlich engt die im internationalen Vergleich besonders *schwache Wirtschaftsentwicklung* im Umfeld einer drohenden Rezession in Deutschland zumindest indirekt den finanzpolitischen Spielraum ein: zu erwarten sind sinkende Zuwächse aus Steuereinnahmen und steigende Krisenkosten.

1.1.2 Verschärfte Fehlentwicklung durch die Geldpolitik

Eine weitere Herausforderung für die aktuelle Finanzpolitik unter dem Regime der Schuldenbremse produziert die *Europäische Zentralbank*. Mit ihrer Zinswende, durch die zwischen Ende Juli 2022 und September 2023 in zehn Schritten der Leitzins von 0 % auf 4,5 % erhöht worden ist, hat sie die in der Multikrise dringend erforderliche Fremdfinanzierung verteuert. So haben beispielsweise die rapide gestiegenen Bauzinsen zum Absturz des Wohnungsbaus beigetragen. Auch der Staat wird in der Phase der erhöhten Kreditfinanzierung mit höheren Zinszahlungen belastet. Kern dieser restriktiven Geldpolitik sind innerhalb eines guten Jahres von 0 % auf 4,5 % erhöhte Zinsen, die auch im März 2024 noch nicht wieder gesunken sind. Die zu diesem Zinssatz zeitlich befristete Besorgung von Liquidität der Banken gegen Wertpapiere als Pfand wird in Form teurerer Kredite an Unternehmen wie Privatleute weitergegeben. Hinzu kommt die Geldverknappung durch die Rückgabe von staatlichen und unternehmerischen Anleihen aus dem EZB-Bestand. Entgegen der Rechtfertigung durch die EZB, hat der erfolgte Rückgang der Inflationsraten seit dem Höhepunkt Anfang 2023 kaum etwas mit dieser restriktiven Geldpolitik zu tun. Denn die Kaufkraftverluste werden nicht entscheidend durch eine monetäre Überschussnachfrage gegenüber dem Angebot im Inland angetrieben. Vielmehr treiben die Energiekosten, die über die Erzeugerpreise auf den privaten Verbrauch überwälzt werden, die Inflationsbewegung voran. Und es sind vor allem die gestiegenen Preise für importierte Energie, die hier ökonomischen Wohlstand kosten. Hinzu kommen die hohen Preise für Nahrungsmittel. Diese Verursachung der Inflation belegt die Dynamik der Erzeugerpreise. Über diese werden die Energiepreise auch in die Kerninflationsrate transportiert. Der Verbrauch von Energie und damit deren Preise werden im Warenkorb privater Haushalte zwar nicht direkt erfasst. Aber bei der Herstellung der meisten Produkte, die in der Kerninflationsrate erfasst werden, wird Energie genutzt – beispielsweise beim Brötchen oder bei den Kosmetika, die private Haushalte kauft. Die gegenüber den direkten Energiepreisen abgeschotteten Preise in der Kerninflationsrate sind somit indirekt doch von deren Entwicklung abhängig. Gegenüber diesen exogenen Ursachen der Inflation demonstriert die EZB mit der Zinswende eher ihre machtvolle Machtlosigkeit. Denn die importierten Energiepreise lassen sich nun einmal nicht durch die Geldpolitik reduzieren. Vielmehr dominiert bei der EZB der altbekannte monetaristische Trugschluss: Immer, wenn es Inflation gibt, kann diese nur die Folge einer monetären Übernachfrage sein. Dadurch werden Lohnpolitik und vorgeblich expansive Staatsausgaben zu Verursachern erklärt. Im Gegensatz zur These von der monetären Übernachfrage wirken die aktuell erhöhten Arbeitslöhne auf die konsumtive Nachfrage stärkend. Auch die kreditfinanzierten Staatsausgaben, die sich auf die gesamtwirtschaftliche Stabilisierung gegenüber der Krise konzentrieren, treiben die Inflation nicht.

Diese im Namen der Inflationsbekämpfung betriebene erfolglose Geldpolitik belastet die aktuelle Finanzpolitik bei der Aufgabe, die Mehrfachherausforderungen zu bewältigen. Daher hat es auch die Geldpolitik in der Hand, die Bewältigung der bisherigen Folgen der

Schuldenbremse sowie die Mehrfachkrise und die Finanzierung der ökologischen Transformation zum nachhaltigen Wohlstand in der Zukunft monetär zu unterstützen. Deshalb ist der Ausstieg aus der Zinswende, die zur Inflationsbekämpfung nicht taugt, dringend erforderlich. Insgesamt sollte endlich der Ausbau einer ökologisch verantwortlichen Geldpolitik vorangetrieben werden.

1.1.3 Schuldenbremse belastet sozial-ökologischen Umbau

Überlagert werden die bisher genannten, unterschiedlichen Fehlentwicklungen durch die *Klimakrise*. Bei der Bekämpfung der Ursachen und der Folgen kommt dem Staat – auch zugunsten der Privatwirtschaft – die Führungsrolle zu. Dies gilt kurzfristig für Naturkatastrophen wie die Flutkatastrophe im Ahrtal. Perspektivisch steht das Mega-Zukunftsprojekt gegen die Klimakrise auf der Agenda: Die ökologische Transformation vor allem durch die Dekarbonisierung mit dem Ziel, die Basis eines klimaverträglichen Wohlstands für kommende Generationen zu schaffen, muss vorangetrieben werden. Die dazu erforderlichen Finanzmassen, die der Staat sowie die Privatwirtschaft aufzubringen haben, sind auf den ersten Blick gigantisch, aber bezogen auf den Stopp der Klimakatastrophe erklärbar. In einem Gutachten vom Januar 2024, das die vorliegenden Prognosen und Daten auswertet, schätzt das »Handelsblatt Research Institute (HRI)« allein für die Energiewende den finanziellen Investitionsbedarf zur Herstellung der Klimaneutralität bis 2045 auf über 1,110 Billionen Euro. Die strategischen Bereiche sind: Ausbau der Erneuerbaren Energie, Angebot an Stromspeichern und Stromnetzen, Aufbau von Energiespeichern sowie die Bereiche Wasserstoff- und Fernwärmenetz und auch der CO_2-Infrastruktur.

Die mit großer Wucht einschlagende Multikrise und vor allem die entschiedene Politik gegen die Ursachen und Folgen der Klimakrisen, man denke abermals an die Ahr, setzen Bund, Länder und Gemeinden seit Jahren massiv unter Finanzierungsdruck. Gleichzeitig hat die Schuldenbremse zusätzliche Finanzierungsengpässe geschaffen. Nochmals der Hinweis: Dadurch sind nicht nur dringlich neue Investitionen in die

Infrastruktur fiskalisch blockiert worden. Selbst Reparaturinvestitionen haben zur Demontage des öffentlichen Kapitalstocks geführt. Symbolisch dafür stehen die vielen nicht mehr funktionssicheren Brücken und weitere Schäden im Eisenbahn- und Straßenverkehrssystem. Wie aber sind der Bund und die Länder mit den fehlenden Finanzmitteln bei gleichzeitig riesigem Handlungsbedarf umgegangen? Eine hektische Suche nach Umwegen und Spielräumen ist gleichsam innerhalb der Schuldenbremse ausgebrochen. Da überrascht es nicht, dass im Zuge dieser Fluchtversuche gelegentlich das verfassungsrechtliche Regelsystem ziemlich willkürlich ausgelegt worden ist. Der Druck bei dieser Suche nach Finanzierungsspielräumen war auch deshalb groß, weil wirksame und gerechte Steuererhöhungen politisch gemieden worden sind. Auch die Tatsache, dass das erforderliche Volumen von Steuereinnahmen – selbst bei einer starken Vermögensteuer – in absehbarer Zeit nicht zu mobilisieren sein wird, hat bremsend gewirkt. Aber auch über Kürzungen von Ausgaben an anderer Stelle war die fehlende Finanzmasse nicht zu gewinnen. Was an Ausgabenkürzungen realisiert wurde, konzentrierte sich einseitig auf Sozialabbau und den Verzicht auf öffentliche Investitionen, zur Reparatur und zur ökologischen Modernisierung.

Da das intergenerativ sinnvolle Instrument der direkten Kreditaufnahme innerhalb des regulären Staatsbudgets durch die Schuldenbremse verboten ist und Steuererhöhungen sowie ausreichende Kürzungen bei Ausgaben an anderer Stelle nicht realisierbar waren, sind die Ausweich- bzw. Fluchtversuche, dennoch Kredite für öffentliche Investitionen zu mobilisieren, durchaus nachvollziehbar. Deshalb hat sich die Realität pragmatischer Politik längst von der engstirnig interpretierten Norm der Schuldenbremse wegentwickelt. Schließlich gibt es gute Gründe, gegen das durch die Schuldenbremse vorgegebene Verbot öffentliche Investitionen in den Erhalt und den Ausbau des staatlichen Kapitalstocks per Kredite schleunigst zu finanzieren. Auch geht es darum, den Verzicht auf Generationengerechtigkeit, den die Schuldenbremse erzwingt, zu mildern. Denn die Schuldenbremse verfügt über kein Sensorium für die heutigen Staatsaufgaben mit Blick auf die Anforderungen künftiger Generationen. Dazu das Beispiel unterlassener öffentlicher Investitionen in den ausreichenden Abbau der CO_2-Belastungen: Dadurch werden die Lebenschancen künftiger Generationen belastet und die Entwicklung zum ökologischen Wohlstand blockiert. Um diese schwerwiegenden Fehlentwicklungen zu vermeiden, gibt es nur eine Möglichkeit: Das prinzipielle Verbot der Finanzierung öffentlicher Investitionen mit Krediten muss aus dem Grundgesetz gestrichen werden. Weil aus verschiedenen Gründen dazu einerseits der politische Mut fehlte, jedoch andererseits der Finanzierungsdruck schwindelerregend zugenommen hatte, wurden

beispielsweise öffentliche Investitionen auf rechtlich selbstständige, betriebswirtschaftlich ausgegliederte Unternehmen mit explizitem Zugang zu den Kapitalmärkten übertragen (Investitionsgesellschaften). Die Umgehung der Schuldenbremse erfolgte durch eine extensive Nutzung der nach der Verfassung zulässigen Ausnahmen vom Kreditverbot: Das sind »Naturkatastrophen« und die »außerordentlichen Notlagen«. Dazu wurden vor allem beim Bund separate Fonds (Sondervermögen) mit Kreditermächtigungen über mehrere Jahre gegenüber den einjährigen Regelhaushalten eingerichtet. Bereits in der Corona-Krise ist beim Bund der »Wirtschafts- und Stabilisierungsfonds«, der auch gegen Folgen der Klimakrise genutzt werden sollte, eingerichtet worden. Dagegen hatte der »Klima- und Transformationsfonds (KTF)«, der seit Juli 2022 das 2011 gestartete Sondervermögen »Klima- und Transformationsgesetz« ablöste, ursprünglich nichts mit der Schuldenbremse zu tun. Denn dieser finanzierte sich grundsätzlich nicht aus Kreditermächtigungen, sondern aus den jährlichen Abgaben im Rahmen der deutschen Emissionsregeln sowie einem jährlichen Zuschuss aus dem regulären Bundeshaushalt (20 % der Gesamtmittel). Erst als mit dem zweiten Nachtragshaushalt von 2021 Kreditermächtigungen im Umfang von 60 Milliarden Euro, die im ersten Nachtragshaushaltsgesetz zur Bewältigung der Notsituation durch die Corona-Pandemie festgelegt, jedoch nicht benötigt wurden, genutzt werden sollen, kam die Frage auf, ob diese Transaktion noch mit der Schuldenbremse übereinstimme.

1.2 Bundesverfassungsgericht stoppt Flucht aus der Schuldenbremse

Dass dieser Versuch zur Umgehung der Schuldenbremse beim Bundesverfassungsgericht landen würden, war abzusehen. Die Bundes-CDU nahm die Umbuchung der Kreditermächtigung über 60 Milliarden Euro aus den Corona-Töpfen in den »Klima- und Transformationsfonds« zum Anlass einer Klage. Wegen dieser »Buchungstrickserei« ist das zweite Nachtragshaushaltsgesetz 2021 mit Art. 109 Abs. 3, Art. 110 Abs. 2 und Art. 115 Abs. 2 Grundgesetz (GG) unvereinbar und nichtig. Ernsthaft durfte dieses Urteil niemanden überraschen. Die Warnungen vor dieser Umbuchung einer Kreditermächtigung durch die amtierende Bundesregierung waren von Anfang an unüberhörbar. Allerdings überraschte selbst die Klägerpartei CDU die Härte dieser Entscheidung aus Karlsruhe. Schließlich haben auch Landesregierungen mit CDU-Beteiligung das Instrument der Ermächtigung von Krediten auf jährlichen Abruf genutzt. Das Urteil, das wie eine finanzpolitische Bombe einschlug, zwingt jetzt zur Einjährigkeit der Kreditfinanzierung, allerdings auch nur im Falle des Nachweises von »Naturkatastrophen oder außergewöhnlichen Notlagen«. Die Aufforderung durch dieses Urteil ist eindeutig: Die mit dem Start der Fonds insgesamt beschlossenen Kredite auf Abruf müssen ab dem Haushaltsjahr 2024, samt der Regelung in den Folgejahren, komplett zurückgenommen werden. Die Aufnahme von Krediten gilt immer nur für das Jahr, in dem eine der beiden anerkannten Ausnahmen von der Schuldenbremse gerechtfertigt ist. Das Fazit des »Sachverständigenrates zur Begutachtung der gesamtwirtschaftlichen Lage« (SVR) lautet in seinem Policy Brief vom Januar 2024 zu recht: »Die Ausnahmeklausel darf also nicht dafür benutzt werden, Sondervermögen auf Reserve mit Kreditermächtigungen auszustatten und diese erst in den Jahren nach der notlagenbedingten Aussetzung der Schuldenbremse zu nutzen.« Während also nur noch die Kreditmittel für das Ausnahmejahr 2023 ausgegeben werden durften, sind bereits ab 2024 die geplanten Kreditmittel für die Sondervermögen erst einmal komplett weggefallen. Um das Haushaltsjahr 2024 noch zu retten, hätte die »außergewöhnliche Notlage« bzw. eine »Naturkatastrophe« reklamiert werden müssen. Darauf hat der Bund verzichtet. Die durch das »Blitzurteil« erforderlich gewordenen Änderungen des Bundeshaushalts für 2024 zeigt die Übersicht: »Folgen des BVerfG-Urteil«. Gegenüber der Ursprungsplanung hat der Spruch aus Karlsruhe vom 15.11.2023 den Bund auch wegen des Verzichts auf Steuererhöhungen gezwungen, Ausgaben zu kürzen und auf dringliche öffentliche Investitionen zu verzichten. Auch bei einigen Ländern ist infolge dieses Urteils die Haushaltsplanung für 2024 über den Haufen geworfen worden. Der größte Verlierer durch die Anpassung des Bundeshaushalts 2024 an das Urteil ist der soziale Ausgleich insbesondere wegen der Erhöhung der CO_2-Abgabe von 30 auf 45 Euro pro Tonne CO_2 zum Jahreswechsel 2023/24: Das zum Ausgleich vorgesehene Klimageld ist trotz der Verpflichtung im Koalitionsvertrag zulasten der sozialen Akzeptanz auf unbestimmte Zeit verschoben worden.

Folgen des BVerfG-Urteils: Beispiel geänderter Bundeshaushaltsplan 2024 ohne Ausnahme von der Schuldenbremse

A. Voraussetzungen

- Die vorgesehene *Rücklage per Kredite* auf Abruf über 60 Mrd. Euro ersatzlos gestrichen.
- Verzicht auf ein erneutes Jahr *Ausnahme von der Schuldenbremse* – Naturkatastrophe« / »außerordentliche Notlage« (Vorbehalt: abhängig von der Entwicklung Ukraine-Krieg).
- Da die vorgesehenen Rücklagen-Kredite gestrichen sind, werden *Ausgabenkürzungen und Abgabenerhöhungen* im regulären Bundeshaushalt vorgenommen.
- Zur Finanzierung steht im regulären Bundeshaushalt auch das *zulässige Nettokreditvolumen* mit 39,0 Mrd. Euro (geplant 27,4 Mrd. Euro) zur Verfügung (zulässige Komponenten: konjunkturelles und strukturelles Defizit mit 0,35 % des Bruttoinlandsprodukts)

B. Die Aktionsfelder

1. Der »**Wirtschafts- und Stabilisierungsfonds**« ab 2024 *gestrichen* (bisher daraus v. a. die Energiepreisbremsen finanziert).

2. »**Aufbauhilfe 2021**« (Flutkatastrophe Ahrtal/NRW) wegen Verzicht auf Ausnahme von der Schuldenbremse mit 2,7 Mrd. Euro 2024 aus dem Normalhaushalt finanziert.

3. Der **Klima- und Transformationsfonds (KFT)** 2024 nur *49 Mrd. Euro statt geplant 61 Mrd. Euro.*
   - Liste der größtenteils erhaltenen und vollständig fortgeführten Projekte zu den Schwerpunkten liegt vor: Förderung Ausbau Wasserstoff (etwa Umstellung der Stahlwerke) / Förderung Mikroelektronik für Digitalisierung (4,82 Mrd. Euro an Unternehmen: Intel, TSMC, Wolfspeed, Bosch) / Entlastung Energiekosten / Wärmewende.
   - Die ursprünglich für 2024 vorgesehene Finanzierung der *Projekte mit Wasserstoffbezug* (Volumen 4 Mrd. Euro) einschließlich »Dekarbonisierung der Industrie« durch Klimaschutzverträge werden innerhalb des regulären Bundeshaushaltes finanziert.
   - Unsicherheit, ob die Finanzmittel im Normalhaushalt am Ende mobilisierbar sind?

4. Das **Sondervermögen Bundeswehr** mit 19,2 Mrd. für 2024 (Regelhaushalt: 51,8 Mrd. Euro)

C. Die Finanzierung der Lücke im Bundeshaushalt durch Verbot von Rücklagen per Kredite

1. **Steuer-/Abgabenerhöhung** u. a.: Erhöhung CO_2-Abgabe von 30 auf 45 Euro pro Tonne CO_2.
   - *Luftverkehrsabgabe* (Ticketsteuer, ca. 1 Mrd. Euro; Verzicht auf Kerosinsteuer)
   - *Abgabe auf Plastik* ab 2025 bei den Herstellern dieses Mülls, löst bisherige Bezahlung aus dem Bundeshaushalt an die EU ab (pro Jahr ca. 1,6 Mrd. Euro)

2. **Ausgaben-, Subventionskürzungen** u. a.: *Netzentgelte* bisher
durch den Bund (5,5 Mrd. Euro)
   * Übernahme durch die Stromproduzenten (Überwälzung
   auf Strompreise) / Abbau der *Dieselförderung* in der Landwirtschaft (Anfang Februar 2024 noch offen, derzeit geplant 440 Mio. Euro – auf null bis Ende 2026) / Kürzung
   Bundesförderung effiziente Gebäude / Streichung des *Um-
   weltbonus* für Elektroautos
3. **Auch Entlastungen**, u. a.: *EEG-Umlage* (10,60 Mrd. Euro)
durch den Bund bleibt / Steuerverzicht bei *Inflationsausgleich*
/ Bei *Einkommensteuer* Grundfreibetrag erhöht / Abbau kal-
ter Progression

D. Defizit im Bundeshaushalt 2024: 39,03 Mrd. Euro
Klimageld trotz Zusage im Koalitionsvertrag gestrichen: *Preis-
erhöhung für* CO_2 notwendig – jedoch **Verzicht auf den Einstieg
in den sozialen Ausgleich unverantwortlich!**

Die Kritik an dem finanzpolitischen Schock aus Karlsruhe ist immens. Dabei hat das Verfassungsgericht lediglich seinen Auftrag wahr-
genommen und der vielfachen Umgehung der Schuldenbremse einen
Riegel vorgeschoben. Nicht das verfassungstreue Gericht, sondern die
das Grundgesetz verantwortende parlamentarische Politik rückt ins Vi-
sier. Trotz massiver Fehlentwicklungen sind Bund und Länder nicht in
der Lage, mit qualifizierter Mehrheit die aktuelle Fassung der Schuldenbremse, die sie 2009 in Kraft gesetzt haben, abzuschaffen. Allerdings
gibt es berechtigte Kritik an diesem »Blitzurteil«: Nicht einmal die ansonsten übliche angemessene Anpassungsfrist ist der parlamentarischen
Haushaltspolitik, die die Kredite aus den Sondervermögen für 2024
schon verplant hatte, eingeräumt worden.
   Und der zweite Senat des Bundesverfassungsgerichts muss auf jeden
Fall nacharbeiten. Beispielsweise gibt es keine Aussage zu der Frage,
inwieweit die Klimakrise als mittelfristige »Notlage« anzuerkennen

ist. Schließlich musste dem Senat klar sein, dass mit dem Verbot der Kreditermächtigung für mehrere Jahre die Planungssicherheit für die Politik, vor allem aber für die die Investitionen ausführenden Unternehmen nicht länger gegeben ist. Nach dem Urteilsspruch muss für jedes Jahr die Finanzierung im regulären Haushalt separat gesichert werden. Im Rhythmus der Einjährigkeit öffentlicher Haushaltsjahre lässt sich beispielsweise das Mittelfristprojekt Schaffung der Wasserstoffinfrastruktur nur schwer realisieren.

Das andere BVerfG-Urteil von 2021: Zur Generationengerechtigkeit
Dem Urteil vom November 2023, durch das das Zukunftsprojekt einer ökologischen Transformation per strenger Schuldenbremse blockiert wird, steht die epochale Begründung einer grundgesetzlich gewollten Klimapolitik vom März 2021 durch das Bundesverfassungsgericht gegenüber. In dem vorangegangenen Urteil vom März 2021 wird differenziert erläutert, warum der Klimaschutz einen uneingeschränkten Verfassungsauftrag für die Politik darstellt. Dort heißt es: »Das Grundgesetz verpflichtet unter bestimmten Voraussetzungen zur Sicherung grundrechtsgeschützter Freiheit über die Zeit und zur verhältnismäßigen Verteilung von Freiheitschancen über die Generationen. Subjektivrechtlich schützen die Grundrechte als intertemporale Freiheitssicherung vor einer einseitigen Verlagerung der durch Art. 20a GG aufgegebenen Treibhausgasminderungslast in die Zukunft.« Damit ist klar: Eine heute »mildere Reduktionslast« beim CO_2-Verbrauch führt zu einer schweren Erblast für künftige Generationen. Durch aktuelles »Nichtstun« zur voranschreitenden Ausbreitung der Klimakrise, die zu Dürren, Hitzewellen, Regen und Unwetter führt, werden deren »Freiheitsrechte«, aber auch Eigentumsrechte, zumindest eingeschränkt. Deshalb steht bei der heutigen Klimapolitik die zu sichernde (intertemporale) »Generationengerechtigkeit« im Mittelpunkt. Diesem verfassungsrechtlichen Auftrag zur generationengerechten Klimapolitik steht das Urteil zur Schuldenbremse ziemlich unversöhnlich gegenüber. Das Gericht kann doch nicht ignorieren, dass das prinzipielle Verbot der Kreditaufnahme für öffentliche Zukunftsinvestitionen und dadurch unterlassene Klima-

politik die Freiheitsrechte künftiger Generationen einschränkt. Eine rein steuerfinanzierte Klimapolitik blendet diese Wirkungen aus. Den hier aufscheinenden Konflikt zwischen den Generationen lösen, das können nur die Parlamente durch eine mit qualifizierter Mehrheit beschlossene Möglichkeit zu kreditfinanzierten öffentlichen Investitionen. Auch lohnt es sich, die finanzwissenschaftlichen Nachweise zur sinnvollen Nutzung der Kreditaufnahme zugunsten nachfolgender Generationen bei der Urteilsfindung zu berücksichtigen.

Es geht darum, weitere wohlstandsschmälernde Belastungen durch die Schuldenbremse zu vermeiden: Die Parlamente sollten sich die durch ihr eigenes Votum entzogene Kompetenz, über öffentliche Investitionen und deren Kreditfinanzierung zu entscheiden, wieder zurückgeben. Wer über Steuereinnahmen parlamentarisch beschließt, muss auch das Recht haben, im Rahmen eines finanzpolitischen Gesamtkonzepts über die Kreditaufnahme für öffentliche Investitionen mit positiver Zukunftswirkung zu entscheiden. Warum hat das Verfassungsgericht trotz seines Fundamentalspruchs zum Klimaschutz 2021 den Gesetzgeber im November 2023 nicht gleichfalls aufgefordert, für die Herstellung der Generationengerechtigkeit die Voraussetzungen durch die Abschaffung der Schuldenbremse überhaupt erst zu schaffen?

1.3 Staatsverschuldung: Pro und Contra

Die Auseinandersetzung um die nach der Verfassungsänderung 2009 im Jahr 2011 in Deutschland in Kraft getretene Schuldenbremse hat politisch und wissenschaftlich eine lange Vorgeschichte. In der finanzpolitischen Debatte zur Durchsetzung der Schuldenbremse dominierte der Vorwurf, der deutsche Parlamentarismus trüge die Dynamik zu einer per Kredite finanzierten Verschwendungspolitik in sich. Deshalb müsste das Recht des Parlaments, über die Aufnahme von Krediten zu entscheiden, bis auf einen kaum nennenswerten Rest abgeschafft werden. Zur Begründung wird die durch die sog. Neue Politische Ökonomie geschaffene Figur des seine Eigeninteressen Maximierenden auch für das Parlament unterstellt. Während dieses amputierte Politikwesen zwar für Bildung und Wissenschaft zuständig sei, wird es im Entscheidungsbereich Staatsschulden entmündigt. Sicherlich ist es richtig, die Kreditfinanzierung öffentlichen Konsums per Grundgesetz zu verbieten und die Kreditnutzung ausschließlich für öffentliche Investitionen zuzulassen. Aber bei regulären Budgets die Finanzierung von Investitionen in den öffentlichen Kapitalstock prinzipiell zu verbieten, zwingt die Parlamente zum Verzicht auf eine ausreichende Zukunftsvorsorge, eben auch bezüglich der Klimapolitik.

In der ursprünglich von einer großen Mehrheit getragenen Entscheidung zur finanzpolitischen Wende durch die Einführung einer Schuldenbremse spielte auch die wirtschaftswissenschaftliche Theoriegeschichte zum Pro und Contra der Staatsverschuldung eine Rolle. Seit der Ausbereitung des Kapitalismus auf der Basis einer durch einzelwirtschaftliche Renditeoptimierung bewegten Marktwirtschaft stehen sich allerdings die Positionen unerbittlich gegenüber. David Ricardo hat die Staatsverschuldung als die »schrecklichste Geißel, die jemals zur Plage der Nationen erfunden wurde«, kritisiert.

Diese grundlegende Kritik an der Staatsverschuldung kennzeichnet auch heute den Diskurs. Dafür steht beispielhaft Kenneth Rogoff, der mit der Ko-Autorin Carmen Reinhardt 2010 durch den Beitrag »Growth in a Time of Debt« im *American Economic Review* die Befürworter der Schuldenbremse argumentativ unterstützte. Behauptet wird: Wenn die Verschuldung auf über 90 Prozent des Bruttoinlandsprodukts steigt, sinkt das Wirtschaftswachstum rapide. Dazu wurden Wirtschaftsdaten der vergangenen 800 Jahre aus insgesamt 66 Ländern analysiert. Der damalige Student Thomas Hendorn von der University of Massachusetts Amherst hat zusammen Michael Ash und Robert Pollin die Daten von Reinhardt/Rogoff nochmals durchgerechnet und dann in einer Seminararbeit im Jahr 2013 schwere Fehler infolge von »Codierungsfehlern, selektivem Ausschluss vorhandener Daten und einer unkonventionellen Gewichtung zusammenfassender Statistiken« dokumentiert. Diese »Excel-Tabellen-Panne« konnte jedoch die Befürworter der Schuldenbremse kaum in ihrem Glauben erschüttern.

Diesem theoriegeschichtlichen Contra zur Staatsverschuldung stehen die Befürworter gegenüber. Zitiert wird immer wieder der Nationalökonom und Soziologe Lorenz vom Stein, der in seinem Lehrbuch der Finanzwissenschaft bereits 1875 auf die intergenerativen Wirkungen der Staatsverschuldung hingewiesen hat: »Ein Staat ohne Staatsschuld tut entweder zu wenig für seine Zukunft oder er fordert zu viel von seiner Gegenwart«. Auch der deutsche »Kathedersozialist« Adolph Wagner forderte 1879 die Staatsverschuldung zur Finanzierung öffentlicher Investitionen. Für die moderne Begründung der gesamtwirtschaftlichen Rolle der Staatsverschuldung steht die Lehre von John Maynard Keynes. Er begründete mit seiner »General Theory« bereits 1936 theoretisch systematisch die Notwendigkeit, staatliche Defizite einzusetzen. Dies gilt, wenn die geplanten privatwirtschaftlichen Investitionen insgesamt geringer als das geplante gesamtwirtschaftliche Sparen ausfallen. Schließlich hat der Nestor der modernen Finanzwissenschaft, Richard A. Musgrave, die modernen Grundlagen für eine funktional begründete Staatsverschuldung geschaffen. Dazu gehört zum einen die aus der Unternehmenswirtschaft übernommene Kreditfinanzierungsregel im Rahmen des »investment approachs« für öffentliche Investitionen. Zum andern ist es nach Musgrave das Ziel, die gesamtwirtschaftliche Leistungsfähigkeit auch für die kommenden Generationen zu stärken und damit deren Wohlstand zu mehren. Aus den künftig fließenden gesamtwirtschaftlichen Erträgen wird, vergleichbar dem privatwirtschaftlichen Investitionskalkül, die Refinanzierung für Zinsen und Tilgung gespeist. Dies geschieht über die Zeit der Nutzung verteilt, die Finanzierung öffentlicher Investitionen erfolgt Jahr für Jahr nach dem Prinzip »pay as you use«. Diese zukunftsorientierte Finanzpolitik ist der Generationengerechtigkeit verpflichtet.

Zum theoriegeschichtlichen Rückblick lässt sich zusammenfassend festhalten: Die Bewertung der Staatsverschuldung spiegelt letztendlich die ordnungspolitische Auffassung über das Verhältnis von einzelwirtschaftlich betriebener Privatwirtschaft gegenüber dem Wirtschaftshandeln des Staates wider. So ist aus der Sicht eines von staatlichen Interventionen freigehaltenen, sich selbst stabilisierenden Marktsystems die Staatsverschuldung immer eine »Geißel« (David Ricardo). Wird dagegen die Führungsrolle des Staates vor allem aus den heute neu hinzugekommenen Herausforderungen begründet, ist die Staatsverschuldung ein unverzichtbares Instrument, mit dem der intertemporalen Generationengerechtigkeit Rechnung getragen werden kann. Der Streit um öffentliche Kredite für Investitionen entpuppt sich am Ende als Stellvertreterkrieg: Während der Sack Staatsverschuldung geprügelt wird, ist der Esel Staat gemeint. Die heutigen Herausforderungen durch die bereits beschriebene Multikrise – und hierbei insbesondere die Klimakrise –, mittlerweile aber auch durch die mit der Schuldenbremse aufgestauten Infrastrukturdefizite, begründen die Führungsrolle des Staates auch zugunsten der Privatwirtschaft. Dazu gehört das Instrument Finanzierung öffentlicher Investitionen per Kredite. Kreditfinanzierung ist das einzige Finanzierungsinstrument, mit dem der ökologisch fundierte Wohlstand nachfolgender Generationen gesteigert werden kann.

Es gibt eine Vielzahl von Behauptungen zur Schädlichkeit von Staatsverschuldung für die Wirtschaft und Gesellschaft, die sich jedoch analytisch und empirisch abgesichert widerlegen lassen. Dazu gehören vor allem die verschiedenen Crowding-out-Varianten, die unterstellen, dass durch die öffentliche Kreditaufnahme unternehmerische Investitionen verdrängt und am Ende die Inflationskräfte verstärkt würden. Darüber hinaus wird behauptet, Staatsverschuldung führe zu ungerechter Umverteilung: Während der Staat die Zinsen überproportional aus der Lohnsteuer finanziere, flössen die Zinserträge den Vermögenden zu. Axel Troost hat in seiner Dissertation von 1984 diese Umverteilungsthese widerlegt. Denn es werde die Tatsache, dass die überwiegende Zahl an öffentlichen Kredite im Rahmen der Geschäftsbanken abgewickelt werden und dort Erträge bringen, nicht berücksichtigt. Heute sind nicht mehr die Geschäftsbanken die dominierenden Gläubiger des Staates (2014: 26 %; 2021: 16 %). An die Spitze gerückt ist die Europäische Zentralbank infolge des gegen die Eurokrise ausgerichteten Ankaufs öffentlicher Schuldtitel (2014: 0 %; 2021: 39 %). Der positive Vermögenseffekt durch die Staatsverschuldung bei den vermögenden Privathaushalten schwächt sich noch weiter ab.

Fazit zur empirisch abgesicherten theoretischen Einschätzung der Staatsverschuldung

1. Aufgrund der strategischen Führungsrolle in der Gesamtwirtschaft sind Vergleiche der Verschuldung des Staates mit der privater Haushalte (»schwäbische Hausfrau«) unsinnig. Reagiert der Staat auf sinkende Einnahmen infolge des konjunkturellen Rückgangs mit Ausgabenkürzungen, werden über die rückläufige Nachfrage sich verstärkende Einnahmenausfälle in der Wirtschaft folgen. Durch Sparprogramme wird letztlich die Verschuldung wegen der Steuerausfälle nach oben getrieben.

2. Mit seiner Kreditaufnahme schöpft der Staat das gegenüber dem gesunkenen »Investitionswillen« der Unternehmenswirtschaft forcierte Übersparen ab. Das ist die Rolle des Staates als »Lückenbüßer« für eine unzureichende Transformation zuvor erzeugter Einkommen in effektive Nachfrage.

3. Die Staatsverschuldung vererbt nachfolgenden Generationen keine Erblast. Vielmehr werden durch heutige Investitionen künftig ökologisch bessere Lebens- und Produktionsverhältnisse geschaffen. Anstatt damit nur die heutige Bevölkerung durch Steuererhöhungen und/oder Ausgabenkürzungen zu belasten, werden kommende Generationen per Zinszahlungen und Tilgungen nach dem Grundsatz »Pay as use« an der Finanzierung angemessen beteiligt.

1.4 Nach dem Scheitern der Schuldenbremse

1.4.1 Reformoptionen im Überblick

Die hier dargelegten Herausforderungen, die durch die Mehrfachkrise und hier insbesondere durch die Klimanotlage bestimmt werden, lassen sich unter dem Regime der Schuldenbremse fiskalisch nicht bewältigen. Im Gegenteil, das grundsätzliche Verbot der staatlichen Kreditfinanzierung bei gleichzeitiger Verweigerung von Steuererhöhungen im Zuge einer gerechten Lastenverteilung verschärft am Ende durch fehlende Finanzen für öffentliche Investitionen die Krisenentwicklung.

Während der Handlungsdruck riesig ist, sind Staatsausgaben in die materielle und soziale Infrastruktur sowie vor allem in die ökologische Transformation nicht finanzierbar. Die durch die nahezu eineinhalb Jahrzehnte währende Schuldenbremse ausgelösten Belastungen erzwingen eine grundlegende *Zeitenwende der Finanzpolitik.*

Dazu steht die Wiederherstellung der »*goldenen Regel*« im Mittelpunkt. Das heißt, die Finanzierung öffentlicher Gesamtinvestitionen erfolgt grundsätzlich über die Kreditaufnahme. Da künftige Generationen Nutznießer sind, werden diese über den jährlichen Kapitaldienst nach dem Prinzip der nutzungsbezogenen Bezahlung an der Finanzierung beteiligt. Zur finanzpolitischen Zeitenwende gehört aber auch eine grundlegend *gerechte Steuerreform*, die sich auf die Finanzierung des regulären Jahreshaushalts konzentriert. Hierzu sind die wichtigsten Forderungen: eine wieder belastungsgerechte Erbschaft- und Schenkungsteuer sowie die Einführung einer wirksamen Vermögensteuer.

Anfangs nahezu alleine konzentrierte sich die *Arbeitsgruppe Alternative Wirtschaftspolitik* seit dem Start der Föderalismuskommission II auf die Kritik der Schuldenbremse. Axel Troost hat als Bundestagsabgeordneter für Die Linke und in seiner Funktion als Geschäftsführer der *Arbeitsgruppe Alternative Wirtschaftspolitik* seine Mitgliedschaft in der »Föderalismuskommission II« dazu genutzt, als einsamer Mahner auf die zu erwartenden Fehlentwicklungen durch die »schwarze Null« hinzuweisen. Die Überschrift »Wachstumsbremse und Generationenbetrug« vom 12.2.2009 lässt an Deutlichkeit nichts vermissen.[1] Erst durch die nicht mehr übersehbaren Belastungen der öffentlichen Infrastruktur und der Gesamtwirtschaft hat in den letzten Jahren die Kritik auch in der Mainstream-Ökonomik zugenommen. Ein finanzwissenschaftlicher Paradigmenwechsel mit dem Ziel, die Kreditfinanzierung dem Staat für seine Zukunftsaufgaben zuzugestehen, ist heute unübersehbar. Dazu hat von Anfang die *Arbeitsgruppe Alternative Wirtschaftspolitik* nicht nur mit ihren MEMORANDEN beigetragen.

---

1   Axel Troost, Die Schuldenbremse: Wachstumsbremse und Generationsbetrug (vom 12.02.2009); in: www.bankkaufmann.com/a-186160-Axel-Troost-Die-Schuldenbremse-Wachstumsbremse-und-Generationsbetrug.html.

Während die *Arbeitsgruppe Alternative Wirtschaftspolitik* bereits im Zuge der der Föderalismuskommission II und nachfolgend in vielen Stellungnahmen und Artikeln gegen die allerorten behauptete »Erfolgsstory Schuldenbremse« argumentiert hat, vollzieht sich inzwischen auch in der beratenden Wirtschaftswissenschaft ein Paradigmenwechsel. Im Mittelpunkt stehen neben kleineren Kurskorrekturen Vorschläge zur grundlegenden Reform der Schuldenbremse, die jedoch allesamt eine Änderung des Grundgesetzes mit einer 2/3-Mehrheit erforderlich machen. Selbst die Deutsche Bundesbank, die *über Jahre* als Gralshüterin einer strengen Schuldenbremse auftrat, unterstützte erneut in ihrem Monatsbericht vom April 2022 mit der Forderung, den »Neuverschuldungsspielraum insbesondere bei niedrigen Schuldenquoten moderat auszuweiten«, diesen Kurswechsel. Ende Januar 2024 ist der »Sachverständigenrat zur Begutachtung der gesamtwirtschaftlichen Entwicklung« (SVR), viele Jahre lang ebenfalls Verfechter einer strikten »schwarzen Null«, in seinem »Policy Brief« im Kern der Deutschen Bundesbank einstimmig gefolgt. Nochmals befeuert durch das Urteil des Bundesverfassungsgerichts vom November 2023, das eine strenge Schuldenbremse auf dem Prinzip der Einjährigkeit der Haushaltspolitik fordert, nehmen die Forderungen nach einer Verfassungsänderung zu deren Reform aus der Wirtschaftswissenschaft zu. Dafür steht der von Clemens Fuest, Michael Hüther und Jens Südekum in der *Frankfurter Allgemeinen Zeitung* am 12.1.2024 präsentierte Appell. Gefordert wird eine Reform zur Begrenzung der Neuverschuldung sowie ein »Sondervermögen« für die öffentliche Infrastruktur, allerdings ohne nähere Angaben zu dessen Höhe.

Viele Vorschläge, die Blockierung der gesamtwirtschaftlich-nachhaltigen Entwicklung durch die Schuldenbremse zu verhindern, liegen mittlerweile vor. Die Bandbreite reicht von partiellen Kleinstkorrekturen bis hin zur kompletten Abschaffung des Kreditfinanzierungsverbots öffentlicher Investitionen. Sollen die langfristigen Schäden infolge dieser restriktiven Finanzpolitik vermieden werden, dann ist jedoch eine Änderung der einschlägigen Artikel im Grundgesetz unvermeidbar. Schließlich hat das Bundesverfassungsgericht selbst kleinste Abweichungen von der – viel zu streng interpretierten – Schuldenbremse mit dem Siegel der Verfassungswidrigkeit versehen. Deshalb braucht der Gesetzgeber den Mut, die Verfassungsänderung von 2009 mit der erforderlichen Mehrheit wieder zurückzunehmen. Nur so lässt sich eine zukunftsfähige Finanzpolitik verfassungsrechtlich absichern. Ohne einen breiten Konsens im Deutschen Bundestag ist dies jedoch nicht zu erreichen. Bei der Mehrheitsfindung hilft die parteiübergreifende Erkenntnis: Die Schuldenbremse hat verhindert, die produktiven Vorteile von Staatsinvestitionen, die per Kredite finanziert werden, zugunsten nachfolgender Generationen zu nutzen. Selbst dringliche Reparaturinvestitionen sind nicht vorgenommen worden. Verkehrslogistische Belastungen, etwa durch defekte Brücken und Straßen, die die volkswirtschaftlich-ökologischen Kosten nach oben treiben, belegen heute die Demontage des öffentlichen Kapitalstocks infolge unterlassener Reinvestitionen. Schon im Heute, aber noch mehr im Morgen zählen, infolge unzureichender Investitionen in die ökologische Transformation, alle zu den Verlierern. Diese unübersehbare Notlage sollte Grund genug dafür sein, der finanzpolitischen Vernunft wieder eine Chance zu geben. Wer eine lebenswerte Gegenwart und Zukunft verspricht, kann nicht an der Schuldenbremse festhalten.

1.4.2 Spielraum für antizyklische Verschuldung ausweiten

Grundsätzlich wird das durch den konjunkturellen Abschwung erzeugte Staatsdefizit (sinkende Steuern, steigende Krisenausgaben) mit der heutigen Schuldenbremse verfassungsrechtlich anerkannt. Denn durch einzelwirtschaftliche Investitionen kann die Unternehmenswirtschaft die unzureichende gesamtwirtschaftliche Nachfrage aus eigener Kraft nicht kompensieren. Die durch das einzelwirtschaftlich ausgerichtete Konkurrenzsystem erzeugte kollektive Illusion über die (unterschätzten) Produktionsmöglichkeiten kann nur der Staat durch antizyklisch eingesetzte und per Kredite finanzierte Ausgaben durchbrechen. Diese auf John Maynard Keynes zurückgehende antizyklische Verschuldungspolitik, die den Staatshaushalt konjunkturell atmen lässt, ist 2009 immerhin als Ausnahme verankert worden. Der Streit konzentriert sich allerdings auf die Berechnung des antizyklischen Finanzierungsspielraums. Angewendet werden auf Bundes bzw. Länderebene unterschiedliche Methoden. Im Mittelpunkt steht eine gegenüber den Schätzfehlern robuste Ableitung der mittelfristig eingebetteten zyklischen Bewegung. Hinzu kommt die Forderung nach einer stärkeren Berücksichtigung der Beschäftigungskomponente. In ihrem bereits angesprochenen Papier vom April 2022 hat die Deutsche Bundesbank einen Vorschlag zur angemessenen Berechnung des Einflusses der Konjunktur auf den Bundeshaushalt unterbreitet. Noch zuvor hatte das »Dezernat Zukunft« 2021 eine Reform der Konjunkturbereinigung durch eine bessere Definition der gesamtwirtschaftlichen Normallage sowie die Berücksichtigung weiterer Parameter vorgeschlagen. Gegenüber der konjunkturellen Normallage lassen sich mit der vorgeschlagenen Methode zusätzliche Spielräume zur Kreditaufnahme mobilisieren.

Empfohlen wird, ein für den Bund und alle Länder wissenschaftlich abgesichertes Verfahren zur einheitlichen Ermittlung der konjunkturell bedingten Bewegung von staatlichen Finanzierungssalden einzuführen. Methodisch geht es um die angemessene Separierung der konjunkturellen gegenüber der normal-stetigen Entwicklung. In den letzten Jahren hat sich allerdings der Zusammenhang von Konjunktur und Trend verschoben. Unterbelichtet ist bei den derzeitigen Verfahren der Zusammenhang zwischen der konjunkturellen Entwicklung und der Rückwirkung durch das im längerfristigen Trend sinkende Wirtschaftswachstum. Berücksichtigt werden muss die Tatsache, dass im längerfristigen Trend die Wirtschaftsentwicklung stagniert. Ursache könnte der längerfristige Rückgang der Sachinvestitionen im Unternehmenssektor (Investitionswillen) – auch gegenüber den Renditen auf den Finanzmärkten – bei gleichzeitig steigendem gesamtwirtschaftlichen Sparen (Sparwillen) sein. Diese Konstellation des zu beobachtenden Trends zum Übersparen – Ersparnisse sind größer als gesamtwirtschaftliche Investitionen – führt zur Verlangsamung des Wirtschaftswachstums. Daraus leitet sich die Forderung ab, dagegen die wachstumsstabilisierende Staatsverschuldung mittelfristig einzusetzen. Erinnert sei an das Konzept der strukturellen Verschuldung, das A. P. Lerner im Rahmen der »Functional Finance« entwickelt hat. Die mittelfristig wachsende Produktionslücke lässt sich nur durch den Staat per kreditfinanzierter Ausgaben über einen längeren Zeitraum schließen. Insgesamt sollte die konjunkturelle Komponente bei der Ableitung einer rationalen Politik staatlicher Schuldenaufnahme stärker am gesamtwirtschaftlichen Entwicklungstrend ausgerichtet werden.

Diese Debatte zur adäquaten Erfassung der konjunkturellen Staatsverschuldung ist grundsätzlich sinnvoll und deren Ergebnisse sollten berücksichtigt werden. Gegenüber dieser antizyklischen Verschuldungspolitik konzentriert sich jedoch der aktuelle Streit auf die strukturelle Verschuldung. Hierbei steht das grundsätzliche Verbot, öffentliche Investitionen über Kredite zur Bewältigung der strukturellen und wachstums- politischen Herausforderungen – hier insbesondere der ökologischen Transformation – zu finanzieren, im Zentrum.

1.4.3 Reformvorschlag: Schuldenstandsabhängige Defizitgrenze

Im Grundgesetz wird derzeit nur dem Bund eine strukturelle Verschuldung von 0,35 % (bezogen auf das nominale BIP), allerdings zur Finanzierung konsumtiver und investiver Ausgaben, zugestanden. Leitgröße ist die gesamtwirtschaftliche Wertschöpfung, die den durch das Wirtschaftswachstum dynamisierten Rahmen für die zulässige Neuverschuldung bestimmt. Hierzu ein Vergleich: Während derzeit in Deutschland mit 2.650 Milliarden Euro Gesamtschulden gegenüber dem Bruttoinlandsprodukt eine Schuldenstandquote bei 64 % erreicht wird, liegt Griechenland mit 168 Milliarden Euro bei 168 %. Nicht die absolute, sondern die zur gesamtwirtschaftlichen Produktion ins Verhältnis gesetzte Gesamtverschuldung ist für die Tragfähigkeit der Finanzlasten entscheidend. Der auf das Bruttoinlandsprodukt bezogene Kapitaldienst (Zinsen und Tilgung) signalisiert die aus der jährlichen Wertschöpfung zu finanzierende Schuldenlast. Je höher das Bruttoinlandsprodukt, umso höher ist die Finanzierungsbasis für den Kapitaldienst. Hierauf basieren die Analysen zur fiskalischen Schuldentragfähigkeit (»Debt Sustainibilty«). Ein Modell zur Tragfähigkeit von Staatsschulden, bei dem auch der reale Zinssatz berücksichtigt wird, hat erstmals E. Domar 1944 vorgelegt. Das allerdings durch restriktive Annahmen bestimmte Ergebnis von Domar fällt am Ende beruhigend aus: Wenn die Verschuldung, prozentual gesehen, nicht stärker als die konstante Rate des Wirtschaftswachstums zunimmt und der reale Zinssatz diese Wachstumsrate nicht übersteigt, dann folgt keine höhere, relative Zinslast.

Die Orientierung an der durch Schulden zu tragenden Last in Bezug auf die gesamtwirtschaftliche Produktion und den Kapitalmarktzins erfasst auch die Auswirkungen auf künftige Generationen. Heute per Kreditfinanzierung realisierte öffentliche Investitionen in die nachhaltige Transformation verschaffen den nachfolgenden Generationen ökologisch fundierten Wohlstand. Aus diesem lässt sich die künftige Zinslast finanzieren.

Zurück zur geltenden Schuldengrenze im Grundgesetz. In diesem Jahr erlaubt die strukturelle Quote mit 0,35 % des Bruttoinlandprodukts dem Bund den Einsatz von ca. 14,4 Mrd. Euro an Krediten für die Finanzierung investiver und konsumtiver Ausgaben. Diese strukturelle Verschuldung in Deutschland unterscheidet sich gegenüber den Obergrenzen nach dem EU-Recht. Bezogen auf die vier europäischen Regelwerke geht es bei den hier mit Deutschland verglichenen Quoten für Nettokreditaufnahme und Gesamtschulden um das Regelwerk »Stabilitäts- und Wachstumspakt« (SWP) im EU-Sekundärrecht. Die Höhe der Defizitquote (Nettokreditaufnahme) ist im SWP von der Obergrenze 60 % der Gesamtverschuldung im Verhältnis zum BIP abhängig: Liegt ein Land signifikant unter der Gesamtschuldenquote von 60 %, dann beträgt das maximal zulässige strukturelle Defizit 1 % des BIP. Bei 60 % bzw. leicht darunter gilt die Defizitquote von 0,5 %. Geht die Staatsschuldenquote über 60 % hinaus, dann muss nach der 1/20-Regel die Überschuldungsquote um jährlich 5 % gesenkt werden. Verglichen mit dem EU-Regelwerk ist die Schuldenbremse im Grundgesetz deutlich restriktiver gestaltet. So gibt es nur für den Bund (nicht den Gesamtstaat) die gegenüber der EU niedrigere 0,35 %-Regel. Diese Lücke Deutschlands gegenüber dem EU-Recht zu schließen, steht im Mittelpunkt der Reformvorschläge der Deutschen Bundesbank und des »Sachverständigenrates zur Begutachtung der gesamtwirtschaftlichen Entwicklung« (SVR).

Wird dem Vorschlag des SVR gefolgt, dann hätte der Bund 2023 auf der Basis der Quote von 0,5 % statt nur 14,1 Mrd. Euro (bei 0,35 %)

insgesamt 20,6 Mrd. Euro und bei 1 % insgesamt 41,2 Mrd. Euro an Krediten aufnehmen dürfen. Durch diese von der Schuldenstandquote abhängigen oberen Defizitgrenzen wird die Politik für den Abbau des Gesamtschuldenstandes mit einem höheren Spielraum für die Neuverschuldung belohnt.

Gegenüber den quotalen Obergrenzen ist jedoch grundsätzlich die nachfolgend dargelegte »goldene Regel«, die die Kreditaufnahme durch die Höhe der Sachinvestitionen begrenzt, vorzuziehen. Soweit jedoch diese Kreditregel nicht durchsetzbar ist, sollten die durch den SVR vorgeschlagenen Defizitgrenzen allerdings nicht nur für den Bund, sondern auch für die Länder eingeführt werden: unter 60 % Staatsschuldenquote 1 % des BIP Neuverschuldungsquote, über 60 % nur 0,5 % und ab 90 % die heutige Quote von 0,35 %. Damit würde der durch die EU vorgegebene Rahmen mehr oder weniger auch durch Deutschland ausgeschöpft werden. Dieser erweiterte Spielraum für die Neuverschuldung wird, solange die »goldene Regel« nicht wieder gilt, dringend zur Stabilisierung der wirtschaftlichen Entwicklung und ökologischen Modernisierung gebraucht. Der SVR verweist zwar mit seinem Reformvorschlag »Flexibilität erhöhen – Stabilität wahren« ebenso wie die Deutsche Bundesbank auf die grundsätzliche Beibehaltung der Schuldenbremse. Aber auch diese vorgeschlagene Reform der Obergrenzen lässt sich nur mit der Zustimmung einer qualifizierten Mehrheit in den Parlamenten realisieren. Das Versagen der Schuldenbremse seit ihrem Start im Haushaltsjahr 2011, die künftigen Herausforderungen sowie die vielen wirtschaftswissenschaftlichen Expertisen begründen die Forderung: *Bundestag* und *Länder*parlamente sind gut beraten, sich die 2009 abgegebene finanzpolitische Souveränität über das Finanzierungsinstrument staatliche Schulden wieder zurückzuholen.

1.4.4 Wiederentdeckung der »goldenen Regel«

Über die Vorschläge zu höheren Obergrenzen, die auf die Begrenzung der Neuverschuldung (bezogen auf das Bruttoinlandsprodukt) in Abhängigkeit von der Schuldenstandquote setzen, hinaus wird derzeit wieder die vor 2009 geltende »goldene Regel« heftig diskutiert. Danach begrenzt im Prinzip nur die Höhe der öffentlichen Investitionen die Kreditaufnahme. Die allerdings sehr unterschiedlichen Vorschläge zu kreditfinanzierten öffentlichen Investitionen haben eine gemeinsame Begründung: Die Schuldenbremse setzt wegen des Finanzierungsdrucks den Anreiz, öffentliche Investitionen zu unterlassen. Von den Fehlanreizen durch die Schuldenbremse sind sowohl staatliche Ersatzinvestitionen zum Erhalt des öffentlichen Kapitalstocks als auch in Zukunftsinvestitionen in die nachhaltige Entwicklung betroffen. Prinzipiell unterscheiden lassen sich zwei Varianten der »goldenen Regel«, die auf die verfassungsrechtlich gewollte Finanzierung öffentlicher Investitionen durch die Kreditaufnahme setzt: Bei den Varianten zur »gekappten goldenen Regel« wird der durch Quotenerhöhung ausgeweitete Spielraum der Kreditfinanzierung nur für öffentliche Investitionen reserviert. Vorzuziehen ist dagegen die uneingeschränkte Finanzierung der öffentlichen Ersatz- und Nettoinvestitionen – unabhängig von der Höhe der Schuldenquote – durch Kredite. Gemeinsam ist den Vorschlägen zur »goldenen Regel«, die ganz unterschiedlich weit reichen, dass sie nur durch eine Verfassungsänderung wirksam werden können.

Aus der Wissenschaft wie von der Deutschen Bundesbank sind Vorschläge zu einer restriktiven Anwendung der »goldenen Regel« vorgelegt worden.

Der Vorschlag zur »gekappten goldenen Regel« von der Deutschen Bundesbank

Die Deutsche Bundesbank hat einen Vorstoß, den sie zur Reform der europäischen Fiskalregeln bereits im April 2019 gemacht hatte, ein Jahr später zur Lockerung der Schuldenbremse in Deutschland wiederholt. Gesehen wird die Gefahr, dass durch das Verbot der Neuverschuldung bei den Ländern und der niedrigen Obergrenze von 0,35 % vom BIP beim Bund ein Konsolidierungsdruck erzeugt würde, der zum Rückgang der Investitionsausgaben und am Ende zum Abbau des öffentlichen Kapitalstocks führen könnte. Die Bundesbank will verhindern, dass der staatliche Kapitalstock durch unzureichende Neuinvestitionen infolge der Schuldenregeln schrumpft. Sie nutzt dazu allerdings nur den Spielraum, der durch die Erhöhung der vorgeschlagenen Obergrenzen für die Neuverschuldung in Abhängigkeit von der Gesamtschuldenquote geschaffen wird. Die dazu entwickelte »gekappte goldene Regel« sieht vor: Die Erhöhung der Obergrenze beim Bund von derzeit 0,35 % etwa auf die vorgeschlagenen 1,0 % (bezogen auf das BIP) sollte nur für die Kreditaufnahme zur Finanzierung von Nettoinvestitionen genutzt werden dürfen. Damit entstünde ein Spielraum für Kredite zur Finanzierung der Nettoinvestitionen von 0,65 % des Bruttoinlandsprodukts. Auf der Basis des Bruttoinlandsprodukts von 2023 stünden also zusätzliche ca. 27 Mrd. Euro an Krediten zur Verfügung. Sollten jedoch die Nettoinvestitionen deutlich unter 0,65 % (bezogen auf das Bruttoinlandsprodukt) vom BIP liegen, wird »zur Strafe« die generelle Obergrenze der Neuverschuldung auf unter 1 % reduziert. Dieser Anreiz für Nettoinvestitionen weist in die richtige Richtung, reicht jedoch für den gesamtstaatlichen Investitionsbedarf nicht aus. Vor allem bleibt der sich in Folge der Schuldenbremse aufgestaute Nachholbedarf von Reparaturinvestitionen unberücksichtigt.

Zurück zur bedingungslosen »goldenen Regel«
Nach den schädlichen Folgen der Schuldenbremse ist die Rückkehr zur Kreditbegrenzung in der bis zum 31. Juli 2009 geltenden Fassung des Art. 115 GG gut begründet. Dort heißt es: »Die Einnahmen aus Krediten dürfen die Summe der im Haushaltsplan veranschlagten Ausgaben für Investitionen nicht überschreiten; Ausnahmen sind nur zulässig zur Abwehr einer Störung des gesamtwirtschaftlichen Gleichgewichts.« Diese Kreditfinanzierung erstreckt sich nicht nur auf Nettoinvestitionen mit positiver Zukunftswirkung. Sie wird auch für Ersatzinvestitionen genutzt. Schließlich hat sich infolge vernachlässigter Investitionen in Instandhaltung und Reparatur ein gigantischer Nachholbedarf im Bereich der öffentlichen Infrastruktur aufgestaut. Die Begrenzung der Kredite durch das Ausmaß öffentlicher Investitionen gilt nicht nur für den Bund, sondern auch für die Bundesländer. Die derzeit dem Bund zugestandenen 0,35 % des Bruttoinlandsprodukts, die jedoch für investive und konsumtive Ausgaben genutzt werden können, gilt dann nur noch für die Aufnahme von Krediten im Ausmaß der öffentlichen

Investitionen. Bei den Ländern wird das derzeitige Totalverbot der Neuverschuldung aufgehoben. Dadurch entsteht auch wieder Spielraum zur landesbezogenen Förderung kommunaler Investitionen.

So wie es bei der »goldenen Regel« vor der Einführung der Schuldenbremse auch schon galt, bleibt bei zwei harten Bedingungen: Erstens müssen die produktiven Wirkungen der öffentlichen Investitionen für die Gesamtwirtschaft auf der Basis von Nachhaltigkeitsanalysen begründet werden. Zweitens gilt wieder – abgesehen von Notlagen – das uneingeschränkte Verbot, Kapitalmarktmittel zur Finanzierung des öffentlichen Konsums zu nutzen. Damit rückt jedoch die nicht immer einfache Unterscheidung zwischen investiven und konsumtiven Staatsausgaben ins Zentrum. Gelten Personalausgaben in den Schulen oder den Hochschulen als investiv oder nur konsumtiv? Die Antwort auf den altbekannten Streit lautet: Entscheidend ist die Zukunftswirksamkeit der per Kredit finanzierten Projekte (siehe die nachfolgende Übersicht »Investive gegenüber konsumtiven Staatsausgaben«). So lässt sich begründen, dass über bloße Baumaßnahmen hinaus beispielsweise die Personalkosen im Bildungssystem sehr wohl zu den Investitionen in die Qualifikation künftiger Generationen zählen. Bei einer wieder eingeführten »goldenen Regel« sollte anstatt einer (zu) eng gefassten Abgrenzung eine vom Ziel der Nachhaltigkeit geleitete Komplementarität von investiven und konsumtiven Ausgaben präferiert werden.

Investive gegenüber konsumtiven Staatsausgaben

In der Kontroverse um die auch empirisch spezifizierbare Unterscheidung zwischen Investitions- und Konsumausgaben des Staates lassen sich zwei Etappen unterscheiden:

1. Die traditionell-kameralistische Abgrenzung stellt die Perioden des Nutzens / der Erträge der Staatsausgaben in den Mittelpunkt:

- *Konsumausgaben* erzeugen nur im jeweiligen Haushalts- bzw. Rechnungsjahr einen Nutzen (Einjahreswirkung); Beispiele: Verwaltung, Gebäudebewirtschaftung
- Bei den *Investitionsausgaben* steht primär der Ertrag auch in späteren Haushalts- bzw. Rechnungsjahren im Mittelpunkt (intertemporale Wirkung); Beispiele: Brückenbau, Sporthallen, Feuerwehrwagen)

Bei dieser Abgrenzung der Investitions- gegenüber den Konsumausgaben dominiert der Beitrag zur Sachkapitalbildung für die materielle Infrastruktur. Unterschätzt werden öffentliche Investitionen in das Human- und Sozialkapital. Personalausgaben im Bildungssystem werden nach dieser Taxonomie eher als konsumtiv eingeordnet.

2. Die heute dominierende Unterscheidung zwischen staatlichen Konsum- und Investitionsausgaben stellt die *Zukunftswirksamkeit* in den Vordergrund. Investitionen liegen vor, wenn intertemporale Wirkungen in Richtung wirtschaftliche Leistungsfähigkeit sowie die ökologische Nachhaltigkeit nachweisbar sind. In einer Studie für das Bundesfinanzministerium hat Michael Thöne dazu ein Budget-Konzept (2005) mit der Spezifizierung der Investitionen als »wachstums- und nachhaltigkeitswirksame Ausgaben« (WNA-Budget) , vorgelegt. Personalausgaben im Bildungswesen und zum ökologischen Umbau sind Investitionen in die Mehrung der Bildung bzw. in das Naturkapital.

Vorgeschlagen wird zur Definition öffentlicher Investitionen, die auch beim Streit um deren Finanzierung per Kredite eine Rolle spielen, pragmatisch auf deren Zukunftswirksamkeit abzustellen.

Begründung der »goldenen Regel« in Kurzform

Die wichtigsten Begründungen zur Finanzierung öffentlicher Gesamtinvestitionen durch die Kreditaufnahme sind:

1. Die klassische Finanzwissenschaft spricht zu Recht bei öffentlichen
   Investitionen vom »werbenden Zweck«. Dieser stellt auf die Steigerung der gesamtwirtschaftlichen Produktivität ab. Heute wird
   das Ziel der Produktivität als der gesamtwirtschaftliche Beitrag zu
   einer ökologisch-sozialen Nachhaltigkeit definiert. Dabei ist die
   Komplementarität zwischen öffentlichen und unternehmerischen
   Investitionen wichtig. Öffentliche Ausgaben in die nachhaltige Infrastruktur schaffen die Voraussetzung für die Entfaltung Privatwirtschaft.

2. Mit der Kreditfinanzierung steigt zwar der Schuldenstand des Staates, aber es wird auch öffentliches Vermögen geschaffen. Das Netto-
   vermögen bleibt im Normalfall unverändert. Insoweit wird auch
   die ökonomische Tragfähigkeit der Schulden sichergestellt. Ohne
   diese Vermögensbildung im Bereich der öffentlichen Infrastruktur
   würde die darauf angewiesene privatwirtschaftliche Wertschöpfung
   am Ende belastet.

3. Durch die Kreditfinanzierung öffentlicher Investitionen, die die gesamtwirtschaftliche Wertschöpfung steigern, werden die Entzugs-
   effekte durch Steuererhöhungen und/oder die Nachfrageverluste
   durch die Kürzung staatlicher Ausgaben vermieden. Mit dieser
   allokativen Funktion lässt sich die Aufgabe der gesamtwirtschaftlichen Stabilisierung verbinden.

4. Staatsschulden sind das einzige Finanzierungsinstrument, mit dem
   die Investitionskosten zur Erzeugung eines künftig gesamtwirtschaftlichen Ertrags für nachfolgende Generationen nicht allein
   den heutigen Steuerpflichtigen aufgebürdet werden. Im Sinne der
   intergenerativen Distribution lässt sich der Kapitaldienst (Zinsen und
   Tilgung) angemessen zwischen den Generationen verteilen. Es geht
   bei der öffentlichen Allokationspolitik für nachfolgende Generation
   zum einen um den mit der Unternehmenswirtschaft vergleichbaren
   »Investment Approach«. Zum anderen erfolgt die intergenerativ
   verteilte Finanzierung nach dem bereits erwähnten Prinzip »Pay as

you use«. Am Ende wird mit den öffentlichen Investitionen gegen die Klimakrise eine bessere Umwelt vererbt. Dieser ökologisch fundierte Wohlstand ist dann die Basis für den angemessenen finanzierbaren Kapitaldienst. Der heutige Wechsel auf die Überholspuren zum ökologisch basierten Wohlstand für nachfolgende Generationen sichert auch die Tragfähigkeit dieser Finanzpolitik.

1.5 »Sondervermögen Klimanotstand und Transformation (SVKT)« auf Bundes- und Landesebene

In absehbarer Zeit ist mit einer qualifizierten Mehrheit im Deutschen Bundestag für die Rückkehr zur zuvor geltenden Verfassungsregel »Kreditaufnahme im Ausmaß der öffentlichen Investitionen« nicht zu rechnen. Da jedoch durch die aktuelle Schuldenbremse ein Investitionsstau erzeugt worden ist und darüber hinaus zukunftsrelevante Investitionen bedrohlich ausgebremst worden sind, wird intensiv nach einer parlamentarisch durchsetzbaren Änderung der Verfassung gesucht. Im Zentrum steht die Forderung nach der Einrichtung eines »Sondervermögens Klimanotstand und Transformation«, das in das Grundgesetz aufgenommen werden soll. Dazu ist zwar ebenfalls eine qualifizierte Mehrheit erforderlich; da jedoch mit dieser Lösung auf eine grundsätzliche Freigabe der Kreditfinanzierung für alle öffentlichen Investitionen zugunsten abgegrenzter Programmschwerpunkte innerhalb dieses Sondervermögens verzichtet wird, ist die erforderliche 2/3-Mehrheit eher zu erwarten. Bei diesem Sondervermögen werden für die gesamte Laufzeit zur Finanzierung der Gesamtausgaben die jährlich abrufbaren Kreditermächtigungen festgeschrieben. Der konkrete Abruf der Kredite erfolgt dann jeweils von Jahr zu Jahr. Dieser Vorgabe des Grundgesetzes folgend ist 2022 beim Bund »zur Stärkung der Bündnis- und Verteidigungsfähigkeit« ein Sondervermögen eingerichtet worden. Dazu wurde der Zusatz unter Art. 87a (1a) dem Grundgesetz hinzugefügt. Der Fonds ist einmalig mit einer Kreditermächtigung von 100 Mrd. Euro, die Jahr für Jahr abgerufen wird, ausgestattet.

Mittlerweile gibt es aus der beratenden Wirtschaftswissenschaft Vorschläge zu einem Sondervermögen. Schwerpunkte sind die ökologische und digitale Transformation sowie wichtige weitere Infrastrukturprojekte. Gut begründete Projekte aus dem »Klima- und Transformationsfonds« (KTF), der nach dem Urteil des Bundesverfassungsgerichts vom November 2023 im Rahmen der Kofinanzierung über den Bundeshaushalt keinen Zugang mehr zu den Kreditmärkten hat, könnten außerhalb des regulären Haushalts fortgeführt werden. Clemens Fuest, Michael Hüther und Jens Südekum, von deren Appell oben schon die Rede war, haben ein entsprechendes Sondervermögen begründet. Michael Hüther schlägt für diesen »Transformation- und Infrastrukturfonds« ein Gesamtvolumen von bis zu 500 Mrd. Euro (in Preisen von 2023) über zehn Jahre – zusammen mit einem Tilgungsverzicht in den ersten Jahren – vor. Die IG Metall fordert einen Sonderfonds mit einem Ausgabenvolumen zwischen 500 und 600 Mrd. Euro. Auch Bundeswirtschaftsminister Habeck hat mit der durch sog. Koalitionszwänge bedingten Zurückhaltung in der Debatte zum »Haushaltsfinanzierungsgesetz 2024« die Idee eines »Sondervermögens« mit dem Ziel, die »strukturellen Probleme zu lösen« und dazu die Kreditmärkte zu nutzen, angesprochen. Die Bundestagsfraktion von Bündnis 90/Die Grünen folgte Ende Februar 2024 mit einem Gesetzesentwurf zu einem »Deutschland Investitionsfonds« für die Bereiche Klimaschutz, Fahrradverkehr und Zukunftstechnologien.

Die »*Arbeitsgruppe Alternative Wirtschaftspolitik*« schlägt für die Ebene des Bundes ein Sondervermögen »Klima, Digitalisierung, Infrastruktur« vor. Zum Einsatz kommen sollte ein Volumen von 500 Mrd. Euro an Kreditermächtigung, verteilt auf 10 Jahre. Dadurch könnte auch für die Unternehmen bei der Realisierung mittelfristige Planbarkeit gewährleistet werden. Der Fonds sollte über zielkonforme Projektanträge auch den Kommunen zugänglich gemacht werden.

Parallel dazu sollte den Bundesländern, die derzeit außer im Rahmen der antizyklischen Verschuldung keine Kredite aufnehmen dürfen, durch die Ergänzung ihrer Landesverfassungen ein jeweiliges Sondervermögen gegen den Klimanotstand ermöglicht werden. Beispielsweise bietet sich im Land Bremen der derzeit nicht realisierbare »Klimafonds«

mit 2,5 Mrd. Euro zur Aufnahme als Sondervermögen in die Landes-
verfassung an. Die erforderliche Begründung der insgesamt positiven
Wirkungen dieser Transformation in Richtung eines ökologisch fundierten Wohlstands hat die Enquetekommission »Klimaschutzstrategie
für das Land Bremen« vorgelegt.

Diese Sondervermögen auf der Bundes- und Landesebene stehen für
den Einstieg in eine finanzpolitische Zeitenwende. Anstatt mit Nichtstun die Kosten infolge der Klimakrise in die Zone der Unbeherrsch-
barkeit zu treiben, sollte nachfolgenden Generationen eine lebenswerte
Umwelt vererbt werden. Dieses Prinzip der Generationengerechtigkeit
betont das Bundesverfassungsgericht mit seinem Urteil von 24. März
2021: Es geht darum, die Freiheitsrechte gegen die sich ansonsten aus-
breitende Zerstörung durch die Klimakrise für nachfolgende Generationen zu sichern. Da alle Parteien in den Parlamenten davon profitieren,
sollten die jeweils erforderlichen 2/3-Mehrheiten zustande kommen.

1.6   Fazit: Generationengerechte Finanzpolitik

Die Schuldenbremse mit ihrer blockierenden Wirkung auf eine nachhaltige Wirtschaftsentwicklung zu streichen und Kredite wieder für öffentliche Investitionen zu nutzen, ist in mehrfacher Hinsicht alternativlos:

- Ökonomisch wird eine Offensive für Zukunftsinvestitionen ausgelöst. Ökologisch baut diese Transformation der Wirtschaft die
Brücke zu einem ökologisch nachhaltigen Wohlstand. Auf der Ein-
nahmenseite des Staates gibt es nur die Staatsverschuldung, mit
der sich die
- Finanzierungskosten für öffentliche Investitionen zugunsten nachfolgender Generationen intergenerativ aufteilen lassen. Damit wird
eine Finanzpolitik ermöglicht, die dem verfassungsrechtlichen Ziel
der Generationengerechtigkeit folgt, also heute die ethische Verantwortung für künftige Generationen einlöst.

Wie bereits mehrfach angesprochen: In seinem fundamentalen Urteil
vom März 2021 zur unzureichenden Politik der Bundesregierung
gegen den Klimanotstand mangels Abbau des CO_2-Ausstoßes betont

das Bundesverfassungsgericht die Sicherung der Freiheitsrechte gegen die Zerstörung durch die Klimakrise für nachfolgende Generationen. Das am 15.11.2023 nachfolgende Karlsruher Urteil zur Schuldenbremse, das ökonomisch rationale finanzierte Zukunftsinvestitionen blockiert, steht im Widerspruch zur der in der Verfassung verbrieften Generationengerechtigkeit. Diesen Widerspruch kann am Ende einzig und allein der Gesetzgeber aufheben.

Nach der durch die Schuldenbremse seit 2011 ausgelösten Unterversorgung vor allem in den Bereichen Bestandssicherung des öffentlichen Kapitalstocks und bei den staatlichen Investitionen in die sozial-ökologische Transformation, ist der Gesetzgeber gut beraten, die finanzpolitische Zeitenwende mit der Aufkündigung der Schuldenbremse zu starten. Zur Finanzierung des Szenarios einer »nachhaltig ökonomisch, ökologischen und sozialen Zukunft muss man sich an den Kapitalmärkten bedienen, sich diese zu Nutze machen. Die Kosten dieser Finanzierung werden gerecht auf die Generationen verteilt – und am Ende wird der ökologisch-soziale Wohlstand vererbt.

Literatur

Deutsche Bundesbank (2019): Europäischer Stabilitäts- und Wachstumspakt: Zu einzelnen Reformoptionen, in: Monatsbericht April 2019.

Deutsche Bundesbank (2022): Die Schuldenbremse des Bundes – Möglichkeiten einer stabilitätsorientierten Weiterentwicklung, in: Monatsbericht April 2022.

Domar, Evsey David (1944): The »burden of the debt« and the national income; in: American Economic Review, 1944, vol. 34.

Fuest, Clemens / Hüther, Michael / Südekum, Jens (2024): Nach dem Haushaltsurteil : Sondervermögen für Investitionen schaffen, in: faz.net, 12.1.2024

Hickel, Rudolf (1987): Ein neuer Typ der Akkumulation? Anatomie des ökonomischen Strukturwandels – Kritik der Marktorthodoxie, Hamburg.

Hickel, Rudolf (2023): Geldpolitik beschleunigt sozial-ökonomischen Kipppunkt, in: Troost, Axel / Hickel, Rudolf / Reuter, Norbert (Hg.): Soziale Kipppunkte, bedrohte Existenzen, wachsende Armut – Alternativen zu Geldentwertung und Kaufkraftverlusten, Hamburg.

Hickel, Rudolf (2023): Materialien zu Schuldenbremse oder »goldene Regel«? Finanzpolitik für die sozial-ökologische Zeitenwende, Bremen, in: www.iaw.uni-bremen.de/f/3149ca02ba.pdf.

Keynes, John Maynard (1936): The General Theory of Employment, Interest and Money.

Krahé, Max / Schuster, Florian / Sigl-Glöckner, Philippa (2021): Wird die Konjunkturkomponente der Schuldenbremse ihrer Aufgabe noch gerecht?, in: Wirtschaftsdienst, 101(8).

Krapp, Catiana / Witsch, Kathrin (2024): So viel kostet die Infrastruktur der Zukunft – Eine exklusive Analyse zeigt: Die Energieinfrastruktur dürfte bis 2045 Investitionen in Rekordhöhe erfordern. Diese Summe wird der Staat nicht allein tragen können, in: handelsblatt.com, 11.01.2024.

Lenk, Thomas u. a. (2016): Zukunftswirksame Ausgaben der öffentlichen Hand – Eine infrastrukturbezogene Erweiterung des öffentlichen Investitionsbegriffs. Studie des Kompetenzzentrums Öffentliche Wirtschaft, Infrastruktur und Daseinsvorsorge e.V. an der Universität Leipzig im Auftrag der Bertelsmann Stiftung, Leipzig.

Musgrave, Richard Abel (1959): The Theory of Public Finance: A Study in Public Economy, New York.

Reinhart, Carmen / Rogoff, Kenneth (2010): Growth in a Time of Debt, in: The American Economic Review, vol. 100, no. 2, 2010.

Sachverständigenrat zur Begutachtung der gesamtwirtschaftlichen Entwicklung (2024): Die Schuldenbremse nach dem BVerfG-Urteil: Flexibilität erhöhen – Stabilität wahren, in: Policy Brief vom 30.01.2024.

Thöne, Michael (2005): Wachstums- und nachhaltigkeitswirksame öffentliche Ausgaben (»WNA«) – Möglichkeiten der konzeptionellen Abgrenzung und quantitativen Erfassung. Forschungsauftrag 12/02 des Bundesministeriums für eine nachhaltige Finanzpolitik (FiFo-Berichte, 2).

Troost, Axel (1984): Staatsverschuldung und Kreditinstitute – Die öffentliche Kreditaufnahme im Rahmen des gesamten Kredit- und Dienstleistungsgeschäftes der Geschäftsbanken, Frankfurt am Main.

Wissenschaftlicher Beirat beim Bundesministerium für Wirtschaft und Klimaschutz (2023): Gutachten zur Finanzierung von Staatsaufgaben: Herausforderungen und Empfehlungen für eine nachhaltige Finanzpolitik, Berlin, 13.10.2023.

2 Löhne stärken – Armut vermeiden

In diesem Kapitel wird die Dynamik des (Real-)Lohnwachstums, der Armutsentwicklung und zweier aktueller sozioökonomischer Themen in Deutschland analysiert und bewertet. Trotz anfänglicher Verbesserungen bei den realen Einkommen und trotz Reduzierungen des Niedriglohnsektors und des Gender Pay Gaps kehrte sich die Lohnentwicklung um. Die Armutsrate bei Rentner*innen stieg weiter an, Erwerbslose und Alleinerziehende verzeichnen besonders hohe Armutsquoten. Die COVID-19-Pandemie und anschließende Inflationsschübe kehrten Lohnzuwächse um und verschärften kurzfristig, bis zur Mindestlohnanhebung, die Einkommensungleichheit. Umsetzungsmängel und strukturelle Mängel in der Mindestlohngesetzgebung und der einkommensbezogenen Gleichstellung der Geschlechter bestehen weiterhin und erfordern politische Interventionen wie die Anhebung des Mindestlohns und die Stärkung von Tariflöhnen in Berufen mit hohem Frauenanteil. Die aktuell in der sozialpolitischen Diskussion befindliche Einführung einer Kindergrundsicherung zielt darauf ab, Armut bei Familien zu lindern, Kritikpunkte hinsichtlich der Finanzierung und administrativen Komplexität bleiben jedoch bestehen. Die Diskussion um das Prinzip »Arbeit muss sich lohnen« trifft auf Debatten über die Reform des Bürgergelds, die das Spannungsverhältnis zwischen der Steigerung der Erwerbseinkommen im Niedriglohnbereich und der Sicherstellung eines angemessenen sozialen Schutzes verdeutlichen. Letztlich wird die Notwendigkeit einer Wirtschaftspolitik, die gerechte Löhne und robuste soziale Sicherungsnetze priorisiert, als zentrale Voraussetzung für die Bekämpfung von Armut und Ungleichheit in Deutschland hervorgehoben.

2.1 Fragestellung

Seit 2010 stiegen nach Jahren der Stagnation oder des Rückgangs im Kontext der Weltwirtschafts- und Weltfinanzmarktkrise (2007/08) die Reallöhne der abhängig Beschäftigten wieder, die Arbeitslosigkeit ging zurück. Auch einige strukturelle Probleme wie Niedriglohnsektor und Gender Pay Gap, bei denen Deutschland im europäischen Vergleich negative Spitzenplätze belegt, verringerten sich etwas. Trotzdem wuchs selbst in dieser Phase die Armut in der Bevölkerung weiter an. Ab 2020 sanken die Reallöhne wieder, zunächst durch die Folgen der Corona-Pandemie und dann durch die seit Herbst 2021 ansteigende und sich 2022 verschärfende Inflation. Gesamtwirtschaftliche Krisentendenzen bestehen fort und lassen mehr als nur eine kurze Delle in der Reallohnentwicklung erwarten. Die Inflationsrate ist zwar im Laufe des Jahres 2023 gesunken, bleibt aber hoch. Die wirtschaftliche Entwicklung stagniert bzw. geht über in eine leichte Rezession. Trotz Fachkräftemangel steigt die Arbeitslosigkeit wieder an. Die politischen Maßnahmen zur Sicherung der Reallöhne und zum Abbau der Armut waren bereits bisher nur halbherzig. Jetzt droht aber unter dem Diktat der Schuldenbremse ein Abbau von Sozialleistungen. Der Druck auf die unteren Einkommen könnte wieder zunehmen, zugunsten einer angeblich gefährdeten »Wettbewerbsfähigkeit«.

Welche Maßnahmen sind nötig, um Realeinkommen wieder zu sichern und Armut abzubauen?

2.2 Entwicklung der Einkommen seit 2010

2.2.1 Die Einkommen der abhängig Beschäftigten

Die 2010er Jahre waren gekennzeichnet durch ein langsames, aber stabiles Wirtschaftswachstum, durch steigende Erwerbstätigkeit, rückläufige Arbeitslosigkeit und niedrige Inflationsraten. Durch die bessere Arbeitsmarktsituation und die wachsende Kritik an dem neoliberalen Hegemonial-Modell konnten die Gewerkschaften endlich wieder Tarifabschlüsse oberhalb des verteilungsneutralen Spielraums durchsetzen. Das war ihnen in den 1990er und 2000er Jahren nicht gelungen. Die Tarifabschlüsse überschritten zwischen 2010 und 2019 um durchschnittlich 0,7 % pro Jahr die Inflationsrate und Produktivitätssteigerung (WSI 2019, Tab. 2.1.). Die Effektivverdienste stiegen in etwa dem gleichen Umfang. Die realen Bruttostundenlöhne, die zwischen 2000 und 2009 mit einem jährlichen Anstieg von 0,1 % quasi stagniert und sich davor sogar verringert hatten, erhöhten sich von 2010 bis 2020 um jährlich 1,3 %. Die Bruttolohnquote stieg von 68,0 % im Jahr 2010 bis auf 72,1 % im Jahr 2020 und erreichte damit fast den Höchststand nach der Wiedervereinigung von 72,2 % im Jahr 2000 (MEMORANDUM 2023, Tabellenanhang A 9). Die Lohnlücke zwischen Ost- und Westdeutschland besteht zwar immer noch, konnte aber etwas geschlossen werden: Die realen Bruttostundenlöhne stiegen in Ostdeutschland von 2010 (= 100) bis 2019 auf 112,2 – in ganz Deutschland nur auf 109,0 (Seils/Emmler 2020, S. 3).

Diese Entwicklung brach ab 2020 abrupt ab, zunächst durch die Folgen der Corona-Pandemie und ab 2022 mit der stark steigenden Inflation. Der Reallohnindex schrumpfte im Jahresdurchschnitt um 4,0 % gegenüber 2021. Das Statistische Bundesamt konstatiert: »Im Jahr 2022 wurde der stärkste Rückgang der Reallöhne seit Beginn der Zeitreihe im Jahr 2008 gemessen« (Destatis 2023c). Die Reallöhne sind damit drei Jahre in Folge gesunken. Das sind sowohl die in der Höhe gravierendsten als auch die am längsten anhaltenden Reallohnverluste, die abhängig Beschäftigte seit 2008 hinnehmen mussten (Destatis 2023b). Deren Kaufkraft wurde damit auf den Stand von 2015 zurückbefördert (Destatis 2023d). Auch die realen Brutto-Tariflöhne sanken 2021 um 1,4 % und 2022 um 4,7 % (WSI 2022). Diese magere tarifpolitische Bilanz ist allerdings auch Folge einiger 2-jähriger Tarifabschlüsse, die 2021 für 2022 Lohnerhöhungen auf der Basis der damals prognostizierten niedrigen Inflation vereinbarten. Im Tarifabschluss für die Metall- und Elektroindustrie von 2022 wurden außerdem erst für 2023 Einmalzahlungen und eine Anhebung der Tariflöhne vereinbart. Auch 2023 sanken die Tarifverdienste real um 0,4 %. In die Gesamtbilanz des Jahres 2023 gehen allerdings auch hohe Einmalzahlungen ein, die die Tarifverdienste nicht dauerhaft erhöhen: die Regierung hatte eine Inflationsprämie von bis zu 3.000 Euro steuer- und sozialversicherungsfrei gestellt. Die Tarifverdienste ohne Einmalzahlungen sind aber die Basis für alle späteren Tariferhöhungen. So steigen die tabellenwirksamen Tariflöhne für die Metall- und Elektroindustrie 2023 nur um 5,2 % und 2024 um 3,3 %, also deutlich unter der Inflationsrate. Die Tarifgehälter für Bund und Kommunen und in anderen Tarifbereichen (Deutsche Post, Deutsche Bahn usw.) sehen dagegen für 2024 deutliche Tarifsteigerungen vor allem im unteren Bereich vor (WSI 2023a). Für die Beschäftigten der Länder werden die Tarifverdienste erst im November 2024 und Februar 2025 steigen.

Die Effektivlöhne stiegen 2022/23 stärker als die Tariflöhne. Sie spiegeln die jeweilige Arbeitsmarktsituation wider und schlagen deshalb mehr nach unten und nach oben aus. Außerdem stiegen sie durch politische Regulierung stärker an, z.B. durch die gesetzliche Erhöhung des Mindestlohns ab 1.10.2022 auf 12 Euro. Zusätzlich wurden wahrscheinlich in den nicht tarifgebundenen Bereichen eher Inflationsausgleichsprämien ausgezahlt (Projektgruppe Gemeinschaftsdiagnose 2023, S. 57). Insgesamt liegen die Tarifverdienste aber immer noch deutlich über den Verdiensten von abhängig Beschäftigten in nicht tarifgebundenen Unternehmen. Vollzeitbeschäftigte ohne Tarifbindung arbeiten im Vergleich zu tarifgebundenen Beschäftigten in ähnlichen Branchen im Schnitt 54 Minuten länger und verdienen 10,8 % weniger (Lübker/Schulten 2023, S. 41). Es gibt also nach wie vor einen erheblichen »Tarif Gap«.

Inflation in Kombination mit verzögerten Lohnsteigerungen haben die realen Lohnstückkosten zuletzt kräftig sinken lassen, obwohl sich die reale Stundenproduktivität kaum verbessert hat. Das Niveau der realen Lohnstückkosten lässt bei gegebenen Preisen Spielraum für Lohnerhöhungen. Signifikante Zweitrundeneffekte von Lohnerhöhungen auf die Inflation sind daher für 2024 nicht zu erwarten (Dullien/Tober 2023, S. 9). Deutlich nachziehende Nominallöhne werden dann wohl eher zu Lasten der Unternehmensgewinne gehen und nur in geringem Maße weiteren Preisdruck erzeugen (Projektgruppe Gemeinschaftsdiagnose 2023, S. 57).

2.2.2 Quo vadis Reallohn?

Trotz Zuwanderung kann erwartet werden, dass sich die Arbeitskräfteknappheit im Zuge des demografisch bedingten Rückgangs des Erwerbspersonenpotenzials perspektivisch weiter verschärfen wird. Nach den starken Reallohnverlusten, insbesondere in 2022, die die Einkommensposition der abhängig Beschäftigten auf den Stand von 2015 zurückbefördert haben, bleiben neben den Energiepreisen weiterhin starke Inflationstendenzen bestehen, die u. a. über die Lebensmittelpreise in 2023 die Kerninflation erreicht haben.

Wird die Reallohnentwicklung in den kommenden Jahren also weiterhin von der Höhe der Inflation dominiert? Die Verbraucherpreisinflation hatte im Oktober 2022 mit 8,8 % ihren bisherigen Gipfel

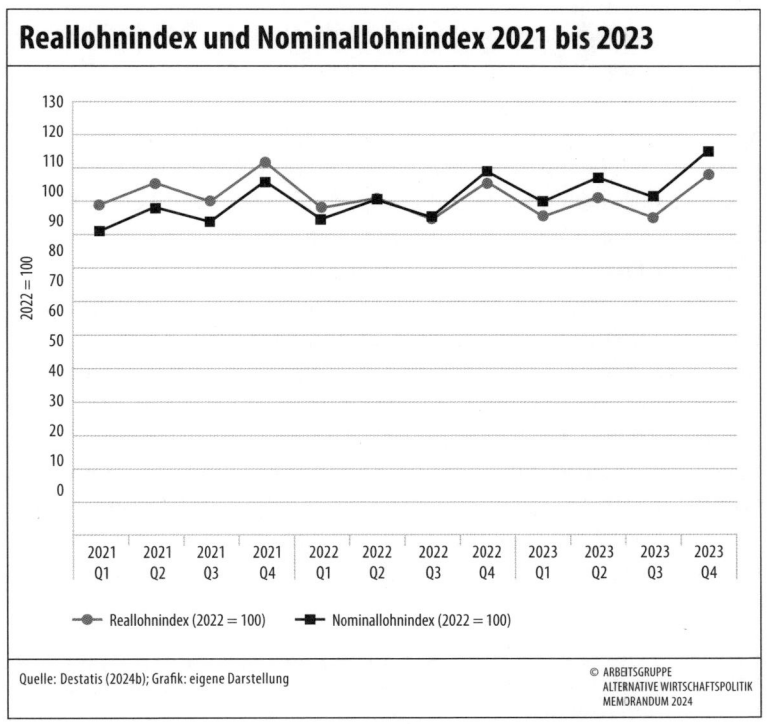

Reallohnindex und Nominallohnindex 2021 bis 2023

Quelle: Destatis (2024b); Grafik: eigene Darstellung

© ARBEITSGRUPPE
ALTERNATIVE WIRTSCHAFTSPOLITIK
MEMORANDUM 2024

erreicht. Die Preisbremsen für Gas und Strom waren bis Ende 2023 wirksam: Die privaten Haushalte erhielten Zuschüsse, sobald die Preise die Referenzwerte von 12 Cent/kWh (Gas) bzw. 40 Cent/kWh (Strom) überstiegen. Im Verbraucherpreisindex (VPI) werden diese auf die jeweiligen Preise angerechnet. Trotz dieser Regelung ist die Gaspreiskomponente im VPI in 2023 Jahr weiter gestiegen, da diese Glättung der tatsächlichen Gaspreise erst verzögert zu Preisanpassungen in den Jahresnebenkostenabrechnungen bei vielen Mieter*innen führt. Die Preisbremsen dürften die Inflationsrate im Jahresdurchschnitt 2023 um rund 0,7 Prozentpunkte gesenkt haben. Wie erwartet, sind die Preise für Gas und Strom zum Jahreswechsel 2023/2024 unter die im Zuge der Preisbremsen festgelegten Referenzwerte gefallen, so dass der Wegfall der Preisbremse ab Anfang 2024 für die meisten Haushalte erstmal wohl unmittelbar keine zusätzlichen Belastungen hervorgerufen hat. Es kann jedoch davon ausgegangen werden, dass in 2025 die Industriepreise für Gas und Strom weiterhin deutlich höher liegen werden als vor Beginn der Pandemie (Projektgruppe Gemeinschaftsdiagnose 2023, S. 58), was in Folge den Druck auf die Kerninflation (z. B. Lebensmittelpreise) hoch halten wird.[1] Auch bei den Verbraucherpreisen für Energie zeichnet sich derzeit keine eindeutige Tendenz ab: Seit Februar 2024 kündigen viele Stadtwerke für ihre Kunden in der Grundversorgung aufs Neue Preiserhöhungen an (Weser-Kurier 03.02.2024).

Und dennoch wird derzeit prognostiziert, dass die Verbraucherpreise für Energie in den Jahren 2024 und 2025 um 1,8 % bzw. 2,5 % sinken, nachdem sie zuvor im Jahr 2022 um rund 30 % gestiegen waren und im Jahresmittel 2023 wohl um weitere 5,3 % zugelegt haben (Destatis 2024a). Erwartbar ist, dass die Kerninflation (Inflation ohne Energie) trotz eines abflauenden Auftriebs bei den Lebensmittelpreisen hoch bleibt (2024: 3,1 %, 2025: 2,3 %). Ein Gutteil des Lohnanstiegs in den Jahren 2024 und 2025 dürfte wohl, wie gesagt, zu Lasten der Unternehmensgewinne gehen, welche in den Preiserhöhungsrunden der

---

1   Wenn die Preisentwicklung seit Anfang 2024 sich fortsetzt (Spotmarkt-Preise Phelix und TTF), könnte sich 2025 ein ähnliches Industriestrom- und -gaspreisniveau wie 2019 ergeben.

letzten Jahre stark ausgeweitet wurden. Es kann davon ausgegangen werden, dass die Preisentwicklung weiter von zahlreichen Sonderfaktoren beeinflusst werden wird.

Die Inflationsrate ist im 3. und 4. Quartal 2023, wie erwartet, deutlich zurückgegangen, weil Monate mit besonders kräftigen Preisanstiegen aus dem Vorjahresvergleich herausgefallen sind. Im September 2023 entfiel z. B. der Einfluss des 9-Euro-Tickets, das durch sein Auslaufen Ende August 2022 zu einem starken Anstieg der Dienstleistungspreise geführt hatte. Demgegenüber dürfte im Jahr 2024 das Deutschlandticket die Inflation für sich genommen leicht senken. Die Anfang 2024 ausgelaufene Mehrwertsteuersatzsenkung auf Gastronomiedienstleistungen wird vermutlich die Inflation um etwa 0,15 Prozentpunkte steigen lassen. Darüber hinaus dürfte die geplante Reform der Lkw-Maut die Verbraucherpreise tendenziell weiter erhöhen. 2023 hat es nach derzeitigen Schätzungen im Jahresschnitt einen kräftigen Verbraucherpreisanstieg von 5,9 bis 6,1 %[2], nach 6,9 % im Jahr 2022 gegeben (vgl. den folgenden Kasten).

In den kommenden beiden Jahren dürfte die Inflation also merklich auf 2,6 % (2024) und 1,9 % (2025) zurückgehen. Annahmen gehen davon aus, dass die Kerninflationsrate schrittweise auf 2,3 % in 2025 zurückgehen wird. Damit wird sie immer noch deutlich über ihrem langjährigen Mittel von rund 1,6 % liegen (Projektgruppe Gemeinschaftsdiagnose 2023, S. 59; vgl. auch Dullien/Tober 2023). Insgesamt wird der Druck auf die Reallöhne durch die Preisentwicklung hoch bleiben.[3] Sofern die Lohneinkommensungleichheiten und Armutsrisiken strukturell bestehen bleiben, ist davon auszugehen, dass die allgemeine Reallohnentwicklung die realen Kaufkraftverluste für viele Haushalte unterer Einkommensschichten systematisch unterschätzt (vgl. den folgenden Kasten).

---

2   Das Statistische Bundesamt schätzte im Januar 2024, dass die Inflationsrate im Jahresdurchschnitt 2023 voraussichtlich bei +5,9 % liegen wird (Destatis 2024a).

3   Das Institut für Makroökonomie und Konjunkturforschung (IMK) kommt zu einer anderen Einschätzung und prognostiziert für 2024/25 relative Preisstabilität (vgl. Dullien/Tober 2023).

Wie wird der Reallohn berechnet? –
der Verbraucherpreisindex

Ein Ziel von Reallohnberechnungen besteht darin, die Auswirkungen von Kaufkraftverlusten[1] auf nominelle Lohnsteigerungen in die Betrachtung von (Brutto-)Lohnentwicklungen einzubeziehen, da nur so Aussagen über die Entwicklung der tatsächlichen – sprich realen – Einkommenssituation von abhängig Beschäftigten möglich sind. Hierzu wird vom Statistischen Bundesamt rechnerisch der Verbraucherpreisindex (VPI), als Ausdruck der Inflation, mit der nominellen Lohnentwicklung – dem Nominallohnindex – in Beziehung gesetzt.[2]

Ein grundsätzliches Problem für die Berechnung von Reallöhnen anhand des VPI besteht darin, dass der VPI methodisch auf der Preis- und Umsatzstruktur des Gesamtkonsums und nicht allein des Konsums der abhängig Beschäftigten basiert.[3] Demnach sind im VPI Preisverschiebungen hochpreisiger Güter und Dienstleistungen (DL), bezogen auf Haushalte mit Primär-

---

[1] Der eher seltene Fall von Kaufkraftgewinnen durch Deflation soll nicht unerwähnt bleiben, ist jedoch historisch und aktuell meist mit Wirtschaftskrisen verbunden, die in Folge zu verstärkter Arbeitslosigkeit und nominellen Absenkungen des Lohnniveaus führen. Eine längerfristige oder gar dauerhafte Steigerung der Kaufkraft durch Deflation stellt daher keine erfolgversprechende politische Strategie zur Verbesserung der Einkommensposition von abhängig Beschäftigen dar.

[2] Das Verfahren der Berechnung des Reallohnindex und des VPI wurde in der Vergangenheit immer wieder Revisionen unterzogen, um eine bessere Übereinstimmung der rechnerischen Zahlenwerte mit den realen Preis- und Konsumentwicklungen zu erreichen. Die diesbezüglichen Methoden werden ausführlich in einem Text des Statistischen Bundesamts beschrieben (Destatis 2022).

[3] D. h. auch der Konsum von Waren und Dienstleistungen (DL) anderer Einkommensschichten ist in den drei VPI-Wägungsschemata (1. Wägungsschema für Waren und Dienstleistungen; 2. Wägungsschema für Geschäftstypen; 3. Wägungsschema für Bundesländer, vgl. Destatis 2019a, 2023a) enthalten.

einkommen aus abhängiger Beschäftigung, tendenziell über- und niedrigpreisiger Waren/DL tendenziell unterbewertet.

Sofern also eine Preisentwicklung einsetzt, die zu überdurchschnittlichen Preissteigerungen bei Waren/DL des Konsums von Arbeitnehmer-Haushalten (AN-Haushalten) führt, unterschätzt der VPI tendenziell immer mehr die realen Kaufkraftverluste der AN-Haushalte.[4] Dadurch, dass der VPI zur Berechnung des Reallohns verwendet wird, führt ein solches Szenario in Folge auch zu einer tendenziellen Unterschätzung der Reallohnverluste. Die numerische Entwicklung des Reallohnindex repräsentiert dann immer weniger die reale Verschlechterung der Einkommensposition von abhängig Beschäftigten.

In der Forschung zum Konsumverhalten (vgl. z. B. Breuer/ Mehrhoff 2009, S. 1035ff.) konnte nachgewiesen werden, dass je nach Haushaltstruktur und Einkommen unterschiedliche Waren und DL nachgefragt werden, so dass Unterschiede in den Teuerungsraten der Produkte/DL sich in haushaltstypenspezifische Inflationsraten transformieren. So steigt z. B. mit fallendem Einkommen der Anteil der Ausgaben, der für Grundbedürfnisse ausgegeben wird.

Um diesem Umstand Rechnung zu tragen, wurden bis zur Umstellung auf das Basisjahr 2000 von den Statistischen Ämtern anhand von drei typisierten Haushalten[5] spezifische In-

---

4   So stiegen im Zeitraum 2005 bis 2014 die Preise für »Nahrungsmittel und alkoholfreie Getränke« (NG) um 28 %, für »Kraft- und Schmierstoffe« (KS) um 26 % und für »Strom, Gas und andere Brennstoffe« (SGB) sogar um 43 %, während die allgemeine Teuerungsrate des VPI bei 15 % lag. Gleiches gilt für die Preisentwicklung im Zeitraum 2015-2022: NG +28 %, KS +45 %, SGB +41 % und VPI 17 %; (vgl. Destatis 2023f; eigene Berechnungen).

5   Berechnet wurden Inflationsraten für »Vierpersonenhaushalte von Beamten und Angestellten mit höherem Einkommen«, »Vierpersonenhaushalte von Angestellten mit mittlerem Einkommen« und »Zweipersonenrentnerhaushalte mit geringem Einkommen«.

flationsraten ausgewiesen. Jedoch bewirkten gesellschaftliche Veränderungen, dass diese Haushaltstypen zunehmend weniger repräsentativ für reale Haushaltsstrukturen waren, so dass sich der dafür zu betreibende Aufwand für die amtliche Statistik nicht mehr rechtfertigen ließ (Held 2014, S. 681).

Seitdem sind im Rahmen von wissenschaftlichen Forschungsvorhaben etliche methodische Ansätze entwickelt worden, diese Lücke zu schließen. Ziel dieser Anstrengungen ist es, die Auswirkungen von heterogenen Preissteigerungsraten auf unterschiedliche Bevölkerungsschichten und Haushaltsarten möglichst genau abzubilden. Hervorzuheben ist hier die Pionierarbeit von Held (2014), die nachweisen konnte, dass auf der Basis der Einkommens- und Verbrauchsstichprobe (EVS) unterschiedliche Wägungsschemata für Einkommensdezile entwickelt werden können, die im Ergebnis bestätigen, dass die Inflationswirkung für die unterste Einkommensschicht kontinuierlich am stärksten und für die oberste Einkommensschicht stets am geringsten war. So hat sich über die Jahre 2006 bis 2014 eine um etwa 14 % höhere Inflationsrate zuungunsten der untersten gegenüber den obersten 10 % der Einkommensverteilung aufgebaut. Seitdem haben viele weitere unabhängige Forschungen, mit je spezifischen Schwerpunkten und methodischen Ansätzen, diese Grundtendenz der Ungleichheit von Inflationsauswirkungen entlang vertikal geschichteter Einkommensverteilungen bestätigt. (Eine aktuelle Metastudie zu Verteilungswirkungen der aktuellen Preisniveausteigerungen haben Eichhorst/Rinne/Stadler 2023 für das Bundesministeriums für Arbeit und Soziales erstellt.) Seit 2022 wird vom IMK[6] der Hans-Böckler-Stiftung, an diese methodischen Vorarbeiten anknüpfend, monatlich ein »Inflationsmonitor« veröffentlicht, der sich zur Aufgabe gestellt hat, separate Inflationsraten für 9 verschiedene Haushaltstypen

---

6   IMK = Institut für Makroökonomie und Konjunkturforschung.

nachzuweisen. In der Tendenz zeigt sich auch hier, dass Geringverdienerhaushalte von höheren Inflationsraten betroffen sind, als die durchschnittliche Inflationsrate des VPI erwarten lässt (Tober 2022).

Um Veränderungen des Konsumverhaltens abzubilden, findet alle 5 Jahre eine Neubewertung/Neujustierung des VPI-Wägungsschemas statt. Letztmalig geschehen ist dies anlässlich der Umstellung auf das neue Basisjahr 2020. Eine solche Neubewertung ist immer eine Wette auf die Zukunft. Denn für die nächsten fünf Jahre dient diese Gewichtung dann als gültige Beschreibung des Konsumverhaltens, anhand derer die gemessenen Preise in den Index einfließen.

Beispielsweise wurde gegenüber dem Wägungsschema für das Basisjahr 2015 im aktuellen für das Basisjahr 2020 das relative Gewicht der Ausgaben für »Wohnung, Wasser, Strom, Gas und andere Brennstoffe« um 20 % verringert, eine Ausgabenposition, deren Anteil für Geringverdiener eher wachsen wird (vgl. Destatis 2019b; 2023e; eigene Berechnungen). In der Summe sind eher Gewichte erhöht worden, deren Preisentwicklung für den Konsum höherer Einkommensschichten bedeutsam ist, während Preise, die für den Konsum niedriger Einkommensschichten eine überproportional wichtige Rolle spielen, an Gewicht im VPI verloren haben. Es kann daher argumentiert werden, dass die Inflationsraten des Konsums unterer Einkommensschichten in den kommenden Jahren im VPI zunehmend weniger adäquat abgebildet sein werden. Insofern unterschätzen dann auch die künftig daraus abgeleiteten Reallohnberechnungen tendenziell immer mehr die Kaufkraftverluste unterer Einkommen aus abhängiger Beschäftigung, sofern die Preisentwicklung entsprechend ungleich verläuft. Dieser Sachverhalt sollte bei der Kommentierung und Interpretation von gemessenen Reallohnentwicklungen der amtlichen Statistik stärker als bisher berücksichtigt werden.

Zugespitzt kann argumentiert werden, dass die Tarifverdienststeigerungen seit 2023 möglicherweise nicht so sehr Ausdruck der Verhandlungsstärke der Gewerkschaften waren, sondern zu einem Teil Mitnahmeeffekte politischer (Krisen-)Regulierung sind.[4] Die Gewerkschaften sollten nicht davon ausgehen, dass ihnen von Seiten der Ampel-Koalition oder einer Nachfolgeregierung künftig weitere Schützenhilfe bei Tarifverhandlungen geleistet wird. Stattdessen sind sie gut beraten, Anstrengungen zu intensivieren, ihre Verhandlungsmacht durch Mitgliederwerbung zu stärken, die Kampfbereitschaft ihrer Mitglieder zu erhöhen und dauerhafte Tarifanhebungen oberhalb der Inflationsrate zu erreichen.

2.2.3 Entwicklung im Niedriglohnsektor

Laut OECD wird als Niedriglohn ein Stundenlohn definiert, der weniger als 2/3 des Median-Stundenlohnes beträgt. Die EU definiert die Schwelle mit 60 % niedriger. Im Folgenden wird die 2/3-Schwelle verwandt, soweit nicht anders angegeben.

Der Anteil der Beschäftigten im Niedriglohnsektor stieg bis 2011 auf die Höchstmarke von 23,9 % (Agenda 2010) und sank bis 2023 wieder auf 16 % (Destatis 2024c). In Ostdeutschland sank der Anteil von 39,9 % im Jahr 2007 auf 27,4 % im Jahr 2020. Die Lohnungleichheit zwischen den verschiedenen Lohngruppen verringerte sich ebenfalls etwas. Verdienten die obersten 10 % der abhängig Beschäftigten 2005 rund 3,9mal so viel wie die untersten 10 %, sank der Abstand bis 2016 auf »nur« noch 3,5mal (Grabka 2018, S. 161).

Der Niedriglohnsektor ist hierzulande nach wie größer als im EU-Durchschnitt von 15 %. Allerdings erhöht eine deutsche Besonderheit den Anteil etwas – die Konstruktion der Geringfügigen Beschäftigungsverhältnisse (insgesamt über 6 Mio.). Sie machen fast ein Drittel der Niedriglohn-Bezieher*innen aus. Geringfügig Beschäftigte (GFB) müs-

---

4   Mindestlohn und Inflationsausgleichsprämie haben die Grenzen komparativer Preise für die Ware Arbeitskraft so verschoben, dass Arbeitgeberverbände gegenüber ihren Mitgliedern Verhandlungsergebnisse rechtfertigen konnten, die sonst im Verdacht stehen würden, Tarifflucht auszulösen.

Entwicklung des Niedriglohnsektors

Quelle: Kalina/Weinkopf IAQ-Report 2023/02 Abbildung 4

© ARBEITSGRUPPE
ALTERNATIVE WIRTSCHAFTSPOLITIK
MEMORANDUM 2024

sen bis zu einer monatlichen Einkommensgrenze von aktuell 538 Euro auch bei einer Nebentätigkeit keine Steuern und Sozialabgaben zahlen. 2020 arbeiteten GFB zu 84,5 % im Niedriglohnbereich, Vollzeitbeschäftigte dagegen nur zu 12,9 % und sozialversicherungspflichtige Teilzeitbeschäftigte zu 23,9 % (Kalina/Weinkopf, Tab. 3, S. 9). GFB werden auch bei gleichwertiger Tätigkeit meist schlechter bezahlt als sozialversicherungspflichtig Beschäftigte. Unternehmen legitimieren diesen Verstoß gegen den Gleichbehandlungsgrundsatz damit, dass GFB ja keine Steuern und Sozialversicherungsbeiträge zahlen müssten, also »brutto für netto« bekämen. Sie benutzen also die gesetzliche Fehlkonstruktion für ihr Lohndumping zulasten von Tarifeinkommen.

Der Niedriglohnsektor konnte durch verschiedene Maßnahmen verkleinert werden.

- Die gesetzlichen Mindestlöhne – 2015 mit 8,50 Euro eingeführt – spielten zunächst eine eher indirekte Rolle, da sie bis zur Anhebung auf 12 Euro im Oktober 2022 unter der EU-Niedriglohnschwelle von 60 % lagen.

- Die Gewerkschaften konnten aber in einigen Niedriglohn-Branchen die unteren Tariflöhne auf ein Niveau oberhalb des gesetzlichen Mindestlohnes anheben. Der gesetzliche Mindestlohn galt als Untergrenze, die tarifpolitisch überschritten werden sollte.
- In 16 Branchen wurden diese tarifliche Mindestentgelte oberhalb des gesetzlichen Mindestlohnes für allgemeinverbindlich erklärt, z. B. Leiharbeit mit 12,43 Euro, ungelernte Pflegekräfte 13,70 Euro, Pflegefachkräfte 17,10 Euro Sicherheitskräfte 13,91 Euro usw. (Bispinck 2023, Abb. 1, S. 3).

Die Auseinandersetzungen um höhere gesetzliche und tarifliche Mindestlöhne verstärkten sich also wechselseitig. Überhaupt hatte die neoliberale Theorie des »markträumenden Lohnes« (»Niedriglöhne schaffen Arbeitsplätze«) ihre Hegemonie in der SPD verloren, nachdem Bundeskanzler Schröder mit der Agenda 2010 noch eine Ausweitung des Niedriglohnsektors durchgesetzt hatte. Niedriglöhne wurden immer mehr als Verstoß gegen eine gerechte Bezahlung angesehen, die ein auskömmliches Leben ohne weitere Sozialtransfers ermöglichen soll – auch und gerade für Tätigkeiten, die noch immer üblicherweise von Frauen ausgeführt werden. Die positive Arbeitsmarktentwicklung – auch für geringer qualifizierte Beschäftigte – kam hinzu.

Unter diesem gesellschaftlichen Druck hob die Ampel-Koalition per Gesetz und ohne Einschaltung der Mindestlohnkommission – das war als einmalige Ausnahme deklariert – den Mindestlohn ab 1.10.2022 auf 12 Euro an. Er stieg von 10,45 Euro im Juli 2022 um 12,9 % auf fast 60 % des Median-Durchschnittslohnes von 2022 an. 6 Millionen = 22 % der Beschäftigten (doppelt so viele wie 2015) hatten damit Anspruch auf einen höheren Stundenlohn. Insgesamt stiegen dadurch die Tarifverdienste in der untersten Leistungsgruppe (Ungelernte) stärker als in den anderen Leistungsgruppen an:

Ab 2023 wurde der gesetzliche Mindestlohn entwertet:

- Die Inflation zehrte ab 2022 die Steigerung des Mindestlohnes wieder auf, zumal für die unteren Einkommensgruppen die Inflation deutlich höher ist (s. u.).

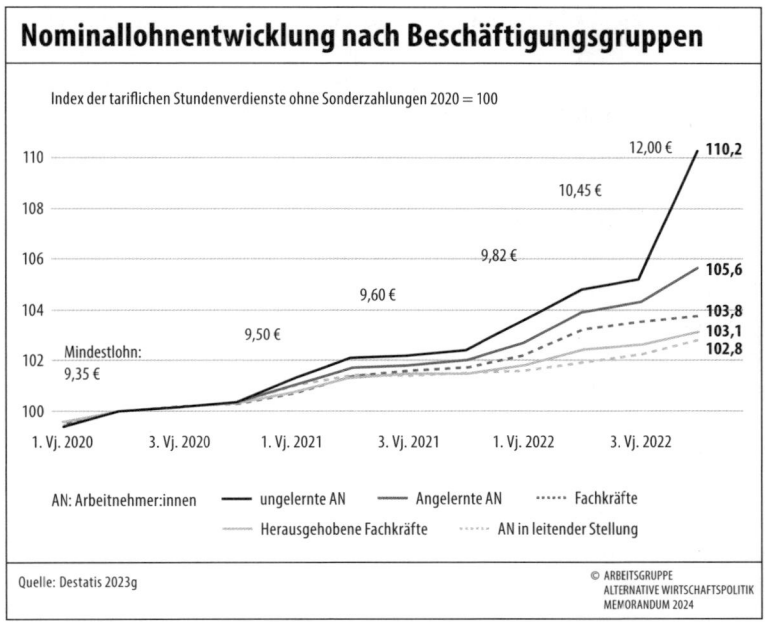

Nominallohnentwicklung nach Beschäftigungsgruppen

Index der tariflichen Stundenverdienste ohne Sonderzahlungen 2020 = 100

Quelle: Destatis 2023g

© ARBEITSGRUPPE
ALTERNATIVE WIRTSCHAFTSPOLITIK
MEMORANDUM 2024

- Die Mindestlohnkommission, die turnusgemäß Mitte 2023 eine Erhöhung des Mindestlohnes für 2024 und 2025 empfehlen sollte, negierte in ihrer Empfehlung die Wirkung dieser hohen Inflationsrate bewusst. In einer Kampfabstimmung gegen die Gewerkschaftsvertreter*innen legten die Arbeitgebervertreter*innen die vergangenen Tarifabschlüsse für die künftigen Anhebungen zu Grunde, die aufgrund der damals niedrigen Inflationsrate ebenfalls niedrig waren. Als bewussten Affront gegen die gesetzliche Anhebung des Mindestlohns bezogen sie diese geringe prozentuale Erhöhung nicht auf die jetzt gültigen 12 Euro, sondern auf die letzte von der Kommission empfohlene Stufe von 10,45 Euro. Sie empfahlen damit eine Erhöhung um nur 0,82 Euro: auf 12,41 Euro ab 1.1.2024 und auf 12,82 Euro ab 1.1.2025 – beides weit unter der Inflationsrate. Das Bundesarbeitsministerium musste trotz seiner Kritik diese Empfehlung umsetzen. Sonst hätte die Regierung wieder den Mindestlohn per Gesetz anheben müssen, was mit der FDP nicht zu machen gewesen wäre.

Aber trotzdem gelang es, durch entsprechende Tarifabschlüsse auch mit dem Rückenwind der Arbeitsmarktsituation die unteren Einkommen stärker anzuheben. Da 2024 durch verschiedene Tarifabschlüsse vor allem untere Entgeltgruppen überdurchschnittlich stark angehoben werden (Bund, Länder und Kommunen, Post, Eisenbahn usw.), wird die Entwicklung wahrscheinlich nicht abreißen.

Die Probleme beim Regelwerk des Mindestlohngesetzes bleiben aber bestehen: neben der Orientierung an Tarifabschlüssen der Vergangenheit werden zwar weitere Kriterien genannt, die aber zu wenig präzisiert sind. Die Orientierung an den Tarifabschlüssen sollte damals die Bedenken von Arbeitgeberverbänden, aber auch einiger Gewerkschaften, wie z. B. der IG Metall, berücksichtigen, die durch einen gesetzlichen Mindestlohn eine Schwächung der Tarifautonomie befürchteten. 8 Jahre danach ist aber belegt, dass der gesetzliche Mindestlohn das Streiten für höhere Tariflöhne in den unteren Entgeltgruppen sogar erleichtert und nicht behindert hat.

Maßnahmen zum Abbau des Niedriglohnsektors

Der Niedriglohnsektor muss durch eine Verbesserung des Mindestlohngesetzes und durch eine Erhöhung Ausweitung der Tarifbindung gesenkt werden. Die Chancen für eine erfolgreiche Auseinandersetzung sind gewachsen. Denn im November 2022 trat die EU-Mindestlohnrichtlinie in Kraft, die Deutschland bis November 2024 in nationales Recht umsetzen muss. Die EU-Staaten sind danach verpflichtet, verbindliche Untergrenzen für gesetzliche Mindestlöhne zu definieren. Als möglichen Referenzwert nennt die EU-Richtlinie 60 % des Median-Durchschnittslohns. Der Mindestlohn müsste dementsprechend in Deutschland bereits 2024 auf 14 Euro steigen. Außerdem sollen die Mindestlöhne die jeweilige Kaufkraft und die Verteilung zwischen den Löhnen berücksichtigen. Die *Arbeitsgruppe Alternative Wirtschaftspolitik* fordert deshalb, dass im Mindestlohngesetz die 60 %-Schwelle als verbindliche Untergrenze aufgenommen wird. Außerdem müssen mehr tarifliche Branchen-Mindestlöhne nach der Entsenderichtlinie für allgemeinverbindlich erklärt werden. Damit würde der Niedriglohnbereich deutlich reduziert. Eine Verbesserung des Mindestlohngesetzes wird die FDP in der Ampel-Koalition ablehnen. Vom Arbeitsministerium und von der SPD ist deshalb zu fordern, dass sie diese Auseinandersetzung aufnimmt. Denn ein armutsfester Mindestlohn war eines der wichtigsten Wahlversprechen der SPD.

Nach der gleichen EU-Richtlinie vom November 2022 müssen alle EU-Staaten dafür sorgen, dass für mindestens 80 % der abhängig Beschäftigten ein Tarifvertrag gilt. Alle Staaten mit geringerer tariflicher Abdeckung (Deutschland mit nur ca. 50 %) müssen bis November 2024 einen Aktionsplan mit klarem Zeitplan und konkreten Maßnahmen vorlegen, wie sie die 80 % erreichen wollen. Auch das ist ein Paradigmenwechsel gegenüber der EU-Politik während der Eurokrise 2010f., durch die Griechenland und andere Staaten gezwungen wurden, Mindestlöhne abzusenken und Flächentarifverträge aufzukündigen.

Folgende Maßnahmen sind dafür nötig:

- Ein Bundestariftreuegesetz (siehe Koalitionsvertrag von 2021) muss Unternehmen verpflichten, sich bei allen öffentlichen Aufträgen einer Tarifpflicht zu unterwerfen. Wenn alle Bundesländer ebenfalls entsprechende Gesetze erlassen, würden pro Jahr zwischen 300 und 500 Mrd. Euro an öffentlichen Aufträgen der Tarifbindung unterworfen.
- Die staatliche Wirtschaftsförderung von Unternehmen (bei Ansiedlung oder bei finanzieller Unterstützung in Notlagen) muss daran geknüpft werden, dass sie sich an einen Tarifvertrag binden (Beispiel Tesla, Amazon usw.)
- Tarifverträge müssen leichter für allgemeinverbindlich erklärt werden können: das Vetorecht der Arbeitgeberverbände in den paritätisch besetzten Tarifausschüssen, die über die Allgemeinverbindlichkeit entscheiden, muss beendet, Mehrheitsentscheidungen müssen möglich werden (siehe Gesetzentwurf der Bundesländer Berlin, Bremen und Thüringen aus 2021).
- Die Tarifflucht auf der Arbeitgeberseite muss gestoppt werden, indem die »OT-Mitgliedschaft« (ohne Tarifbindung) in einer Rechtskonstruktion eines Arbeitgeberverbandes für unzulässig erklärt wird.

2.2.4 Die Entwicklung des Gender Pay Gap

Beim Gender Pay Gap wird zwischen dem unbereinigten und dem bereinigten Gap unterschieden. Der unbereinigte Gap vergleicht die Löhne von Frauen und Männern unabhängig von ihrer jeweiligen Beschäftigtenstruktur. Beim bereinigten Gap werden diese Strukturunterschiede – unterschiedliche Qualifikationen, unterschiedliche Branchen und Beschäftigungsarten (Vollzeit, Teilzeit) usw. – herausgerechnet. Es werden also Frauen- und Männerverdienste bei vergleichbarer Tätigkeit in Beziehung gesetzt. Der Unterschied zwischen dem bereinigten und unbereinigten Gap fällt besonders ins Gewicht, wenn – wie in Deutschland – in Branchen mit hohem Frauenanteil insgesamt schlechter bezahlt wird (Einzelhandel, Gastronomie usw.).

Erfreulicherweise sank der unbereinigte Gender Pay Gap in Deutschland von 22,7 % im Jahr 2006 auf 17,7 % im Jahr 2022. In Westdeutschland liegt er mit 18,9 % aber immer noch deutlich höher als Ostdeutschland mit 6,9 % (WSI 2023b). Auch der bereinigte Gender Pay Gap sank von 8 % im Jahr 2006 auf 7 % im Jahr 2022 (Destatis 2023i).

Die Annahme, dass Frauen eher in unqualifizierten Tätigkeiten arbeiten, trifft zumindest für Vollzeitbeschäftigte nicht mehr zu. In Leitungsfunktionen arbeiten zwar nur 10,0 % aller Frauen gegenüber 13,1 % der Männer. Aber als Fachkräfte oder herausgehobene Fachkräfte arbeiten 72,7 % aller Frauen, aber nur 67,4 % der Männer. Als An- und Ungelernte arbeiten mit 19,5 % sogar mehr Männer als Frauen mit 17,2 % (Destatis 2020, S. 37f). Allerdings verdienen Frauen in allen Leistungsgruppen weniger als Männer. Als ungelernt arbeitende Frauen erhalten nur 92 % der Männerverdienste; bei den Leitungsfunktionen sind es sogar lediglich 80 %.

Diese Kluft geht auf die erheblichen Lohnunterschiede zwischen »Männer- und Frauenbranchen« zurück, da Frauen- und Männertätigkeiten seit langer Zeit unterschiedlich bewertet wurden und werden. In der Industrie mit hohem Männeranteil werden vollzeitbeschäftigte Fachkräfte mit dualer Berufsausbildung im Schnitt besser bezahlt (Mechatroniker*in 3.430 Euro, Chemikant*in 3.940 Euro usw.) als vergleichbar qualifiziert Beschäftigte in »Frauenbranchen«, z. B. im Einzelhandel mit 2.340 Euro, im Gesundheitsbereich als Arzthelfer*in mit 2.520 Euro, als Krankenpfleger*in mit 3.430 Euro oder als Erzieher*in mit 3.100 Euro (WSI 2023c). Das beginnt sich z. B. im Gesundheits- und Erziehungsbereich durch den Fachkräftemangel, aber auch durch Tarifauseinandersetzungen und gesellschaftlichen Druck zu ändern. Trotzdem erschwert auch die geringere Tarifbindung in vielen »Frauen-Branchen« (Einzelhandel, Altenpflege usw.) eine Angleichung der Lohnunterschiede.

Der unbereinigte Gender Pay Gap ging aber fast nur bei vollzeitbeschäftigten Frauen zurück. Knapp die Hälfte der erwerbstätigen Frauen arbeitet aber Teilzeit. Denn viele Frauen (vor allem in Westdeutschland) unterbrechen in der Familienphase immer noch ihre Berufstätigkeit oder gehen auf Teilzeit. Bei Teilzeitarbeit erhöht sich der Gender Pay Gap erheblich. Das DIW stellte deshalb anhand von Langzeitbefragungen (SOEP) fest: »Während der Gender Pay Gap bei den Unter-30-Jährigen von durchschnittlich rund 15 % in den Jahren 1990 bis 1999 auf 8 % im Durchschnitt der Jahre 2010 bis 2019 fiel, verharrte er in den Altersgruppen ab 40 Jahren deutlich über 20 %« (Schrenker/Wrohlich 2022, S. 150). Nur bei jüngeren Frauen – meist noch kinderlos und in Vollzeit – sank also der Gender Pay Gap. Denn sie stehen als qualifizierte, vollzeitarbeitende Arbeitskräfte den Unternehmen ähnlich uneingeschränkt zur Verfügung wie Männer. Frauen in der Familienphase können Vollzeittätigkeit und eine Betreuung von Kindern oder Angehörigen nur schwer vereinbaren und wechseln deshalb häufig auf Teilzeit. Dann werden sie mehrfach benachteiligt: sie müssen häufig unter ihrem Qualifikationsniveau arbeiten und in Branchen mit schlechterem Lohnniveau wechseln. Teilzeitarbeitende Frauen (ohne GFB) arbeiten zu 29,3 % als Un- oder Angelernte, vollzeitarbeitende Frauen nur zu 17,2 % (Hobler/Pfahl/Spitznagel 2020), Grafik PayGap-02.1). An diesem Bruch hat sich auch in den letzten 30 Jahren wenig geändert. Der unbereinigte Gender Pay Gap wächst sich also trotz besserer Berufsqualifikation und gestiegener Erwerbsbeteiligung von Frauen nicht aus, er verschwindet nicht von selbst. Er ist strukturell verursacht: einerseits durch die ungleiche Bezahlung zwischen Männer- und Frauenbranchen;

andererseits, weil Frauen in der Familienphase beruflich zurückstecken (müssen). Die Folgen spüren Frauen ihr Leben lang. Denn dem Gender Pay Gap folgt der Gender Pension Gap.

Maßnahmen zum Abbau des Gender Pay Gap

Die Bundesregierung will laut Koalitionsvertrag den Gender Pay Gap von aktuell knapp 18 % auf 10 % senken. Die bisherigen Maßnahmen reichen dazu nicht aus. Denn das Entgelttransparenzgesetz von 2017 hat sich als zahnloser Tiger erwiesen. Weitere Maßnahmen sind deshalb nötig.

Ein höherer Mindestlohn und eine stärkere Tarifbindung kann bereits denjenigen Teil des Gender Pay Gap abbauen, der auf schlechterer Bezahlung u. a. im Niedriglohnbereich und in Branchen mit geringer Tarifbindung beruht.

Vor allem muss durchgesetzt werden, dass eine volle Erwerbsarbeit mit Sorgearbeit vereinbar wird. Anstelle der Teilzeitfalle muss es normal werden, dass beide Elternteile sich gleichberechtigt existenzsichernde Erwerbsarbeit und Sorgearbeit teilen und dass Alleinerziehende durch besondere Förderung beides vereinen können. Im Einzelnen:

- Das konservative Familienmodell darf nicht länger durch Ehegattensplitting oder geringfügige Beschäftigungsverhältnisse steuerlich begünstigt werden. Die so eingesparten Steuersubventionen im zweistelligen Milliardenbereich können z. B. in den Ausbau der Kinderbetreuung investiert werden.
- Kinderbetreuungseinrichtungen von der Kita bis zu Ganztagsschulen müssen quantitativ und qualitativ ausgebaut werden.
- Der Rechtsanspruch auf Elternzeit/Elternurlaub muss ausgebaut und finanziell besser gefördert werden; ein Bonus-Malus-System muss dafür sorgen, dass auch Väter sie stärker in Anspruch nehmen.
- Die Arbeitszeit muss vor allem in der Familienphase in Richtung einer kurzen Vollzeit mit Lohnausgleich verkürzt werden, um die Diskrepanz zwischen überlanger Vollzeit und zu kurzer Teilzeit zu verringern. Unternehmen müssen verpflichtet werden, die Wünsche der Beschäftigten in Bezug auf Arbeitszeitlänge und Arbeitszeitlage stärker zu berücksichtigen.

2.3 Armutsrisiken erhöhen sich in fast allen Bevölkerungsgruppen

Armut und ihre Wirkung auf die Menschen ist ein politisch umkämpftes Feld. Denn wer Ausbreitung von Armut in einem reichen Land zulässt, gefährdet Menschen und deren Zusammenleben.

Armut hat viele Ausprägungen, Armut grenzt finanziell, kulturell und von Bildung aus. Wohnungs- und Obdachlosigkeit ist eine extrem entwürdigende Facette von Armut. Auch Mangel an Kontakten (Einsamkeit) und dauerhaft eingeschränkte Gesundheit sind Formen von Armut. Die EU beschreibt 11 Primär- und 7 Sekundärindikatoren »zur Messung von Armut und sozialer Ausgrenzung«. Die Erfassung, Gewichtung der Formen von Armut und eine objektive Bewertung der Ergebnisse durch eine »repräsentative« Stichprobe ist eine nicht zu bewältigende Aufgabe. So ist schon die Gewichtung der drei Faktoren Gesundheit, Einsamkeit und materielle Armut selbst auf das Individuum bezogen äußerst schwer, für Gruppen von Menschen unmöglich.

Da viele Armutsaspekte eng mit finanziellen Mitteln verbunden sind, haben sich die Länder der EU auf folgende Definition geeignet: »Von Armut spricht man, wenn Personen über ein so geringes Einkommen und so geringe Mittel verfügen, dass ihnen ein Lebensstandard verwehrt wird, der in der Gesellschaft, in der sie leben, als annehmbar gilt.« (Europäisches Parlament 2016, S. 6) Es wird also die relative Armut über das Einkommen gemessen. Als Armutsschwelle gelten 60 Prozent des mittleren Einkommens (Median) im betrachteten Land. Der offizielle Begriff der Armutsgefährdungsschwelle verharmlost die Situation der Betroffenen (vgl. Schneider 2015, S. 12ff.). Deshalb benutzen wir die Begriffe Armut, Armutsbetroffenheit und Armutsgefährdung synonym. Zur Beurteilung von arm/nicht arm werden alle Einkommen eines Haushalts inklusive der Transferleistungen zusammengerechnet.[5]

---

5 Um verschieden große Haushalte beim Mikrozensus vergleichbar zu machen, geht der/die Hauptverdienende des Einkommens mit dem Faktor 1,0 in die Äquivalenzgewichtung ein, alle anderen Mitglieder des Haushaltes im Alter von 14 und mehr Jahren mit 0,5 und alle anderen mit 0,3 (»neue«

Die Einordnung in eine soziodemografische Kategorie (z. B. erwerbslos) erfolgt über den Status des/der Hauptverdienenden. Wenn also von armen Kindern in Deutschland gesprochen wird, sind Kinder aus Haushalten mit einem verfügbaren Einkommen von weniger als 60 Prozent des mittleren Einkommens der Haushalte in Deutschland gemeint. Vermögen wird dabei nur indirekt über etwaige Einnahmen aus Vermögen berücksichtigt. Vermögen sind noch ungleicher verteilt als Einkommen; Einkommensarme besitzen so gut wie kein Vermögen.

Ist Armut dauerhaft, z. B. bei den meisten Rentner*innen, ist das für die Betroffenen besonders deprimierend. Kurze Phasen von Armut, vor allem in Ausbildung und Studium, sind wegen vorhandener Perspektiven erträglicher und wegen in aller Regel modernerer Basisausstattung (Kleidung, Mobiliar, Küchengeräte, …) leichter überbrückbar. Sie führen auch seltener zur sozialen Isolation. Nach einer Untersuchung des WSI für 2021 (Brülle/Spannagel 2023, S. 11) sind 40 Prozent der Armen dauerhaft arm.

Überproportional von dauerhafter Armut betroffen waren Arbeitslose, Alleinerziehende, Menschen mit Migrationshintergrund, Menschen mit niedrigem Schulabschluss und Alleinlebende. In Ostdeutschland waren von den Armen sogar 67,5 Prozent dauerhaft arm.

Die nachfolgenden Fakten[6] zur Armut/Armutsgefährdung in 2022[7] entstammen dem jährlichen Mikrozensus (MZ) des Statistischen Bundesamtes (vgl. Destatis 2024d; eigene Berechnungen; Tabellen 11a und 11b im Anhang dieses Buches). Für 2022 liegen bei Redaktionsschluss nur die Erstergebnisse des MZ vor. Die Endergebnisse sind für Sommer 2024 angekündigt. Im Jahre 2021 lagen bei den Armuts-

---

OECD-Skala). Anschließend wird das gesamte Haushaltseinkommen durch die Summe der Äquivalenzziffern geteilt.

6   Der Mikrozensus untersucht die Situation an einem Zeitpunkt und beschreibt somit keine Entwicklung von Individuen/Haushalten. Solche zeitraumbezogenen Untersuchungen liefert beispielsweise das SOEP des DIW, allerdings mit einer sehr viel kleineren Stichprobe und ohne Auskunftspflicht.

7   Der Mikrozensus fragt bei den Haushalten immer die Werte des Vorjahres ab, z. B. beschreibt der Mikrozensus 2022 die Auskünfte für das Jahr 2021.

quoten die Endergebnisse deutlich über den Erstergebnissen. Wenn das für 2022 ebenfalls gilt, ist der unten vermeldete leichte Rückgang der Armut nur ein statistischer Fehler (hervorgerufen durch den Vergleich der Erstergebnisse 2022 mit den Endergebnissen 2021). Auf unserer Internetseite (www.alternative-wirtschaftspolitik.de), Materialien, Materialien zu den MEMORANDEN) werden wir im Sommer 2024 den korrekten Vergleich der Endergebnisse zur Armutsquote darstellen.

Die Größe des Mikrozensus (1 Prozent aller Haushalte), die tiefgehende Erfassung der Einkommen und die Auskunftspflicht heben diese Untersuchung positiv aus den vielen Erfassungen von Armut hervor. Beschrieben werden damit die Verhältnisse zu einem Zeitpunkt, ohne die Dauer der Armut im Blick zu haben.

Einige weitere Details zur Armutsmessung stehen am Ende des Abschnittes.

2.3.1 Blick auf die Gesamtbevölkerung

Das Statistische Bundesamt trennt die Armutsdaten streng nach vor 2020 und ab 2020 – wegen der Umstellungen beim Mikrozensus 2020 und wegen der schlechten Datenlage im Corona-Jahr 2020. Viele Armutsforscher*innen (u. a. Der Paritätische, WSI, IAQ) untersuchen trotzdem die längerfristige Entwicklung bis 2022, auch da andere Armutsmessungen keinen Hinweis auf einen relevanten Bruch der Datenreihen zulassen.

Waren 2010 bundesweit noch 14,5 Prozent armutsbetroffen[8], so stieg die Quote bis zum Jahr 2022 auf 16,7 Prozent oder anschaulicher: War 2010 jeder Siebte armutsbetroffen, so war es 2022 jeder Sechste. Das sind mehr als 14 Millionen Menschen in Deutschland, die sich noch nicht einmal das in unserer Gesellschaft für angemessen gehaltene Minimum leisten können. Sie müssen in ständiger Angst

---

8   Alle Armutsbetroffenheitsquoten werden wie üblich mit einer Nachkommastelle dargestellt. Eine solche Genauigkeit ist auch bei einer so großen Befragung nicht wirklich erreichbar. (Stichprobenfehler; Ungenauigkeiten beim Ausfüllen des Befragungsbogens, …).

Entwicklung der Armutsgefährdungsquote (Gesamtbevölkerung)

Quelle: Mikrozensus des Statistischen Bundesamtes
* Ab 2020 „neuer Mikrozensus"; 2020 niedrige Rücklaufquote
** 2022 Erstergebnisse; Endergebnisse folgen im Sommer 2024

© ARBEITSGRUPPE
ALTERNATIVE WIRTSCHAFTSPOLITIK
MEMORANDUM 2024

vor der leeren Haushaltskasse leben, nicht selten auch mit Schamgefühlen gegenüber Mitmenschen. In den Wintermonaten heißt das am Monatsende oft: heizen *oder* essen. Die Auswirkungen für das Vertrauen in die gesellschaftlichen Verhältnisse sind u. a. im WSI-Report »Einkommensungleichheit als Gefahr für die Demokratie« (November 2023) belegt.

Anhand der Zahlen in der nachfolgenden Tabelle kann jeder selber ermessen, ob der Begriff armutsgefährdet oder arm zutreffender ist.

Natürlich sind bei zusammengefassten Werten Spitzen wie in Duisburg (2022: 30,3 Prozent) oder Bremen (2022: 27,6 Prozent) nicht erkennbar. Trotz der wirtschaftlich positiven Entwicklung in den Jahren 2010 bis 2022 – das preisbereinigte Bruttoinlandsprodukt (BIP) stieg um 17,7 Prozent – ist die Armutsbetroffenheit um 15 Prozent gewachsen. Wir betrachten das als Folge der vorherrschenden neoliberalen Politik dieser Zeit mit ihrer Fokussierung auf die Angebots-/Unternehmensseite und den Schutz der Reichen und ihrer Vermögen.

Tabelle: Armutsgefährdungsschwellen

Personenkonstellation im Haushalt	Netto pro Monat
Single	
Alleinerziehend mit 1 Kind unter 14 Jahren	1.189 Euro
Alleinerziehend mit 2 Kindern unter 14 Jahren	1.546 Euro
Zwei Personen ohne Kinder	1.903 Euro
Zwei Personen mit 2 Kindern unter 14 Jahren	2.498 Euro

Quelle: Mikrozensus, Statistisches Bundesamt

Besonders erschreckend ist die Armut von Kindern und Jugendlichen (unter 18 Jahren) mit 21,6 Prozent bzw. gut 3 Millionen in 2022. Deren Auswirkungen auf körperliche Gesundheit, Psyche und Bildung sind ein Armutszeugnis für unsere Gesellschaft und werden in der Zukunft negative Auswirkungen haben. Provokant formuliert wird damit gerade am Fachkräftemangel der Zukunft gearbeitet.

2.3.2 Strukturelle Armutsrisiken

Erfreulicherweise ist im Osten der Republik mit 17,1 Prozent in 2022 ein Rückgang der Armut zu verzeichnen (von 19,0 Prozent in 2010). Allerdings stieg die Quote im gleichen Zeitraum im Westen von 13,3 auf 16,6 Prozent. Auch hier gilt, dass Haushalte als arm gezählt werden, wenn sie von weniger als 60 Prozent des Median-Einkommens aller Haushalte in ganz Deutschland leben müssen.

Geschlechterbezogen ist der Unterschied zwischen 2010 und 2020 von 1 auf 2 Prozentpunkte geringfügig gewachsen. In der Altersgruppe 65 plus zeigt sich die Differenz mit 4,3 Prozentpunkten zu Ungunsten der Frauen deutlicher.

Weitgehend bekannt ist die sehr hohe Armutsgefährdungsquote bei Alleinerziehenden, 2022 mit 42,9 Prozent. Dagegen wird kaum zur Kenntnis genommen, dass bei Erwerbslosen mit 49,2 Prozent sogar jeder bzw. jede Zweite gefährdet ist.

Von Armut besonders betroffen sind weiterhin

- Kinderreiche Haushalte (31,8 Prozent)
- Menschen mit niedrigem Qualifikationsniveau des Hauptverdieners mit 38,9 Prozent – zum Vergleich: bei hohem Qualifikationsniveau beträgt die Quote 6,8 Prozent
- Menschen ohne deutsche Staatsangehörigkeit mit 35,3 Prozent und Menschen mit Migrationshintergrund zu 28,1 Prozent.

All diese Zahlen zeugen von vielen unsozialen Entscheidungen der Vergangenheit und erfordern wirksame Gegenmaßnahmen.

Statistisch belegt sind diese Zustände spätestens seit dem Mikrozensus 2005, bisher leider ohne durchgreifende politische Konsequenzen. Die Umverteilung von unten nach oben wurde trotz der öffentlich bekannten Fakten fortgesetzt – von interessierter Seite immer wieder auch vorsätzlich. Für alle genannten Gruppen und die Gesamtbevölkerung gibt es konkrete Konzepte zur Minderung des Armutsrisikos. Es fehlt nur weitgehend eine entsprechende politische Schwerpunktsetzung.

Die Armut der Alleinerziehenden ist seit 2010 von 38,6 auf 42,9 Prozent um mehr als 10 Prozent gewachsen, trotz einiger positiver Maßnahmen.

Für das Jahr 2024 erwartet selbst das arbeitgebernahe Institut der deutschen Wirtschaft (IW) für die kleine Gruppe der Alleinerziehenden mit 3.000 Euro Monatseinkommen brutto ein steuerliches Gesamtminus von 144 Euro – trotz Verbesserungen bei der Einkommensteuer, die allerdings durch steigende Energiesteuern konterkariert werden – und fordert die Auszahlung des versprochenen Klimageldes. Die negativen Auswirkungen für nicht oder geringfügig Arbeitende, die kaum von den Senkungen bei der Einkommenssteuer profitieren, werden drastischer ausfallen.

Der mögliche Maßnahmenkatalog zugunsten der Gruppe der Alleinerziehenden ist groß. Mit einer gut ausgestatteten Kindergrundsicherung könnte eine Basis geschaffen werden. Verbesserte und zuverlässige ganztägige Betreuung in KiTas und Schulen würde die Verdienstmöglichkeiten für Alleinerziehende erweitern. Die weiter oben unter Abbau des Gender Pay Gaps vorgestellten Maßnahmen könnten bei Alleinerziehenden ebenso helfen. Mit empirisch belegten Daten zu den Mehrbelastungen von Alleinerziehenden ergäben sich rechtliche und verwaltungstechnische Möglichkeiten zur Förderung bei Steuern und Transferbezug (vgl. Bertelsmann-Stiftung 2021, S 96f.).

Dem Vorurteil, dass Familien über mehr Kinder der Armut entkommen könnten, widersprechen allein schon die mit der Kinderzahl steigenden Armutsquoten (Werte für 2022):

Zwei Erwachsene mit einem Kind	8,4 Prozent
Zwei Erwachsene mit zwei Kindern	11,2 Prozent
Zwei Erwachsene mit drei oder mehr Kindern	31,8 Prozent

Bei der Gruppe der abhängig Erwerbstätigen steht der Anstieg der Armutsquote von 2010 mit 7,4 Prozent auf 2022 mit 8,4 Prozent scheinbar im Widerspruch zu den am Beginn des Kapitels beschriebenen positiven Entwicklungen bei Löhnen und Arbeitslosigkeit. Mögliche Erklärungen können sein: Veränderte Zusammensetzungen von Haushalten, etwa das Anwachsen der Zahl der Singlehaushalte; Aufgabe der Erwerbstätigkeit einer Person in einem Erwerbstätigenhaushalt, z. B. durch Verrentung, Arbeitslosigkeit oder Geburt eines Kindes; wachsende Einkommen bei Geringverdienern müssen nicht zur Überschreitung der Armutsschwellen führen. Hier sind genauere Auswertungen der Mikrozensusdaten und tiefer gehende Erhebungen gefragt.

Bei Selbstständigen ist ebenfalls ein deutliches Anwachsen der Armutsquoten von 8,4 Prozent (2010) auf 11,4 Prozent (2022) festzustellen.

2.2.3 Rentner*innen und die ältere Bevölkerung

Bei älteren Menschen ist Armut fast immer dauerhaft. Sie haben kaum Chancen, ihre Einkommen nennenswert zu erhöhen. Deshalb ist Altersarmut besonders deprimierend. Nicht nur der wachsende Umfang der Gruppe 65 plus drängt zu näherem Hinsehen.

Vereinfacht werden häufiger die Zahlen zur Armut von 65 plus

(2022: 17,5 Prozent) als Armut von Rentner*innen angesehen. Dies ist aus mehreren Gründen verharmlosend. Zum einen fehlen alle jüngeren Erwerbsminderungsrentner*innen, deren Rente im Schnitt deutlich unter den Altersrenten liegen. Zum anderen gehören zur Gruppe 65 plus auch (ehemalige) Selbstständige, Pensionär*innen und – seit dem Start in Richtung Rente ab 67 – verstärkt Menschen, die noch abhängig beschäftigt sind. Diese Gruppen beziehen im Schnitt höhere Einkommen als Rentner*innen. Die ebenfalls ausgewertete Gruppe der Rentner*innen und Pensionär*innen hat mit 18,1 Prozent in 2022 schon einen höheren Armutsanteil als die Gruppe 65 plus. Die notwendige Trennung dieser Gruppe in Rentner*innen und in Pensionär*innen liegt seit 2020 leider nicht mehr vor. Die Gruppen waren zwischenzeitlich (2018) vom Statistischen Bundesamt, gegen Zahlung des Mehraufwands, für den Zeitraum ab 2005 separat berechnet worden. Wie vermutet, übersteigt die Armutsquote der Rentner*innen die Quote der mit den Pensionären zusammengefassten Gruppe deutlich.

Die Armutsquoten laut Statistischem Bundesamt für das Jahr 2019, das letzte so im Detail vorliegende Jahr:

65 plus	15,7 Prozent
Rentner*innen und Pensionnär*innen	18,8 Prozent
Rentner*innen	20,7 Prozent

Mit Nennung der Zahlen für die Gruppe 65 plus wird die Armut der Rentner*innen also um 5 Prozentpunkte unterschätzt. Zur Aktualisierung genauerer Kenntnisse über Rentner*innen-Haushalte sollte die getrennte Darstellung der Armutsquoten schnellstens wieder aufgenommen werden, trotz oder gerade wegen der politischen Brisanz der Ergebnisse.

Ebenfalls erschreckend ist die stark steigende Armutsquote von Rentner*innen und Pensionär*innen im Zeitverlauf (vgl. Abbildung auf der folgenden Seite).

Damit ist die Steigerung der Armutsquote gegenüber 2010 für Rentner*innen und Pensionär*innen mit 43,7 Prozent die zweithöchste aller in der Tabelle A.2 des Statistischen Bundesamtes ausgewiesenen sozio-

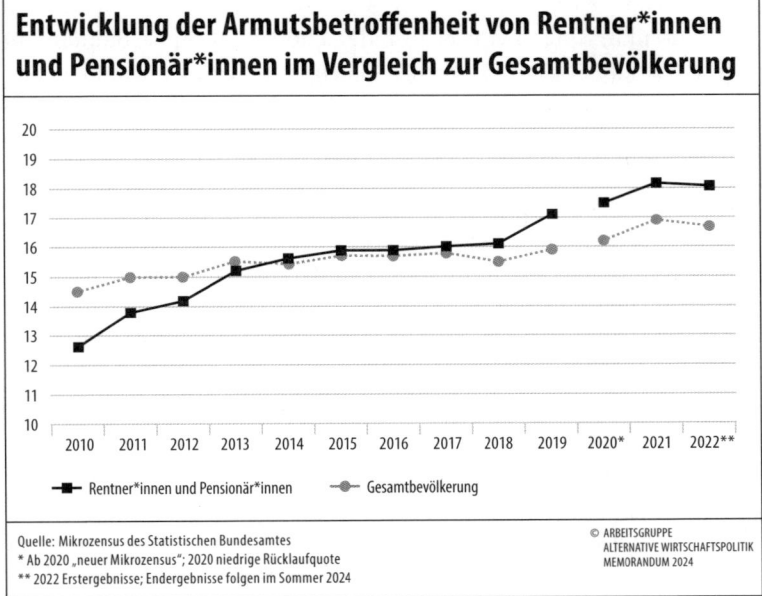

Entwicklung der Armutsbetroffenheit von Rentner*innen und Pensionär*innen im Vergleich zur Gesamtbevölkerung

Quelle: Mikrozensus des Statistischen Bundesamtes
* Ab 2020 „neuer Mikrozensus"; 2020 niedrige Rücklaufquote
** 2022 Erstergebnisse; Endergebnisse folgen im Sommer 2024

© ARBEITSGRUPPE
ALTERNATIVE WIRTSCHAFTSPOLITIK
MEMORANDUM 2024

demografischen Merkmalsgruppen, überboten nur von der Gruppe 65 plus bei den Männern.

Der Vergleich der Armutsquoten 2022 zu 2005 ist nochmals dramatischer:

Rentner*innen und Pensionär*innen	+ 69,2 Prozent
65 plus (Männer und Frauen)	+ 59,1 Prozent
Steigerung der allgemeinen Armutsquote	+ 13,6 Prozent

Eine Fortsetzung dieser Entwicklung muss verhindert werden. Dieses Ziel sollte endlich hohe politische Priorität erhalten.

Altersarmut ist also heute schon sehr verbreitet und wächst rasant. Versuche, diese Entwicklung zu leugnen, greifen oft auf Daten zur Grundsicherung zurück und übergehen damit, dass Armut immer relativ zum Lebensstandard der Bevölkerung und der Zeit empfunden wird – wie auch von der EU definiert ist.

Die Ursachen für die steigende Altersarmut sind vor allem die realen Rentenkürzungen von Beginn der 2000er Jahre, verbunden mit dem Paradigmenwechsel von der Lebensstandardsicherung zur Beitragssatzstabilität und der Orientierung auf private Renten. Zu den Gründen gehören weiterhin die mit knapp drei Millionen Menschen hohe Arbeitslosigkeit, mangelnde Lohnerhöhungen und der immer noch immens ausgeprägte Niedriglohnsektor. Dadurch entstandene geringe Renteneinzahlungen in einzelnen Lebensabschnitten wirken für die Renteneintritte bis mindestens 2050 nach, selbst wenn es jetzt schlagartig besser würde. Mit einer fortgesetzt steigenden Armutsquote für Rentner*innen ist also zu rechnen, wenn es in Bezug auf Rentenberechnung und eine armutsfesten Mindestrente keine sozialpolitischen Verbesserungen gibt.

Konkrete und bezahlbare Vorschläge liegen vor. Geld ist genug da, wie die Entwicklung des realen Bruttoinlandsprodukts seit 2000 mit einem Plus von 28 Prozent bis 2022 belegt. Bisher fehlt nur der Wille zur stärkeren Verwendung für soziale Aspekte. Die Interessen von Arbeitgebern (keine wachsenden Beitragssätze für die Rente), Versicherungskonzernen (Riester- und Rürupverträge), dem Finanzmarkt (Generationenkapital) und der Reichen (niedrige Steuern) haben nicht erst seit Lindner Vorrang.

Was die Möglichkeiten der gesetzlichen Rente betrifft, lohnt der Blick auf die Maßnahmen in unserem Nachbarland Österreich seit 1988. Der *Münchner Merkur* überschrieb einen Artikel im Juli 2017 mit »Rentenparadies Österreich« und beschrieb anschaulich einige der vielen positiven Fakten (deutlich höhere Renten, Renteneintritt mit 65, Rentenziel 80 Prozent des letzten Brutto; siehe ausführlich dazu MEMORANDUM 2023, Kap. 6). Entgegen aller Unkenrufe von Unternehmer*innen und einigen Wirtschaftsforscher*innen hat die hohe gesetzliche Rente mit 12,55 Prozent Arbeitgeberanteil bei 10,25 Prozent für die Arbeitnehmerseite der Ökonomie Österreichs nicht geschadet. 2022 war das österreichische Bruttoinlandsprodukt pro Kopf der Bevölkerung nicht niedriger, sondern um gut 3.000 Euro höher als das deutsche.

Für eine auskömmliche gesetzliche Rente ist eine stabile Erwerbs-

Rentenpolitische Maßnahmen

- Moderate Erhöhung der Beitragssätze zur GRV mit Parität zwischen Arbeitgeber*innen und Arbeitnehmer*innen
- Einbeziehung aller Erwerbstätigen, beginnend mit Beamt*innen, Abgeordneten und Soloselbstständigen
- Deutliche Anhebung der Beitragsbemessungsgrenze (mit gedehnter Äquivalenz)
- Rücknahme der Verschlechterungen der Renten»reformen« vom Beginn dieses Jahrtausends
- Anhebung des Rentenniveaus auf mindestens 50 Prozent
- Höhere Bewertung von niedrigen Rentenpunkten in Jahren mit geringen Einkommen
- Umwidmung der Gelder für kapitalgedeckte Renten in die Gesetzliche Rente
- Keine Erhöhung des Renteneintrittsalters

(vgl. MEMORANDUM 2021, Kap. 3.6)

biografie Voraussetzung. Genügend und gut bezahlte Arbeitsplätze mit lebenslanger Qualifizierung, bei denen zusätzlich die Gesundheit nicht beeinträchtigt wird, sind die wirtschaftliche Basis der gesetzlichen Rente. Dazu bedarf es flankierender Maßnahmen, um die Frauenerwerbstätigkeit zu stärken.

2.3.4 Gegenwind für bessere Renten

Im Jahresgutachten 2023/2024 ging der »Sachverständigenrat zur Begutachtung der gesamtwirtschaftlichen Entwicklung« (SVR) ausführlich auf das Thema Demografie und Rente ein. Da deren Analyse und Forderungen bei Teilen der Medien und Politik als wissenschaftlich gut begründet dargestellt werden, lohnt ein genauerer Blick auf das Gutachten (vgl. Bosbach 2024).

Im Wesentlichen handelt es sich bei den Forderungen um eine Fortsetzung der Schröder'schen Renten»reformen« der 2000er Jahre. Rentenkürzungen für viele und Ausbau der kapitalgedeckten Rentenversicherung, diesmal aber obligatorisch. Nutznießer sind wieder die Arbeitgeber und der Finanzmarkt.

Im Einzelnen wird vom SVR diskutiert:

- Weitere Anhebung des Renteneintrittsalters – mit jedem Jahr, das die durchschnittliche Lebenserwartung steigt, sollen acht Monate länger gearbeitet werden. Das trifft gerade die Niedrigverdiener mit ihrer durchschnittlich deutlich kürzeren Lebenserwartung und alle, die ihre Arbeit lange nicht ausüben können.
- Verringerung von Rentenanpassungen durch Verdopplung des Nachhaltigkeitsfaktors in der Rentenformel.
- Kürzungen für Rentner*innen jenseits der sogenannten Standardrentner – das beträfe aktuell alle Rentner*innen ab etwa 1.600.-Euro brutto. Als Ausgleich würden ganz geringe Renten erhöht. Dieser vom SVR als »Umverteilung« der Ausgaben schöngefärbte Vorschlag würde im Wesentlichen die staatlichen Sozialausgaben für Grundsicherung entlasten und die Gesamteinkünfte der armen Rentner*innen nicht erhöhen.
- Abkopplung der Rentenerhöhungen von den Lohnerhöhungen;
- Vier Prozent Zwangsabgabe des Lohnes in den Kapitalmarkt, was nach SVR »die Aktienkultur positiv beeinflussen könnte«.

Bei den Begründungen schreckt der SVR nicht vor expliziten Täuschungen und unwissenschaftlichen demografischen Dramatisierungen zurück. Drei Beispiele: Berechnungen zum Altenquotienten mit der Altersgrenze 65 Jahre bis zum Jahr 2080 und damit einem viel ungünstigeren Verhältnis zwischen Alten und Jungen erzeugen erschreckende Zahlen. Alleine für 2035 sind damit mehr als zwei Millionen 65- oder 66-Jährige aus der Gruppe der Versorger*innen herausgerechnet und stattdessen bei den zu Versorgenden mit gezählt. Die Rente erst ab 67 wird somit sogar bis 2080 ignoriert (vgl. Bosbach 2019, S. 117).

Bevölkerungsprognosen für Deutschland mit einem völlig unrealistischen Wanderungssaldo von Null sollen die Untauglichkeit der

Gesetzlichen Rente demonstrieren und die Bereitschaft für die vom SVR vorgeschlagenen Maßnahmen stärken. Parallel wird zur Bewerbung einer kapitalgedeckten Rente ein überaus positives Bild gezeichnet. Ein unfallfreier Kapitalmarkt mit einer durchschnittlichen jährlichen realen Verzinsung von 5 Prozent bis 2080 ergeben scheinbar unschlagbare kapitalgedeckte Renten. Die *Arbeitsgruppe Alternative Wirtschaftspolitik* ist über solche Methoden entsetzt, und wir wundern uns über die unkritische Akzeptanz des SVR-Gutachtens.

Wirtschaftliche Nebenwirkungen von 4 Prozent Entzug der Kaufkraft der Arbeitnehmer*innen für den Kapitalmarkt werden nicht besprochen. Die gesellschaftliche Alterung, die angeblich große Probleme für die Wirtschaft und damit die Gesetzliche Rente bereitet, soll am Kapitalmarkt keine Auswirkungen haben. Statt den zweifelhaft begründeten Vorschlägen des SVR zu vertrauen, sollten wir uns besser an den in Österreich seit über 30 Jahren erfolgreich getesteten Maßnahmen orientieren.

2.4 Anforderungen an eine Arbeitsmarkt- und Sozialpolitik, die stabile Einkommen sichert

2.4.1 Die Bedeutung von Erwerbsarbeit

Aktuell kritisieren Wirtschaftsverbände und konservative bzw. neoliberale Politiker*innen sozialpolitische Maßnahmen wie die Erhöhung des Bürgergeldes oder die Einführung einer Kindergrundsicherung massiv: solche Sozialleistungen seien nicht nur zu teuer; sie würden Menschen auch davon abhalten, sich eine bezahlte Arbeit zu suchen. Wir halten dies für einen Trugschluss (genauer dazu 2.4.2). Vor allem aber wollen diese »Verfechter der Erwerbsarbeit« sie nicht attraktiver machen – im Gegenteil: Sie wollen sozialpolitische Sicherungssysteme so verschlechtern, dass Menschen aus ökonomischer Not heraus gezwungen werden, jeden noch so schlecht bezahlten, unsicheren und unqualifizierten Arbeitsplatz anzunehmen.

Auf der anderen Seite wollen Anhänger*innen des Bedingungslosen

Grundeinkommens (BGE) innerhalb der kapitalistischen Gesellschaft eine Alternative zur Erwerbsarbeit schaffen. Wir halten das für falsch. Erwerbsarbeit ist und bleibt die zentrale Quelle gesellschaftlichen Reichtums; erst sie ermöglicht u. a. die Finanzierung sozialpolitischer Maßnahmen wie das BGE. Vor allem aber können sich Menschen durch Erwerbsarbeit eine stabile, eigenständige Lebensperspektive aufbauen, ihre Fähigkeiten entwickeln und sich gesellschaftlich integrieren. Weite Teile der sozialen Absicherung – Rente, Arbeitslosengeld, Krankenversicherung – also für Phasen, in denen Erwerbsarbeit nicht möglich ist – beruhen auch auf Rechten, die in der Erwerbsarbeit erworben wurden. Je höher die Erwerbsbeteiligung ist und je stabiler und weniger ungleich die Löhne sind, desto stabiler sind auch die Sozialversicherungssysteme, desto weniger muss der Staat über Grundsicherungssysteme quasi als Ausfallbürge die Folgen eines Machtungleichgewichtes auf dem Arbeitsmarkt auffangen, die zu Armut trotz Erwerbsarbeit oder zu Arbeitslosigkeit führen.

Das setzt aber eine Erwerbsarbeit voraus, die die Interessen abhängig Beschäftigter auf stabile Arbeitsplätze, auf eine Entwicklung ihrer beruflichen und persönlichen Fähigkeiten, auf ausreichendes Einkommen, auf Mitspracherechte am Arbeitsplatz und auf ein gutes Leben auch außerhalb der Erwerbsarbeit sichert. Es setzt eine Erwerbsarbeit voraus, die Menschen nicht nur als Arbeitskräfte betrachtet, sondern als Menschen mit unterschiedlichen Fähigkeiten, die entwickelt werden müssen; mit unterschiedlichen Lebenswelten und Lebensphasen, auf die die Erwerbsarbeit jeweils Rücksicht zu nehmen hat, z. B. Rücksicht auf Sorgearbeit, auf unterschiedliche Belastbarkeiten, um Männern und Frauen, Jüngeren und Älteren, Gesünderen und gesundheitlich Eingeschränkten die Chance auf eine eigenständige Erwerbsarbeit und eigenständige soziale Absicherung zu geben. Nicht nur das generelle Kräfteverhältnis zwischen Arbeit und Kapital muss zugunsten der abhängig Beschäftigten verbessert werden. Auch die Ungleichverteilung von Löhnen und Arbeitschancen innerhalb der Gruppe der abhängig Beschäftigten muss abgebaut werden, damit auch Erwerbstätige mit individuell weniger Marktmacht ihre Rechte durchsetzen können. Das erfordert entsprechende Gesetze, aber auch mehr kollektive Rechte, z. B. durch die Stärkung der Bedeutung von Tarifverträgen.

Diese Primärverteilung, die zwischen Kapital und Lohnabhängigen immer hart umkämpft sein wird, muss durch eine Sekundärverteilung ergänzt werden. Durch progressive Steuern und soziale Mindestsicherungssysteme müssen Einkommen von oben nach unten verteilt und Chancengleichheit und soziale Rechte (z. B. durch ein entsprechendes Bildungsangebot) auch für untere Schichten und Nicht-Erwerbstätige gesichert werden.

2.4.2 Transfereinkommen – Begleitende Familien- und Sozialpolitik, Lohnabstandsgebot

Kindergrundsicherung

Die Ampelkoalition hat sich in ihrem Koalitionsvertrag auf zwei große sozialpolitische Projekte verständigt: Das Bürgergeld und die Kindergrundsicherung. Beide wären grundsätzlich geeignet, der zuvor dargestellten Einkommensentwicklung entgegenzuwirken. Beim Bürgergeld wurde diese Chance bereits weitgehend vertan: Die Regelsätze wurden zwar nominal deutlich angehoben, jedoch nicht auf ein Niveau, das nach Auffassung vieler Sozialverbände erforderlich wäre (z. B. SoVD 2023; Der Paritätische 2023)

Auch der Druck auf Leistungsberechtigte, (mehr) Erwerbseinkommen zu erzielen und damit den Unterstützungsbedarf zu reduzieren oder ganz zu vermeiden, wurde nicht nachhaltig reduziert und soll nach neuestem Stand sogar weiter erhöht werden.

Die Kindergrundsicherung wird im Koalitionsvertrag wie folgt angekündigt: »In einem Neustart der Familienförderung wollen wir bisherige finanzielle Unterstützungen – wie Kindergeld, Leistungen aus SGB II/XII für Kinder, Teile des Bildungs- und Teilhabepakets, sowie den Kinderzuschlag – in einer einfachen, automatisiert berechnet und ausgezahlten Förderleistung bündeln. Diese Leistung soll ohne bürokratische Hürden direkt bei den Kindern ankommen und ihr neu zu definierendes soziokulturelles Existenzminimum sichern.« (Mehr Fortschritt wagen 2021, S. 79)

Der im Herbst vergangenen Jahres nach langen Auseinandersetzungen vorgelegte Gesetzentwurf der Bundesregierung wird diesem Anspruch nur zum Teil gerecht. Danach werden die Leistungen der Familienförderung in einem einheitlichen System zusammengeführt, das im Wesentlichen zwei Komponenten beinhaltet: Den Kindergarantiebetrag, der das bisherige Kindergeld ersetzt und einkommensunabhängig grundsätzlich für alle Kinder gezahlt wird, und den Kinderzusatzbetrag. Dessen Höhe ist so bemessen, dass er, zusammen mit dem Kindergarantiebetrag, den altersabhängigen Regelsätzen für Kinder nach dem SGB II zuzüglich eines Wohnkostenanteils von 125 Euro/Monat entspricht.

Bei Familien im SGB-II-Bezug wird dieser Wohnkostenanteil auf die Leistungen an die Eltern angerechnet, so dass sich am verfügbaren Einkommen der Bedarfsgemeinschaft nichts ändert. Verbesserungen werden sich allerdings für viele Haushalte Alleinerziehender ergeben, da Unterhaltsleistungen und Unterhaltsvorschuss in der Kindergrundsicherung nur anteilig – statt bislang nach SGB II vollständig- angerechnet werden sollen.

Haushalte mit einem für den Bedarf der Eltern ausreichenden Erwerbseinkommen waren bisher die Zielgruppe des Kinderzuschlags. Mit dem Kinderzusatzbetrag ändert sich für diese, dass die Leistungen zukünftig vom Alter der Kinder abhängig sind. Bei größeren Kindern führt dies zu höheren Leistungen, bei jüngeren soll eine Übergangsregelung dafür sorgen, dass es nicht zu Verschlechterungen kommt. Relativ werden diese allerdings de facto in der Zukunft eintreten, wenn die Übergangsregelung im Zuge von Anpassungen der Beträge ins Leere läuft.

Dies ist Folge der Logik, die Beträge im Wesentlichen aus einer Fortschreibung der SGB II-Regelbedarfssätze abzuleiten. Die angekündigte kritische Überprüfung und Neudefinition des soziokulturellen Existenzminimums fiel dem Koalitionsstreit über die Kosten der Kindergrundsicherung zum Opfer. Zu kritisieren ist dabei insbesondere, dass weiterhin kein Bedarf für digitale Teilhabe in den Leistungen berücksichtigt wird.

Eine massive Anhebung des Leistungsniveaus auf bis zu 746 Euro/Monat, wie sie einige Verbände (z.B. Wenning 2023) fordern, bewertet die *Arbeitsgruppe Alternative Wirtschaftspolitik* gleichwohl skeptisch. Damit bestünde bis weit in mittlere Einkommensbereiche hinein ein Anspruch auf über das Kindergeld hinausgehende Leistungen. Damit wäre neben erheblichen Mehrausgaben auch eine hohe Belastung der Verwaltung durch den massiven Anstieg der zu bearbeitenden Anträge zu erwarten.

Unerwünschte Nebenwirkungen drohten andererseits auch, wenn man dem mit einem schnelleren Abschmelzen der Leistungen entgegenwirken wollte. Im aktuellen System wie auch nach dem Gesetzentwurf verbleiben Haushalten, die Transfereinkommen beziehen, durchweg Anteile zusätzlich erzielten Einkommens, jedoch mit einer hohen effektiven Grenzbelastung (Bruckmeier u. a. 2023). Ein noch schnellerer Abbau der Leistungen könnte in bestimmten Einkommensbereichen dazu führen, dass zusätzlich erzieltes Bruttoeinkommen sich nicht oder sogar negativ auf das verfügbare Nettoeinkommen auswirkt. Eine ähnliche Problematik gibt es bisher schon hinsichtlich verschiedener Leistungen und Vergünstigungen, die unmittelbar an den Bezug von Leistungen nach SGB II/XII oder den Kinderzuschlag anknüpfen. Zu nennen sind insbesondere die nicht in den Kinderzusatzbetrag integrierten Teile des Bildungs- und Teilhabepakets sowie die Beitragsfreiheit der Kindertagesbetreuung.

Die an die steuerlichen Kinderfreibeträge anknüpfende Forderung nach einer Kindergrundsicherung in dieser Höhe verweist letztlich darauf, dass die Steuerfreibeträge tatsächlich über die vom Bundesverfassungsgericht formulierten Anforderungen hinausgehen. Hier bestünde daher Spielraum für eine Absenkung, die auch einen Beitrag zur Finanzierung der Kindergrundsicherung leisten könnte (Fratzscher/ Bach 2023).

Einer kritischen Überprüfung bedarf – zumindest in der Gruppe der 3- bis 6-Jährigen – auch der zusätzliche Abzug nachgewiesener Kinderbetreuungskosten. Denn viele Bundesländer bewerten die Arbeit der Kindertagesstätten mittlerweile als beitragsfrei anzubietenden Teil des Bildungssystems. Der Abzugstatbestand subventioniert insoweit ein nicht mehr zeitgemäßes Verständnis von Kindertagesbetreuung in einzelnen Bundesländern sowie Luxusangebote außerhalb des regulären Systems.

Warum eine Kindergrundsicherung?

Ein Konzept für eine Kindergrundsicherung wurde bereits im Jahr 2009 von einem Bündnis von Sozialverbänden entwickelt. Ausgangspunkt war unter anderem die Feststellung, dass das bisherige System des Familienleistungsausgleichs trotz hoher fiskalischer Kosten nicht allen Kindern angemessene Teilhabemöglichkeiten einräumt, die einzelnen Elemente unzureichend aufeinander abgestimmt sind und das Gesamtsystem so komplex ist, dass bestimmte Leistungen kaum bei ihrer Zielgruppe ankommen.

Das gilt besonders für den 2005 parallel zur Einführung des SGB II (»Hartz IV«) eingeführten Kinderzuschlags. Dieser sollte erwerbstätigen Eltern mit geringen Einkommen eine Alternative zum ergänzenden Bezug von ALG II und Sozialgeld eröffnen, wenn deren Bedarf allein wegen der Kinder das eigene Einkommen übersteigt.

Dieses Ziel wurde zunächst weit verfehlt: Die Schätzungen über die Nichtinanspruchnahme dieser Leistung reichen von 60 % bis zu 87 % (Bruckmeier et al. 2023). In Interviews, die Jackwerth-Rice (2023) mit Anspruchsberechtigten durchführte, die keinen Kinderzuschlag bezogen, gaben 42 % der Befragten an, den Kinderzuschlag nicht zu kennen. Die übrigen Befragten glaubten, sie hätten darauf keinen Anspruch oder fühlten sich mit der Antragstellung überfordert. Auf Grund des komplexen Zusammenspiels unterschiedlicher Leistungen ist es für Anspruchsberechtigte ohne umfassende Beratung in der Tat kaum erkennbar, ob ihnen Leistungen zustehen und ob sich die Antragstellung für sie lohnt.

Erst in jüngerer Zeit ist die Zahl der Kinder, für die Kinderzuschlag gezahlt wird, deutlich gestiegen, unter anderem auf Grund von Verbesserungen durch das sogenannte »Starke-Familien-Gesetz« (ab 1.7.2019) und den »Notfall-Kinderzuschlag« im Rahmen der Corona-Hilfen (Baisch u. a. 2023, S. 26).

Vordringlich muss eine neue Kindergrundsicherung daher so transparent sein, dass alle potenziell Anspruchsberechtigten über die Leistung informiert sind. Des Weiteren muss auch die Antragstellung so einfach gestaltet werden, dass sie im Regelfall ohne ausführliche Beratung zu bewältigen ist.

Umsetzungsfragen

Hinsichtlich der digitalen Umsetzung der Kindergrundsicherung hat der Gesetzentwurf hohe Ansprüche. Laut Begründung zum Gesetzentwurf soll nicht nur die Antragstellung digital möglich sein, sondern auch alle erforderlichen Nachweise sollen auf digitalem Weg erbracht werden können. Dazu werden gesetzlich neue Datenabfragemöglichkeiten geregelt.

Es muss allerdings davor gewarnt werden, die Effekte dieses Digitalisierungsschritts zu überschätzen und etwa anzunehmen, die Kindergrundsicherung würde nahezu vollautomatisch funktionieren. Denn auch zukünftig werden die Leistungen Teil eines komplexen Geflechts bleiben und eine umfangreiche Beratung der Antragstellenden erfordern.

Als problematisch könnte sich in diesem Zusammenhang erweisen, dass ausschließlich der zukünftige Familienservice der Bundesagentur für Arbeit (BA) (bisher Familienkasse) für die Kindergrundsicherung zuständig sein soll. Nachdem die BA bisher schon Kindergeld und Kinderzuschlag verwaltet hat, ist sie zwar fachlich gut darauf vorbereitet; personell werden aber erhebliche Zuwächse erforderlich sein, um den Anstieg der Fallzahlen zu bewältigen. Für Anspruchsberechtigte wird es außerdem absehbar schwieriger, sich persönlich hinsichtlich ihrer Ansprüche beraten zu lassen, da die Familienkasse bzw. der Familienservice nur über bundesweit etwa 100 Standorte – gegenüber 400 Jobcentern mit rund 1000 Standorten (Stolz 2023) – verfügt. Wünschenswert wäre es daher, die Jobcenter zumindest grundlegend in die Bearbeitung der Kindergrundsicherung einzubeziehen. So könnte auch vermieden werden, dass Eltern im SGB-II-Bezug der Zugang zu kinderbezogenen Leistungen erschwert wird (Bruckmeier u. a. 2023).

Positiv hervorzuheben ist der sogenannte Kindergrundsicherungs-Check. Dabei sollen Daten, die in Behörden bereits in elektronischer Form vorliegen, für die Vorprüfung des Anspruchs auf den Kinderzusatzbetrag verwendet und potenziell Anspruchsberechtigte proaktiv zur Beantragung der Leistung angesprochen werden. Soweit dieser Check regelmäßig bei der Beantragung des Kindergarantiebetrags (vormals Kindergeld) angeboten wird, könnte dies in der Tat ein Meilenstein sein, um den Kinderzusatzbetrag bedeutend besser an die Familien

heranzutragen, als es bisher beim Kinderzuschlag der Fall war. Keines-
falls sollte die Koalition daher der Versuchung erliegen, die Herausforderungen, die die Umsetzung der Kindergrundsicherung birgt, zum
Vorwand für einen haushaltspolitisch begründeten Rückzug von dem
Projekt zu nehmen.

Sozialpolitische Wiedergänger –
das Lohnabstandsgebot und die Aktivrente

Mit dem Regelbedarfsermittlungsgesetz (RBEG), welches in seiner
Erstfassung 2011 verabschiedet wurde, wurde das Lohnabstandsgebot
aus dem Sozialhilferecht entfernt. Beim Lohnabstandsgebot handelte
es sich um die Vorgabe, dass die Regelsatzbemessung einer Modellfamilie (zwei Erwachsene, drei Kinder) für Sozialleistungen niedriger
anzusetzen ist als das Lohnniveau einer identischen Modellfamilie in
unteren Einkommensgruppen.

»Mit der Einführung des Mindestlohngesetzes im Jahr 2015 hat die
Problematik des Abstandsgebots an Relevanz verloren. Der in regel-
mäßigen Abständen anzupassende gesetzliche Mindestlohn stellt sich
als Mechanismus dar, außerhalb des Sozialleistungssystems einen Abstand zwischen den Leistungen zur Sicherung des Existenzminimums
und einem Erwerbseinkommen im Niedriglohnbereich sicherzustellen«
(Voelzke 2020).

Auch wenn es als sozialgesetzliches Instrument keine Anwendung
mehr findet, so ist das Lohnabstandsgebot doch im politischen Diskurs mit der häufig formulierten Losung »Arbeit muss sich lohnen«
fortwährend präsent. So auch im parteipolitischen Ringen um das zu
Beginn des Jahres 2023 eingeführte Bürgergeld, welches die bisherige
Hartz-IV-Grundsicherung ersetzt. Aus liberal-konservativen Parteikreisen wird dies, als »Fördern und Fordern« verklausuliert, genutzt, um
Sanktionsmechanismen aber auch Beschränkungen bei Sozialtransfers
zu rechtfertigen. Der gegenwärtige Finanzminister Lindner ist nur ein
Beispiel für diese Denkrichtung (Deutschlandfunk 2023). Auch wenn
das Bürgergeld über zwei Jahre um 24 Prozent steigen wird, kritisieren
Sozialverbände, wie zum Beispiel der Wohlfahrtsverband Der Paritätische, dies als zu wenig (Creutzburg 2023).

Aus diesen gegensätzlichen Positionen wird deutlich, dass dem Lohnabstandsgebot seit seiner erstmaligen Inkraftsetzung im Jahr 1962 zwei antagonistische Sichtweisen inhärent sind: entweder man betrachtet die unteren Löhne zur Bemessung, oder aber man nimmt das Existenzminimum als Maßstab der Anpassung. Ersteres ist im Interesse all derjenigen, die eine Beibehaltung des Niedriglohnsektors befürworten, letzteres im Interesse einer konsequenten Mindestlohnpolitik, die Erwerbseinkommen zuverlässig oberhalb der Armutsschwelle ansiedeln möchte.

Offen bleibt hier jedoch die Frage, inwiefern ein fehlendes Lohnabstandsgebot in Deutschland eine empirisch relevante Größe ausmacht. Unstrittig ist, dass Anreizstrukturen Gravitationseffekte auf menschliches Handeln ausüben. Unklar aber ist, wie solche Strukturen für Betroffene in Wirklichkeit aussehen.

Es fällt auf, dass in diesem Zusammenhang gelegentlich auch mit fragwürdigen Fallbeispielen gearbeitet wird. Stellt zum Beispiel die oben genannte Modellfamilie mit fünf Köpfen einen typischen Haushalt dar? Und: typisch für Bürgergeldbezieher oder für einen Geringverdiensthaushalt?

Susanne Gerull, Professorin und Armutsforscherin an der Alice Salomon Hochschule in Berlin, weist darauf hin, dass solche Rechenbeispiele im Regelfall unvollständig sind, weil unterschiedliche finanzielle Hilfen in Anspruch genommen werden können (Schneider 2022).

Der DGB schlägt in die gleiche Kerbe, indem er Zahlen, die das Büro von Friedrich Merz verbreitet, korrigiert und dabei zu dem Schluss kommt, dass der Lohnabstand mitnichten so gering ist, wie der CDU-Vorsitzende vorgibt (Schneider 2022).

Das ifo-Institut für Wirtschaftsforschung hat Anfang 2024 eine Studie veröffentlicht, in der die Frage gestellt wird: »›Lohnt‹ sich Arbeit noch?«. Basierend auf einem Mikrosimulationsmodell, welches Bruttoeinkommen und verfügbares Einkommen für unterschiedliche Haushaltskonstellationen, einschließlich verschiedener Mietniveaus, durchspielt, kommt die Studie zu dem Ergebnis, »dass trotz der deutlichen Anhebung der Regelsätze im Bürgergeld weiterhin ein spürbarer Lohnabstand besteht« (Blömer et al. 2024). Das Magazin *Der Spiegel* zitiert den Leiter des ifo-Zentrums für Makroökonomik, Andreas Peichl, wie folgt: »Die von manchen Politikern aufgestellte Behauptung, wer nur Sozialleistungen beziehe, bekomme netto mehr als ein Geringverdiener, ist schlicht falsch« (Preker 2024). Deutliche Worte.

Auch stellt sich die Frage, wie, sobald ein fehlender Lohnabstand diagnostiziert wurde, »die Medizin« aussehen soll. Eine Forderung nach einer Verringerung der Zahlungen zum befriedigen des Regelbedarfes ist, zumal in Zeiten signifikanter Inflation, ungehörig.

Des Weiteren: »[das] Bundesverfassungsgericht hat ein Grundrecht auf Gewährleistung eines menschenwürdigen Existenzminimums aus Art. 1 Abs. 1 Grundgesetz in Verbindung mit dem Sozialstaatsprinzip entwickelt« (Bundesregierung 2024).

Es lohnt sich vor Augen zu führen, wie die Höhe des Bürgergeldes errechnet wird, gerade auch weil die Erhöhung des Bürgergeldes zum Jahresanfang 2024 mit 12,2 % vergleichsweise hoch ausfiel.

Grundlage dieser Entscheidungsfindung zur Sicherung des Existenzminimums ist die sogenannte Regelbedarfsermittlung. Dieser Regelbedarf beinhaltet elementare Notwendigkeiten, beispielsweise Lebensmittel, Körperpflegeprodukte, aber auch soziokulturelle Ausgaben. Es handelt sich um eine ausgezahlte Pauschale über die Betroffene frei verfügen können. Mehrbedarfe, wie beispielsweise Leistungen für Schwangere, sind hierbei nicht inkludiert. Auch Mietleistungen und Heizungsausgaben sind nicht Teil des Regelbedarfs (Bundesregierung 2024).[9]

Um den Regelbedarf zu quantifizieren, erhebt das Bundesamt für Statistik periodisch eine Einkommens- und Verbrauchsstichprobe (EVS), auf dessen Basis insbesondere auch die Ausgaben derjenigen, denen nur ein geringes Einkommen zur Verfügung steht, ermittelt werden. Diese Ausgaben machen somit den Regelbedarf aus.

Zudem wird eine zweistufige Fortschreitung des Regelbedarfs angesetzt. Eingangs wird der Bedarf um Veränderungen des Nettolohnniveaus und der regelbedarfsrelevanten Preise, respektive mit einer Gewichtung von 30 % und 70 %, korrigiert. Eine ergänzende Fortschrei-

---

9   Stromkosten individuell zu finanzieren ist eine Forderung von, unter anderem, dem DGB und diversen Sozialverbänden (Deutscher Bundestag 2023).

bung fügt zusätzlich noch einen Inflationsausgleich hinzu. In Summe ergab sich somit in der jüngsten Bürgergeldanpassung der erwähnte Steigerungswert von 12,2 % (Maßmann 2023).

Es wird deutlich, dass statt einer Reduzierung des Bürgergeldes eine Erhöhung des Mindestlohnes angezeigt ist. Kurzum: der jüngste Beschluss der Mindestlohnkommission ist völlig unzureichend. Es gilt, Löhne zu erhöhen, und eben nicht den Sozialstaat zu schwächen.

Ähnliche Tendenzen sind in der Debatte um Zuverdienstgrenzen für Bürgergeldbezieher*innen und Rentner*innen zu beobachten. Auch hier gibt es Versuche, die Axt an staatlich koordinierte Programme anzulegen.

So titelt die FDP in einem Infopapier: »Wir schaffen die Zuverdienstgrenzen für Rentner ab!« (FDP 2022), während die CDU sich für eine »Aktivrente« stark macht, die auf eine steuerliche Förderung einer Zuverdiensttätigkeit von Rentner*innen hinausläuft (Sturm 2023).

Was als unterstützende Ermutigung kommuniziert wird, zielt in Wahrheit auf eine Schwächung der regulär sozialversicherten und besteuerten Beschäftigung. Denn es werden Anreize geschaffen, prekäre Beschäftigungsverhältnisse zu normalisieren. Wenn die Rente nicht reicht, dann könne man sich steuerfrei noch Geld hinzuverdienen, so der Tenor. Steuerliche Begünstigungen im Rahmen einer »Aktivrente« unterminieren die steuerliche und sozialversicherungspflichtige Behandlung normaler Beschäftigungsverhältnisse und schwächen somit das Sozialgefüge.

Das Ziel muss somit genau gegenteilig formuliert werden: gute Renten und Sozialtransfers speisen sich vor allem aus einem guten Lohnniveau. Prekäre Arbeitsverhältnisse führen zu unsicher finanzierten Rentenphasen.

Eine besondere Betrachtung verdienen auch Menschen, denen es nicht möglich ist, ihren Beruf bis zur Regelaltersgrenze (67 Jahre) auszuüben. Beschäftigte im Handwerk oder in der Pflege sind hiervon häufig betroffen, Juristen und Anwälte in einem deutlich geringeren Maße (inFranken.de 2023).

Selbstredend: wer nach Renteneintritt einer bezahlten Tätigkeit nachgehen möchte, soll das auch machen können.

2.5 Schlussfolgerungen

Von 2010 bis 2020 waren endlich wieder Steigerungen der Reallöhne von abhängig Beschäftigten zu verzeichnen. Auch der Niedriglohnsektor und der Gender Pay Gap gingen etwas zurück. Dazu trug der Abbau der Arbeitslosigkeit ebenso bei wie die Delegitimierung neoliberaler Ideologien. Aber selbst in dieser Phase stieg die Armut in der Bevölkerung weiter an: vor allem bei Rentner*innen-Haushalten, aber auch bei Erwerbslosen und Alleinerziehenden. Ab 2020 – durch Corona und die danach steigende Inflation – sanken die Reallöhne aber wieder deutlich und fielen auf den Stand von 2015 zurück. Die völlig unzureichende Anpassung des gesetzlichen Mindestlohnes ab 2024 verschärfte die Ungleichheit wieder. Wirtschaftsverbände und konservative Politiker*innen nutzen dies für Spaltungsversuche zwischen abhängig Beschäftigten und Bezieher*innen von Sozialleistungen mit der falschen Behauptung, das sogenannte Lohnabstandsgebot sei in Gefahr bzw. nicht mehr gewahrt. Sie wollen damit bessere Sozialleistungen verhindern, gleichzeitig bekämpfen sie jedoch z.B. die Erhöhung des Mindestlohns auf 14 Euro, welche Transferleistungen weniger notwendig machen würde.

Die *Arbeitsgruppe Alternative Wirtschaftspolitik* tritt dagegen für eine Stärkung der Erwerbsarbeit ein, die allen Erwerbspersonen ein auskömmliches, armutsfestes Einkommen und eine stabile Altersversorgung garantiert. Sie tritt gleichzeitig für bessere Sozialleistungen ein, die allen Menschen – unabhängig von ihrem Erwerbsstatus – eine angemessene Existenz oberhalb der Armutsschwelle garantieren.

Literatur

Arbeitsgruppe Alternative Wirtschaftspolitik (2023): MEMORANDUM 2023, Köln 2023.

Baisch, Benjamin / Müller, Dagmar / Zollner Corinna / Castiglioni, Laura / Boll, Christina (2023): Barrieren der Inanspruchnahme monetärer Leistungen für Familien. Deutsches Jugendinstitut, München.

Bertelsmann-Stiftung (2021): »Alleinerziehende weiter unter Druck«. Bedarfe, rechtliche Regelungen und Reformansätze.

Bispinck, Reinhard (2023): Branchenmindestlöhne- ein unterschätztes Instrument, WSI – Analysen zur Tarifpolitik, Nr. 93, Januar 2023.

Blömer, Maximilian / Fischer, Lilly / Pannier, Manuel / Peichl, Andreas (2024): ›Lohnt‹ sich Arbeit noch? Lohnabstand und Arbeitsanreize im Jahr 2024, ifo Schnelldienst 77(01), S. 35-38.

Bosbach, Gerd (2019): »Ist die Stabilisierung des Rentenniveaus tatsächlich unbezahlbar?«, in: Soziale Sicherheit 3/2019.

Bosbach Gerd (2024): »SVR auf Abwegen – Zum Jahresgutachten 2023/24«, www.alternative-wirtschaftspolitik.de.

Breuer, Claus Christian / Mehrhoff, Jens (2009): Inflationsmessung nach Einkommensgruppen – Wer ist wie stark betroffen?, in: Wirtschaft und Statistik, Heft 10.

Bruckmeier, Kerstin / Lietzmann, Thorsten / Sandner, Malte / Wenzig, Claudia / Wiemers, Jürgen (2023): Stellungnahme zum Entwurf eines Gesetzes zur Einführung einer Kindergrundsicherung. Ausschussdrucksache. Deutscher Bundestag, Ausschuss für Familie, Senioren, Frauen und Jugend.

Brülle, Jan / Spannagel, Dorothee (2023): Einkommensungleichheit als Gefahr für die Demokratie, WSI-Verteilungsbericht 2023.

Bundesregierung (2024): Warum das Bürgergeld gestiegen ist, www.bundesregierung.de, 25.01.2024.

Creutzburg, Dieter (2023): Bürgergeld steigt 2024 deutlich auf 563 Euro, faz.net, 29.08.2023.

Der Paritätische (2023): Regelsätze bleiben Armutssätze. Pressemitteilung vom 29.08.2023.

Destatis (2019a): Hintergrundpapier zur Revision des Verbraucherpreisindex für Deutschland 2019, Statistisches Bundesamt, Wiesbaden.

Destatis (2019b): Verbraucherpreisindex für Deutschland. Wägungsschema für das Basisjahr 2015, Preise, Statistisches Bundesamt, Wiesbaden.

Destatis (2020): Verdienste und Arbeitskosten 2020, S. 37f.

Destatis (2021): Statistisches Bundesamt, Fachserie 16 Reihe 2.3 Verdienste und Arbeitskosten Arbeitnehmerverdienste.

Destatis (2022): Verdienste und Arbeitskosten. Reallohnindex und Nominallohnindex, Qualitätsbericht, Bd. 4. Vierteljahr 2021, Statistisches Bundesamt, Wiesbaden.

Destatis (2023a): Hintergrundpapier zur Revision des Verbraucherpreisindex für Deutschland 2023, Statistisches Bundesamt, Wiesbaden.

Destatis (2023b): Reallöhne im Jahr 2022 um 4,1 % gegenüber 2021 gesunken, Statistisches Bundesamt, Wiesbaden.

Destatis (2023c): Reallöhne und Nominallöhne, Statistisches Bundesamt, Wiesbaden.

Destatis (2023d): Reallohnindex, Deutschland, Jahre, Statistisches Bundesamt, Wiesbaden.

Destatis (2023e): Verbraucherpreisindex für Deutschland. Wägungsschema für das Basisjahr 2020, Preise, Statistisches Bundesamt, Wiesbaden.

Destatis (2023f): Verbraucherpreisindex: Deutschland, Jahre, Klassifikation der Verwendungszwecke des Individualkonsums (COICOP 2-/3-/4-/5-/10-Steller/Sonderpositionen), Statistisches Bundesamt, Wiesbaden.

Destatis (2023g): Entwicklung der Reallöhne, der Nominallöhne und der Verbraucherpreise abgerufen, Statistisches Bundesamt, Wiesbaden.

Destatis (2023h): Pressemitteilung Nr. 081 vom 2. März 2023 Tarifverdienste 2022 um 2,2 % höher als im Vorjahr, Statistisches Bundesamt, Wiesbaden.

Destatis (2023i): Bereinigter Gender Pay Gap nach Gebietsstand und Jahren, Statistisches Bundesamt, Wiesbaden.

Destatis (2024a): Inflationsrate im Jahr 2023 bei +5,9 %. Inflationsrate verstärkt sich im Dezember 2023 wieder mit +3,7 %, Statistisches Bundesamt, Wiesbaden.

Destatis (2024b): Reallohnindex, Nominallohnindex: Deutschland, Quartale, Statistisches Bundesamt, Wiesbaden.

Destatis (2024c): Pressemitteilung Nr. 050 vom 8.2.2024.

Destatis (2024d): Armutsgefährdungsquoten nach soziodemografischen Merkmalen, Statistisches Bundesamt, Wiesbaden.

Deutscher Bundestag (2020): 14. Existenzminimumsbericht: Bericht über die Höhe des steuerfrei zu stellenden Existenzminimums von Erwachsenen und Kindern für das Jahr 2024.

Deutscher Bundestag (2023): Antrag der Fraktion DIE LINKE, Strom gehört zum menschenwürdigen Leben – Strombedarf im Bürgergeld und in der Altersgrundsicherung decken.

Deutschlandfunk (2023): Nach Bürgergeld-Erhöhung: Lindner (FDP) betont Prinzip des Lohnabstandsgebots. www.deutschlandfunk.de, 02.09.2023.

Dullien, Sebastian / Tober, Silke (2023): IMK Inflationsmonitor. Inflationsrate fällt im September 2023 auf 4,5 % – Tendenz sinkend, IMK Policy Brief 159, Düsseldorf.

Eichhorst, Werner / Rinne, Ulf / Stadler, Matthias (2023): Verteilungswirkungen der aktuellen Preisniveausteigerungen. Forschungsbericht im Auftrag des Bundesministeriums für Arbeit und Soziales, IZA Research Report No. 140, Bonn.

Europäisches Parlament (2016): Armut in der Europäischen Union, www.europarl.europa.eu.

FDP (2022): Flexibler Renteneintritt – Wir schaffen die Zuverdienstgrenzen für Rentner ab!

Fratzscher, Marcel / Bach, Stefan (2023): Deutschland braucht die Grundsicherung, in: ZEIT online (Fratzschers Verteilungsfragen), 10.02.2023.

Grabka, Markus / Schröder, Carsten (2018): Ungleichheit in Deutschland geht bei Stundenlöhnen seit 2014 zurück, stagniert aber bei Monats- und Jahreslöhnen, hg. v. Deutsches Institut der Wirtschaft, DIW-Wochenbericht 9/2018, Berlin.

Held, Benjamin (2014): Sind ärmere Haushalte stärker von Inflation betroffen? Eine äquivalenzeinkommensspezifische Analyse, in: WISTA – Wirtschaft und Statistik, Heft 11, S. 680-691.

Hobler, Dietmar / Pfahl, Svenja / Spitznagel, Julia (2020): Verdienstabstand nach Erwerbsumfang und beruflicher Position. Lohnungleichheit zwischen Frauen und Männern steigt mit Erwerbsumfang und beruflicher Position stark an, in: WSI GenderDatenPortal – Einkommen-PayGap-02.

inFranken.de (2023): »Soll an Maloche bis zum Tod gewöhnen«: CDU schlägt steuerfreie »Aktivrente« vor – und erntet Kritik, 30.09.2023.

Jackwerth-Rice, Deborah (2023): Institutionelle Hürden bei der Inanspruchnahme des Kinderzuschlags. Begleitforschung zum Projekt »KiZ+«, Hochschule der Bundesagentur für Arbeit (HdBA), Mannheim.

Kalina, Thorsten / Weinkopf, Claudia (2023): Niedriglohnbeschäftigung 2020 – Rückgang des Anteils von Niedriglöhnen in den letzten Jahren, IAQ-Report 2023-02, hg. v. Institut Arbeit und Qualifikation, Duisburg.

Lübker, Malte / Schulten, Thorsten (2022): Tarifbindung in den Bundesländern, Elemente qualitativer Tarifpolitik, Nr. 90, April 2022, hg. v. Wirtschafts- und Sozialwissenschaftliches Institut, Düsseldorf.

Maßmann, André (2023): So wurde das Bürgergeld für 2024 berechnet, in: HartzIV.org.

Mehr Fortschritt wagen (2021): Koalitionsvertrag 2021–2025 zwischen der SPD, Bündnis90/DIE GRÜNEN und FDP.

Mindestlohnkommission (2023): Vierter Bericht zu den Auswirkungen des gesetzlichen Mindestlohnes.

Preker, Alexander (2024): Arbeit lohnt sich laut ifo-Forschern doch – immer höhere Einkommen als bei Nichtstun, Spiegel Online, 17.01.2024.

Projektgruppe Gemeinschaftsdiagnose (2023): Kaufkraft kehrt zurück – Politische Unsicherheit hoch, Gemeinschaftsdiagnose, Bd. 2-2023, Institut für Weltwirtschaft, Kiel.

Schneider, Jan (2022): Warum sich Arbeit trotz Bürgergeld lohnt, zdf.de, 10.11.2022.

Schneider, Ulrich (2015): »Armut kann man nicht skandalisieren, Armut ist der Skandal! Vom Kampf um die Deutungshoheit über den Armutsbegriff«, in: Schneider, Ulrich (Hg.): »Kampf um die Armut – Von echten Nöten und neoliberalen Mythen«, Frankfurt am Main.

Schrenker, Annekatrin / Wrohlich Katharina (2022): Gender Pay Gap ist in den letzten 30 Jahren fast nur bei Jüngeren gesunken, DIW-Wochenbericht Nr. 9/2022.

Seils, Eric / Emmler, Helge (2020): Die Lohnentwicklung im vergangenen Jahrzehnt, WSI Policy Brief, Nr. 46, 9/2020.

SoVD (2023): Sozialverband Deutschland: Erhöhung der Bürgergeld-Regelsätze: Ein wichtiger Schritt. Pressemitteilung vom 13.9.2023.

Stolz, Diana (2023): Stellungnahme zum Entwurf eines Gesetzes zur Einführung einer Kindergrundsicherung, Deutscher Bundestag, Ausschuss für Familie, Senioren, Frauen und Jugend.

Sturm, Daniel Friedrich (2023): SPD und FDP weisen CDU-Vorstoß zurück: Linnemann will Rentner steuerfrei verdienen lassen, www.tagesspiegel.de, 30.09.2023.

Tober, Silke (2022): IMK Inflationsmonitor. Haushaltsspezifische Teuerungsraten: Wie stark unterscheidet sich die Belastung durch Inflation?, IMK Policy Brief, Heft 114.

Voelzke, Thomas (2020): Grundlagen des Verfassungs- und Europarechts, in: Hauck / Noftz (Hg.): Sozialgesetzbuch (SGB) II: Grundsicherung für Arbeitssuchende. Kommentar, Rn. 25.

Wenning, Paula (2023): Kindergrundsicherung: Hintergrund, aktueller Diskussionsstand und (vorläufige) Bewertung, in: Inforeihe Kinder, Jugend und Familie, Der Paritätische, 17.10.2023.

WSI (2019): Statistisches Taschenbuch Tarifpolitik 2019, Wirtschafts- und Sozialwissenschaftliches Institut.

WSI (2022): WSI-Pressedienst vom 31.12.2022, Wirtschafts- und Sozialwissenschaftliches Institut, Düsseldorf.

WSI (2023a): WSI-Tarifarchiv Tarifrunde 2023 Tarifabschlüsse im Überblick abgerufen 23.12.2023, Wirtschafts- und Sozialwissenschaftliches Institut, Düsseldorf.

WSI (2023b): WSI GenderDatenPortal: Einkommen: Gender Pay Gap 2006-2022, Wirtschafts- und Sozialwissenschaftliches Institut, Düsseldorf.

WSI (2023c): WSI-Portal Lohnspiegel, 29.8.2023, Wirtschafts- und Sozialwissenschaftliches Institut, Düsseldorf.

3　Für eine ökosoziale Verkehrspolitik

3.1　Was ist Mobilitätssuffizienz?

Im Vergleich zu den Strategien Effizienz und Konsistenz (Erneuerbare Energien) ist die Suffizienz der dritte Pfeiler eines nachhaltigen Energiesystems. Die in Medien und Politik häufig unterstellte Verbindung von Suffizienz mit angeblich allgemeinem Verzicht ist vielleicht der wichtigste Grund für die derzeit noch mangelnde politische Anschlussfähigkeit. Aber *gerechte* suffizienzpolitische Maßnahmen (u. a. Inlandsflugverbote, Tempolimits und Werbeverbote für klimaschädliche Produkte) sind schon heute mehrheitsfähig und liefern nachweisbare Beiträge zur Verbesserung der Lebensqualität (siehe unten). Suffizienzpolitik definiert das Intergovernmental Panel on Climate Change (IPCC) allgemein als Maßnahmen und Praktiken, »… die den Bedarf an Energie, Materialien, Land und Wasser vermeiden und gleichzeitig das menschliche Wohlergehen für alle innerhalb planetarer Grenzen gewährleisten« (IPCC 2022, S. 41; eigene Übersetzung). Wir erweitern diese Definition um die Dimension von mehr Verteilungsgerechtigkeit und konkretisieren dies am Beispiel des Verkehrssektors.

Gerechte Suffizienzpolitik im Verkehr (»Mobilitätssuffizienz«) reduziert demnach die Privilegierung der Automobilität, beseitigt Mobilitätsarmut, ermöglicht Verhaltensänderungen zu nachhaltiger Mobilität für alle unter Einhaltung planetarer ökologischer Grenzen und einer forcierten Dekarbonisierung des Verkehrssystems. Da soziale Ungleichheit sich massiv im ungleichen Zugang zu Mobilität und der ungleichen Belastung durch Verkehrsschäden spiegelt, muss sie, wie der nächste Abschnitt zeigt, gleichzeitig mit einer sozial-ökologischen Transformation abgebaut werden.

Auch bei internationalen Organisationen, etwa beim International Panel on Climate Change (IPCC), dem World Resources Forum oder der Internationalen Energieagentur (IEA/Paris), steht »Sufficiency« (im Englischen oft sehr pauschal als »lifestyle changes« charakterisiert) mit wachsender Bedeutung und mit klarem Bezug zur sozialen Frage auf der Agenda. Die Erkenntnis wächst, dass die beschlossene und notwendig beschleunigte gesellschaftliche Transformation zur Dekarbonisierung ohne einen gleichzeitigen Abbau sozialer Ungleichheit nicht realisierbar ist.

In Deutschland haben dies u. a. die heftigen Diskussionen um das Gebäudeenergiegesetz verdeutlicht. Überraschend war das eigentlich nicht: Forcierter Klimaschutz durch eine Verkehrs- und Wärmewende heißt staatlich beschleunigter wirtschaftlicher Strukturwandel und damit verunsichernde Eingriffe in die Lebenswirklichkeit von Millionen Bürger*innen, Reiche und Armutsbetroffene, Vermieter*innen und Mieter*innen, Auto- und Fahrradmobile, Unternehmer*innen und Lohnabhängige. Diese soziale Tiefenwirkung ist, leider gerade auch im Bundesministerium für Wirtschaft und Klimaschutz (BMWK), sträflich unterschätzt worden (siehe Kapitel 4, S. 191ff.).

Was immer wieder aus dem Klimaschutzdiskurs verdrängt wurde, wird nun auch für Spitzenpolitiker*innen und -manager*innen deutlich: Soziale Ungleichheit, überschießender Reichtum und damit verbundene Mehremissionen auf der einen Seite und wachsende Armut, Ausgrenzung und Belastungen durch Umweltschäden auf der anderen Seite machen eine mehrheitsfähige, demokratische Transformation schwierig, wenn nicht sogar prinzipiell unmöglich. Das gilt insbesondere für die Verkehrs-, aber auch für die Wärmewende. Klimaschutzszenarien zeigen: Technische Innovationen für Erneuerbare Energien (Konsistenz) und Energieeffizienz können enorm erfolgreich sein, aber sie führen nur dann zur Klimaneutralität, wenn sie in soziale Innovationen eingebettet sind. Soziale Innovationen bedeuten im Kontext dieses Kapitels die beiden bisherigen *technischen* Pfeiler der Energiewende, Effizienz und Konsistenz, mit dem dritten *sozial orientierten* Pfeiler, der Suffizienz, enger zu verbinden und damit Klimaschutzpolitik umsetzbar und zukunftsfest zu machen. Mit einem Wort: Die ökologische Frage kann nur zusammen mit der sozialen Frage gelöst werden.

Suffizienzpolitik bedeutet im 21. Jahrhundert, ein gutes Leben und mehr Lebensqualität für alle innerhalb planetarer Grenzen zu sichern. Diese globale Perspektive muss auf die Lebenswirklichkeit ungleicher Gesellschaften und einen erweiterten Energie- und Klimapolitikmix sowie auf konkrete Handlungsschritte heruntergebrochen werden. Vor allem aber kommt es darauf an, suffizientes Handeln für alle, wie z. B. die Nutzung eines umweltgerechten Verkehrsverbunds durch staatliche Maßnahmen erst zu ermöglichen und attraktiv zu machen und damit schließlich eine Veränderung der Konsummuster einzuleiten. Daher liegt der Schwerpunkt auch auf Suffizienz*politik* und nicht auf individuellen Verhaltensappellen.

Eine gelingende gesamtgesellschaftliche Transformation setzt voraus, dass auch einkommensschwächere Bevölkerungsschichten mehrheitlich Maßnahmen und politische Instrumente mittragen können, die in Richtung Suffizienz und Emissionsminderung wirken. Dies wird jedoch nur dann der Fall sein, wenn – als Mindestbedingung – die bestehende Ungleichverteilung nicht weiter verstärkt wird und einkommensschwächere Schichten erkennen können, dass die oberen Einkommensschichten entsprechend ihren deutlich höheren CO_2-Emissionen und ihrer größeren Belastungsfähigkeit verstärkt zum Klimaschutz herangezogen werden. Eine gerechtere Transformation (die EU spricht von »Just Transition«) wird so erfahrbarer und nachvollziehbarer. Für einkommensschwache Schichten bedeutet dies z. B., dass eine zusätzliche Steuerbelastung für den CO_2-Ausstoß von Heizung oder Auto über ein Klimageld pro Kopf rückverteilt wird, so dass die großen Emittenten höher, die unteren Einkommensschichten, die auf Grund ihrer geringeren Kaufkraft geringere Emissionen verursachen, weniger belastet werden. Auch auf der Unternehmensseite ist für die soziale Akzeptanz und Kohärenz erheblich, ob und wie die Balance bei staatlichen Klimaschutzprogrammen (Stichwort: »Fordern und Fördern«) bei Konzernen und Mittelständlern ausgewogen justiert wird.

Entscheidend für eine mehrheitsfähige sozial-ökologische Transformation zur Dekarbonisierung (»net zero«) in Deutschland bis 2045 ist daher nach Auffassung der *Arbeitsgruppe Alternative Wirtschaftspolitik* eine kritische Bestandsaufnahme: erstens inwieweit der derzeitige Politikmix der Energie- und Klimapolitik bestehende Ungleichheiten weiter verschärft und zweitens wie dieser Politikmix durch eine »gerechte Suffizienzpolitik« so weiterentwickelt werden kann, dass soziale Ungleichheiten abgebaut werden. Wir nennen dies nachfolgend einen

»transformativen Politikmix 2.0« und verweisen auch auf Kapitel 4. Dies bedeutet eine Fortschreibung und teilweise Neukonzipierung des Politikmix der Energie- und Klimapolitik. Dies kann in diesem Kapitel selbstverständlich nur ansatzweise am Beispiel eines Ausschnitts, des Verkehrssektors, und für einige ausgesuchte Instrumente veranschaulicht werden.

3.2 Verteilungsfragen des Verkehrs[1]

In einem Positionspapier stellt das Umweltbundesamt (UBA) (2020a, S. 8) fest: »In der aktuellen Diskussion um die Verkehrswende wird meist stillschweigend vorausgesetzt, dass die heutigen Rahmenbedingungen im Straßenverkehr zu sozial gerechten Ergebnissen führen ... (das) ist falsch – aktuell ist die Gerechtigkeitslücke in der Mobilität sehr groß. Deshalb besteht ein grundlegender Reformbedarf – aus ökologischen und sozialen Gründen«. Konkret bedeutet dies: *Wer arm ist, hat weniger Zugang zu Mobilität und leidet mehr unter dem vom Auto dominierten Verkehrssystem*: »Im Zugang zu den Mobilitätschancen ist das deutsche Verkehrssystem schon heute ausgesprochen ungerecht gegenüber anwachsenden Personengruppen« (Rammler/ Schwedes 2018, S. 8). Gleiches gilt für die Betroffenheit durch die »externen Effekte (Emissionen, Lärm, fehlende Verkehrssicherheit, Raumbedarf und Bodenversiegelung) des Verkehrssystems« (ebd.).

Insofern kann von einer »Doppelten Gerechtigkeitslücke« (Rammler/Schwedes) gesprochen werden, weil die ungleichen Zugänge und ungerechten Nutzungschancen mit einer ungleichen Betroffenheit von Verkehrsfolgen verbunden sind. Unsere These ist: Die Verkehrswende und Suffizienzpolitik im Verkehr müssen dazu beitragen, diese Gerechtigkeitslücke zu schließen. Geschieht dies nicht, werden Akzeptanzprobleme, soziale Blockaden und Parteienstreit die Verkehrswende ausbremsen.

---

1   Vgl. zum folgenden Abschnitt auch Hennicke et al. (2021) sowie das MEMORANDUM 2021 der Arbeitsgruppe Alternative Wirtschaftspolitik.

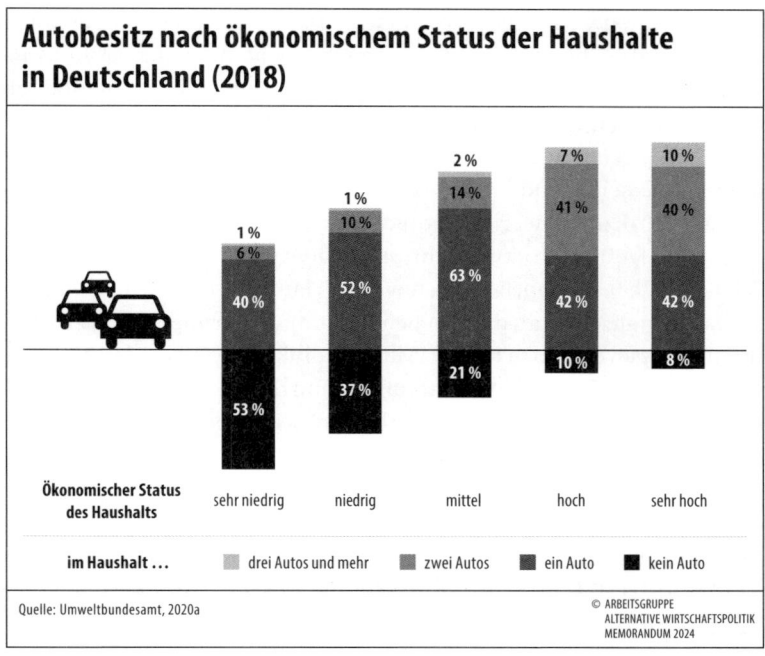

Autobesitz nach ökonomischem Status der Haushalte in Deutschland (2018)

Ökonomischer Status des Haushalts	sehr niedrig	niedrig	mittel	hoch	sehr hoch
drei Autos und mehr	1 %	1 %	2 %	7 %	10 %
zwei Autos	6 %	10 %	14 %	41 %	40 %
ein Auto	40 %	52 %	63 %	42 %	42 %
kein Auto	53 %	37 %	21 %	10 %	8 %

im Haushalt … ▨ drei Autos und mehr ▩ zwei Autos ▪ ein Auto ■ kein Auto

Quelle: Umweltbundesamt, 2020a

© ARBEITSGRUPPE
ALTERNATIVE WIRTSCHAFTSPOLITIK
MEMORANDUM 2024

Zur Verdeutlichung dieser These werden nachfolgend einige Indikatoren der identifizierten Gerechtigkeitslücken vorgestellt:

Die Autoindustrie versucht die Illusion vom »Auto für alle« als Inbegriff eines gehobenen Lebensstandards global zu verbreiten und die deutsche Verkehrspolitik fördert sie durch Straßenbau, Verkehrsinfrastruktur und massive Fehlanreize. Bisher ist in Deutschland keine Trendwende erkennbar: Der Motorisierungsgrad pro 1.000 Einwohner*innen ist von 511 (2010) auf 579 (2022) in erheblichem Ausmaß weiter angestiegen (Umweltbundesamt 2023).

Schon die Grafik verdeutlicht, dass die Nachahmung eines universellen oder gar mehrfachen Autobesitzes in ein ökologisches Desaster führen würde. Nicht immer mehr Automobilität, sondern weniger, PS-mäßig abgerüstete E-Autos und vor allem mehr *autofreie Mobilität für alle* ist das Ziel mehrheitsfähiger, nachhaltiger und suffizienter Mobilität.

Indem das Auto den größten Teil des öffentlichen Straßenraums beansprucht, begünstigt dies besonders Haushalte mit hohem Einkommen, die oft mehrere Autos besitzen und sie auch intensiver nutzen. Das Umweltbundesamt vertritt die These, der durch die Automobilität reduzierte Raum für Fahrrad- und Fußverkehr sowie für den ÖPNV gehe zu Lasten von Menschen mit geringem Einkommen, Kindern, älteren Menschen und Frauen (Umweltbundesamt 2020b).

Der Pro-Kopf-Energieverbrauch von Haushalten mit hohem Einkommen (5.000 Euro und mehr pro Monat) liegt mit jährlich knapp 20.000 kWh fast doppelt so hoch wie bei Haushalten unter 1.000 Euro/Monat. Vergleicht man die gleichen Einkommensgruppen in Bezug auf ihren Energieverbrauch bei der Alltagsmobilität, so steigt der Abstand auf etwa das 2,5-Fache. Am extremsten sind die Unterschiede zwischen diesen Einkommensgruppen bei Urlaubsreisen. Hier steigt der Abstand im Energieverbrauch – vor allem auch durch Flugreisen – auf mehr als das Fünffache an (vgl. Umweltbundesamt 2016).

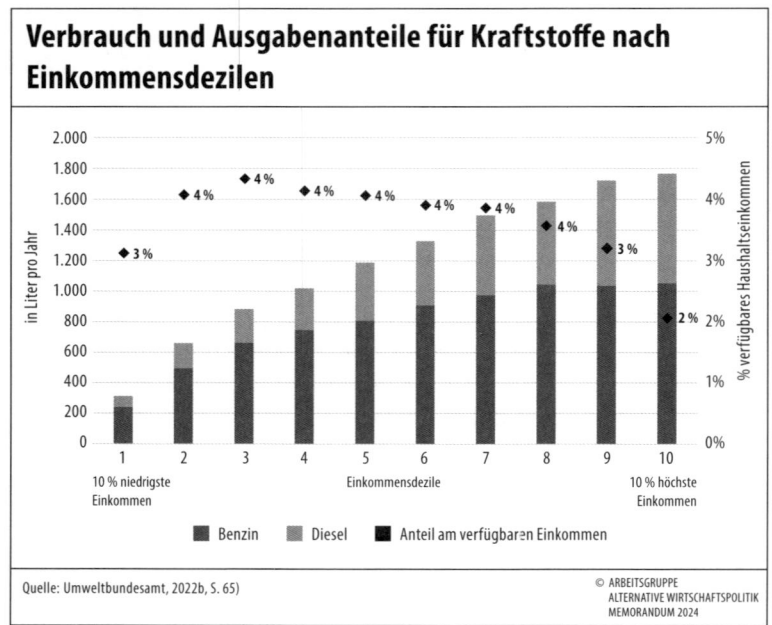

Verbrauch und Ausgabenanteile für Kraftstoffe nach Einkommensdezilen

Quelle: Umweltbundesamt, 2022b, S. 65)

© ARBEITSGRUPPE
ALTERNATIVE WIRTSCHAFTSPOLITIK
MEMORANDUM 2024

Die Abbildung auf der vorhergehenden Seite zeigt für Kraftstoffe den ungleichen absoluten Verbrauch (und damit indirekt die ungleichen Emissionen) sowie aufgewendete Mittel in Relation zum Einkommen. Sichtbar werden geringere Ausgabenanteile bei den untersten 10 Prozent der Einkommen und den beiden höchsten Einkommensgruppen, wohingegen die 70 Prozent der Haushalte dazwischen jeweils gerundete 4 Prozent des Einkommens für Kraftstoffe aufwenden. Die geringen absoluten Ausgaben beim niedrigsten Einkommensdezil lassen sich damit erklären, dass diese Einkommensgruppe oft gar kein Auto besitzt oder es nur äußerst sparsam nutzen kann.

Die Abbildung auf dieser Seite zeigt, dass sowohl überproportionale Automobilität als auch insbesondere Reisen mit dem Flugzeug die Pro-Kopf-CO_2-Emissionen von gut situierten Haushalten nach oben treiben. Zu beachten ist, dass hierbei im Durchschnitt des 5. Quintil

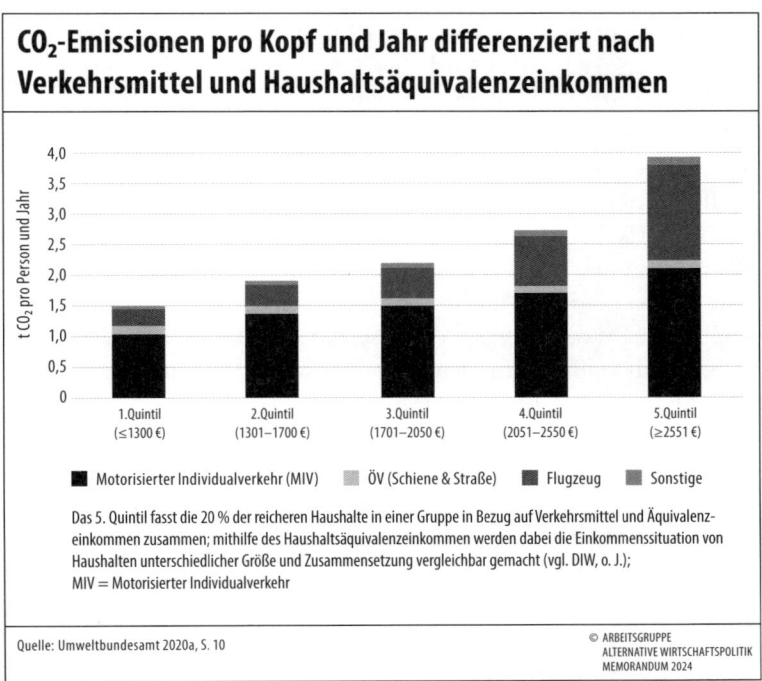

CO_2-Emissionen pro Kopf und Jahr differenziert nach Verkehrsmittel und Haushaltsäquivalenzeinkommen

t CO_2 pro Person und Jahr

1.Quintil (≤1300 €)	2.Quintil (1301–1700 €)	3.Quintil (1701–2050 €)	4.Quintil (2051–2550 €)	5.Quintil (≥2551 €)

■ Motorisierter Individualverkehr (MIV)   ▨ ÖV (Schiene & Straße)   ■ Flugzeug   ■ Sonstige

Das 5. Quintil fasst die 20 % der reicheren Haushalte in einer Gruppe in Bezug auf Verkehrsmittel und Äquivalenzeinkommen zusammen; mithilfe des Haushaltsäquivalenzeinkommen werden dabei die Einkommenssituation von Haushalten unterschiedlicher Größe und Zusammensetzung vergleichbar gemacht (vgl. DIW, o. J.); MIV = Motorisierter Individualverkehr

Quelle: Umweltbundesamt 2020a, S. 10

© ARBEITSGRUPPE
ALTERNATIVE WIRTSCHAFTSPOLITIK
MEMORANDUM 2024

(>2.551 Euro/Monat) auch sehr reiche Haushalte mit noch weit höheren pro Kopf CO_2-Emissionen enthalten sind.

Das 5.Quintil fasst die 20 % der reicheren Haushalte in einer Gruppe in Bezug auf Verkehrsmittel und Äquivalenzeinkommen zusammen; mithilfe des Haushaltsäquivalenzeinkommen werden dabei die Einkommenssituation von Haushalten unterschiedlicher Größe und Zusammensetzung vergleichbar gemacht (vgl. DIW, o. J.); MIV = Motorisierter Individualverkehr.

Wesentlich für die Umsetzung der Forderung nach »Mobilität für alle« ist daher, dass die »Mobilitätsarmut« gebrochen wird bzw. zumindest verhindert wird, dass diese vor dem Hintergrund steigender Kosten noch mehr zunimmt.

Mobilitätsarmut lässt sich definieren als die stark eingeschränkte Möglichkeit, Mobilitätsansprüche und -bedürfnisse zu verwirklichen, »… die zu einer Benachteiligung der Betroffenen in anderen Bereichen des gesellschaftlichen Lebens führt« (Runge 2005, S. 6). Eingeschränkte Mobilität begrenzt z. B. Bewerbungschancen und den Aktionsradius für Erwerbsarbeit oder für Berufsausbildung und für kulturelle Ereignisse. Darüber hinaus wird die Mobilitätsarmut verschärft, wenn das zur gesellschaftlichen Teilhabe notwendige Verkehrsmittel nicht bezahlbar ist.

In einem der seltenen international vergleichenden deutschsprachigen Artikel zu diesem Thema hieß es: »Im Jahr 2015 zeigte eine Harvard-Studie, dass die Zeit, die Arbeitnehmer in Städten wie Detroit, Boston oder Los Angeles für ihren Arbeitsweg brauchen, der bestimmende Faktor ist, wenn es für sie darum geht, sich aus der Armut zu befreien. Stadtteile, in denen Transportgelegenheiten nur schlecht erreichbar waren, hatten der Studie zufolge die höchsten Arbeitslosenraten und die niedrigsten Einkommen. Armut und Mobilität bedingen sich also. Wer in armen Vierteln lebt, sitzt dort oft fest – wegen der eigenen Armut. Es ist ein Effekt, den es nicht nur in den von extremer Ungleichheit geplagten USA gibt. Sondern auch in Deutschland« (Groeneveld 2018).

Mobilitätsarmut ist die Kehrseite der ausufernden Automobilität von wohlhabenden Haushalten einerseits und Resultat mangelnder Mobilitätsalternativen für einen großen Bevölkerungsanteil andererer-

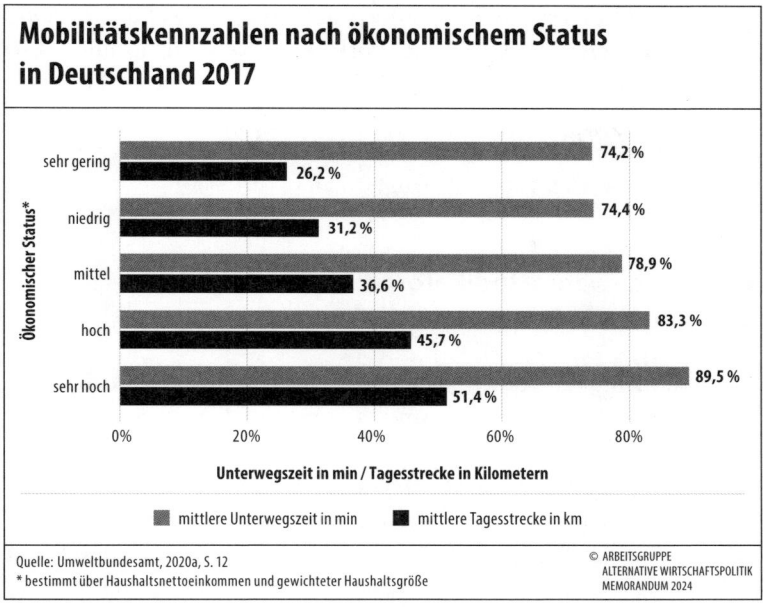

Mobilitätskennzahlen nach ökonomischem Status in Deutschland 2017

Ökonomischer Status*

sehr gering	74,2 % / 26,2 %
niedrig	74,4 % / 31,2 %
mittel	78,9 % / 36,6 %
hoch	83,3 % / 45,7 %
sehr hoch	89,5 % / 51,4 %

Unterwegszeit in min / Tagesstrecke in Kilometern

■ mittlere Unterwegszeit in min ■ mittlere Tagesstrecke in km

Quelle: Umweltbundesamt, 2020a, S. 12
* bestimmt über Haushaltsnettoeinkommen und gewichteter Haushaltsgröße

© ARBEITSGRUPPE
ALTERNATIVE WIRTSCHAFTSPOLITIK
MEMORANDUM 2024

seits. Dies kann auf dem Land zu einem »erzwungenen Autobesitz« (Umweltbundesamt 2020a) führen. Wer jedoch kein Auto besitzt, dessen Mobilitäts- und Aktionsradius wird so begrenzt, dass er leicht unter die Rubrik »Mobilitätsarmut« fällt (Umweltbundesamt 2020a). Die Abbildung oben auf dieser Seite fasst diese Zusammenhänge zusammen:

»Verkehr« – im Sinne von zurückgelegten Wegen von Personen und Gütern von A nach B – ist aus hochentwickelten Wirtschafts- und Gesellschaftssystemen wie auch aus der globalisierten Weltwirtschaft nicht mehr wegzudenken. Angesprochen sind dabei jedoch in der Regel Verkehrstechniken, -mittel und -infrastrukturen.

Der Begriff »Mobilität« fokussiert dagegen auf »wesentliche Wegezwecke« (Berliner Mobilitätsgesetz vom 5. Juli 2018) und rückt die *Nutzungsbedürfnisse von Verkehrsteilnehmer*innen* sowie die Frage, inwieweit sie für alle erfüllt sind, in den Blick. Aus der Perspektive nachhaltiger Verkehrspolitik steht dabei die »Gewährleistungsverantwortung im Vordergrund«. Insofern zielt zum Beispiel das *Berliner Mobilitätsgesetz* (2018) mit dem Postulat »Mobilität für alle« (§ 3) auf die Ermöglichung gleicher Chancen an der Teilhabe an Mobilität »… unabhängig vom Alter, Geschlecht, Einkommen und persönlicher Mobilitätsbeeinträchtigung sowie von Lebenssituation, Herkunft oder individueller Verkehrsmittelverfügbarkeit«.

3.3 Ausgewählte Indikatoren von Verkehrsungerechtigkeit

Diskussionen über Verkehrsgerechtigkeit als zentrale Kategorie der Verkehrspolitik und -planung sind im »Autoland Deutschland« noch ein ungewohnter Ansatzpunkt. Mit der folgenden Zusammenstellung von Fakten mangelnder Verkehrsgerechtigkeit soll daher weiter verdeutlicht werden, dass *Verkehrsungerechtigkeit* ein strukturelles und breit wirksames Systemdefizit der vorherrschenden Automobilität darstellt, dass es also nicht um ein nur marginales Problem mit sozialer Schieflage geht:

- 2021 gab es 3,24 Millionen Haushalte in Deutschland mit drei oder mehr Pkw. Rund 40 Prozent der Haushalte mit einem hohen ökonomischen Status besitzen zwei oder mehr Autos. Etwa 12,66 Millionen Haushalte waren komplett autofrei. Ein erheblicher Anteil der Haushalte (etwa 30 Prozent) ist damit hinsichtlich ihrer Mobilitätsbedürfnisse auf Verkehrsmittel abseits des Autos angewiesen.

- Die Ausstattung der Haushalte mit Pkw hängt deutlich mit deren ökonomischem Status zusammen. So liegt der Anteil der Autofreiheit bei den Haushalten mit einem sehr niedrigen ökonomischen Status bei gut der Hälfte und nimmt bis hin zu den Haushalten mit sehr hohem ökonomischem Status auf unter 10 Prozent ab.

- Wie eine UBA-Befragung ermittelt hat, fühlen sich besonders an Hauptverkehrsadern und Großflughäfen 75 % der Befragten durch *Verkehrslärm* belästigt. 3,3 Millionen Menschen in Deutschland waren 2017 ganztägig einer Verkehrslärmbelastung von mehr als

65 dB(A) ausgesetzt. Damit steigt nach UBA das Herzinfarktrisiko um 30 %; daher sollte nach UBA (2022b) ein Mittelungspegel von 65dB(A) am Tage und von 55dB(A) in der Nacht nicht überschritten werden: »Mögliche Langzeitfolgen chronischer Lärmbelastung sind neben Gehörschäden auch Änderungen bei biologischen Risikofaktoren (zum Beispiel Blutfette, Blutzucker, Gerinnungsfaktoren). Auch Herz-Kreislauf-Erkrankungen wie arteriosklerotische Veränderungen (»Arterienverkalkung«), Bluthochdruck und bestimmte Herzkrankheiten, einschließlich Herzinfarkt, können durch Lärm verursacht werden« (Umweltbundesamt 2021).

Wichtig wären also Analysen zur systematischen Verknüpfung des sozialen Status mit umwelt- und verkehrsbedingten Belastungen sowie privilegierten Nutzungen. Leider liegen hierzu nur wenige Berichte des Umweltbundesamtes vor. Zusammenfassend heißt es dort: »Gesundheitliche Belastungen als Folge von Umweltproblemen sind in Deutschland ungleich verteilt. Sozial- und umweltepidemiologische Studien der vergangenen Jahre weisen darauf hin, dass der soziale Status in Deutschland mit darüber entscheidet, ob und in welchem Umfang Kinder, Jugendliche und Erwachsene durch Umweltschadstoffe belastet sind. Sozioökonomische Faktoren wie Bildung und Einkommen, aber auch andere Faktoren wie Migrationshintergrund und das soziale Umfeld beeinflussen die Wohnbedingungen, Lebensstile, die verfügbaren Ressourcen sowie die damit verbundenen Gesundheitsrisiken der Menschen. In den meisten Studien zeigt sich bei Menschen mit niedrigem Sozialstatus eine Tendenz zur stärkeren Belastung durch negative Umwelteinflüsse« (Umweltbundesamt 2023b).

Die Landschafts- und Umweltzerstörung durch Automobilität geht zu Lasten der Lebens-, Umwelt- und Stadtqualitäten und zu Lasten aller Verkehrsteilnehmer*innen. Wegen der Umfeldbelastungen sind die Mieten an Hauptverkehrsstraßen systemisch niedriger. Dies veranlasst einkommensschwache Haushalte, dort zu wohnen, wo sie den vielfachen verkehrsverursachten Umweltbelastungen ausgesetzt sind. Sozial benachteiligte Familien leiden an einer überproportionalen Belastung durch Lärm, Schadstoffe, mangelnde Grünflächen, den Straßenbau in benachteiligten Wohngebieten – mit drastischen Folgen für die

Gesundheit und einer Häufung vorzeitiger Sterbefälle. Beim Zugang zu Mobilität sind einkommensschwache Haushalte, Ältere, Kinder, Behinderte und Menschen mit Migrationshintergrund, Bürger*innen zweiter Klasse. Diese doppelte Gerechtigkeitslücke muss dringend geschlossen werden.

In den Mobilitätsmustern spiegeln sich auch die Geschlechterverhältnisse und die damit verbundenen Hierarchien wider. Männer fahren im Durchschnitt größere Autos, nutzen diese häufiger und fahren damit weitere Strecken. Dies kann auf deren höhere Vollzeiterwerbsquote zurückgeführt werden, weil sich die geschlechtsbezogenen Emissionen aus der Mobilität für Freizeit und soziale Aktivitäten sowie zum Einkaufen bei Frauen und Männern durchaus ähneln. Der Begleitverkehr für Kinder und Ältere wird deutlich häufiger durch Mütter als durch Väter durchgeführt, wobei Mütter mehr Wege mit dem Auto machen als Nicht-Mütter – aber dennoch weniger als Männer. Allerdings kommt es tendenziell zu einer Annäherung bezüglich Häufigkeit und Streckenlänge von Fahrten von Männern und Frauen (vgl. zu diesen Abschnitten auch Hennicke et al. 2021 und die dort genannten Quellen).

Die autofreundlichen Infrastrukturen sowie Fahrtkostenzuschüsse in Deutschland unterstützen erwerbsökonomische Arbeit, also das Zurücklegen weiter Pendlerstrecken und berufsbedingter Wege. Dies zwingt diejenige Person – heute vorwiegend noch die Frauen –, die im Familienhaushalt die versorgungsökonomische Arbeit wie etwa die Betreuung von Kindern (»Sorgearbeit«) ausführen, sich entweder ebenfalls zu motorisieren oder Zeitverluste durch Umstiege auf unterschiedliche Verkehrsmittel auf sich zu nehmen. Zu den Mobilitätsanforderungen der Sorgearbeit besteht, unabhängig davon, ob sie von Männern oder Frauen ausgeführt wird, erheblicher Forschungsbedarf. Das gilt generell für genderspezifische Aspekte des Klimaschutzes (vgl. Alber et al. 2018) und der Mobilität, z. B. bei der Verkehrsplanung.

Die Ungleichverteilung des öffentlichen Raums auf Verkehrsarten zeigt sich daran, dass in Deutschland wie selbstverständlich die Raumnutzung immer noch nach dem anachronistischen Leitbild der »autogerechten Stadt« prioritär dem fließenden und ruhenden Autoverkehr zur Verfügung gestellt wird. Das zeigt z. B. auch ein internationaler Vergleich (Stand 2020): Die Inanspruchnahme des öffentlichen Raums für das Bewohnerparken in Deutschland kostet in Berlin (10 Euro) oder Cottbus (31 Euro) gemessen an Stockholm (1.230 Euro) oder Kopenhagen (210 Euro) ein Taschengeld. Dass bei Minimalbeträgen für Bewohnerparken praktisch keine Lenkungswirkung in Richtung weniger Automobilität zugunsten der Allgemeinheit ausgeht, liegt auf der Hand. Diese Raumnutzungsprivilegien durch das Auto hat eine Studie für die Stadt Graz, deren Ergebnisse von Rammler/Schwedes als repräsentativ für weite Teile Europas eingestuft werden, wie folgt zitiert: »Demnach beanspruchen Radabstellflächen zwei Prozent der Flächen im öffentlichen Raum, drei Prozent entfallen auf den ruhenden Öffentlichen Verkehr (Haltestellen und Bahnhöfe), ebenfalls drei Prozent auf den ruhenden Fußgängerverkehr (Straßencafés, Parkbänke etc.) und letztlich 92 Prozent auf das Parken von Kraftfahrzeugen im Straßenraum, von denen im Durchschnitt jedes etwa 12 qm benötigt. Im Durchschnitt steht ein Pkw dabei 23 Stunden am Tag im öffentlichen Raum oder auf privaten Grundstücken. Er ist seinem eigentlichen Wesen nach genau genommen mehr ein Steh-Zeug als ein Fahrzeug« (Rammler/Schwedes 2018, S. 12). Für große Aufmerksamkeit sorgte, dass eine – allerdings knappe – Mehrheit in Paris im Februar 2024 dafür gestimmt hat, die Parkgebühren für SUVs von Besucher*innen im Zentrum von derzeit 6 Euro auf 18 Euro pro Stunde zu verdreifachen. Auch der Chef der Internationalen Energieagentur (Paris), Fatih Birol, hat diese Maßnahme begrüßt. (tagesschau 2024).

Verstärkt wird die bisherige Attraktivität der Automobilität auch durch Fehlanreize bei den Verkehrsmittelpreisen wie die Abbildung auf der folgenden Seite zeigt.

Für Schiene und ÖPNV sind die Preise deutlich schneller gestiegen als für den Kauf und Unterhalt eines Kfz. Das ist ein Grund, warum der Umstieg auf den ÖPNV zu langsam vorankommt. Deutlich wird darüber hinaus die soziale Schieflage, weil Haushalte mit niedrigerem Einkommen überdurchschnittlich durch steigende ÖPNV-Preise belastet werden. Neuere vergleichende Daten sind uns nicht bekannt. Aber

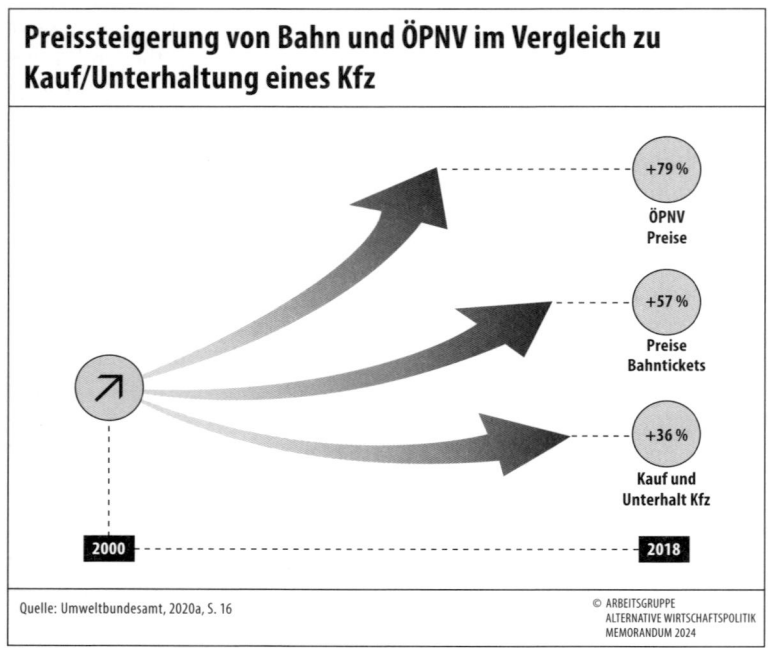

Preissteigerung von Bahn und ÖPNV im Vergleich zu Kauf/Unterhaltung eines Kfz

+79 %
ÖPNV
Preise

+57 %
Preise
Bahntickets

+36 %
Kauf und
Unterhalt Kfz

2000

2018

Quelle: Umweltbundesamt, 2020a, S. 16

© ARBEITSGRUPPE
ALTERNATIVE WIRTSCHAFTSPOLITIK
MEMORANDUM 2024

immerhin ist die Weiterfinanzierung des 49-Euro-Ticket (»Deutschlandticket«) im Jahr 2024 ein erster wichtiger Schritt in Richtung der Förderung eines bezahlbaren und umweltgerechten Verkehrsverbunds.

3.4 Strategien der Mobilitätssuffizienz und der Verkehrsgerechtigkeit

Ein mehrheitsfähiger Übergang zu nachhaltiger und suffizienter Mobilität muss transparent und gerecht sein. Und er braucht ein überzeugendes Kommunikationskonzept, um den Zugewinn an Lebensqualität für eine Bevölkerungsmehrheit, auch für die meisten der bisherigen Autofahrer, zu verdeutlichen. Ein solcher Übergang funktioniert nur schrittweise und am effektivsten durch Modellprojekte und praktische Erfahrung, wie die u. g. Stadtbeispiele zeigen.

Das zu Beginn erwähnte Positionspapier des UBA (2020a) hat Dirk Messner, Präsident des Umweltbundesamtes, wie folgt kommentiert: »Haushalte mit niedrigen Einkommen, Kinder, ältere Menschen, Frauen und Menschen ohne Auto, gerade in ländlichen Räumen, sind die Verlierer*innen des heutigen Verkehrssystems. Mit einer Verkehrswende hin zu einer ökologischeren Mobilität schließen wir diese Gerechtigkeitslücke und schützen Umwelt und Klima« (Umweltbundesamt 2020b).

Das ist eine kühne These für ein Bundesamt, das damit implizit der deutschen Verkehrspolitik massives Politikversagen über viele Legislaturperioden vorhält. Es ist zweifellos sehr verdienstvoll, dass das UBA die zahlreichen Gerechtigkeitslücken des deutschen Verkehrssystems offenlegt und wegen erheblicher ökologischer *und* sozialer Defizite dessen dringende Reformbedürftigkeit anmahnt. Die Frage bleibt aber, ob und gegebenenfalls wie eine »Verkehrswende für alle« tatsächlich als »Win-Win«-Strategie, also mehr Klimaschutz und mehr Verkehrsgerechtigkeit, erreichbar ist. Sicher ist: Es wird – wie bei jedem unumgänglichen Strukturwandel – nicht nur eine große Zahl Gewinner*innen, sondern auch einflussreiche Verlierer*innen einer suffizienteren und gerechteren Mobilität geben, die öffentlichkeitswirksam ihre Privilegien verteidigen werden. Aber kluge Strategien einer suffizienten und gerechteren Mobilität minimieren potenzielle Verlustängste und maximieren den erfahrbaren Gewinn an Lebensqualität für Mehrheiten. Der Grundgedanke dabei ist, die Entprivilegierung privater Automobilität schrittweise umzusetzen und gleichzeitig den Qualitätsgewinn und mehr Verkehrsgerechtigkeit für alle durch den Ausbau des Umweltverbundes zu fördern. Diesen Gedanken gilt es nachfolgend zu vertiefen.

Das Credo für den traditionellen energie- und verkehrspolitischen Instrumentenmix heißt in der Tat »Fordern und Fördern«. Gemeint ist damit allerdings in der Regel, dass unabhängig vom sozialen Status der Betroffenen und *unterschiedslos für alle* Gebote und Standards (sogenanntes Ordnungsrecht) oder über den Preis steuernde Maßnahmen (z. B. CO_2-Steuer) angewandt werden sowie unterschiedslos Förderprogramme nach dem Gießkannenprinzip ausgeschüttet werden.

Ungleiches gleich zu behandeln, führt aber regelmäßig zu Ungerechtigkeit und zu unnötigem staatlichem Finanzaufwand. Diejenigen gut situierten Haushalte, die Preiserhöhungen verkraften können und nicht gefördert werden müssten, profitieren unnötigerweise; und diejenigen sozial schwachen Haushalte, die nicht ausweichen können, werden überproportional zusätzlich belastet. Fachleute sprechen von der regressiven Wirkung über den Preis steuernder Instrumente.[2] Man kann das »Negative Diskriminierung« nennen.

3.4.1 Positive statt negative Diskriminierung

»Positive Diskriminierung anhand sozialer Kriterien« (vgl. Piketty 2022) bedeutet dagegen, ganz bewusst der faktisch bestehenden Ungleichheit und Ungerechtigkeit durch einen erweiterten Politikmix entgegenzuwirken. Zum Beispiel durch eine Rückverteilung pro Kopf mit einem »Klimageld«[3] nur an einkommensschwache Haushalte bis zu einer festzulegenden Einkommensgrenze, um bei einem Anstieg der CO_2-Steuer die Verschärfung der regressiven Wirkung zu bremsen. Möglich ist natürlich auch, die gravierende Ungleichverteilung von Verursachung und Betroffenheit etwa durch die direkten Zuschüsse an »vulnerable« Haushalte anzugehen. Das können entsprechende Programme zur energetischen Sanierung von bezahlbaren Wohnungen im Gebäudesektor (Sozialer Wohnungsbau) oder zum Stromsparen bei Geräten[4] sein – bis hin zum Verkehrsbereich und

---

2   Zum Beispiel wirkt der 19 %ige Preisaufschlag der Mehrwertsteuer stark regressiv, d. h. er trifft Haushalte mit niedrigen Einkommen anteilig härter als Gutverdienende, weil erstere einen wesentlich höheren Anteil oder sogar 100 % ihres Einkommens für ihren notwendigen Lebensunterhalt und somit überproportional Mehrwertsteuer zahlen. Diese regressive Wirkung gilt prinzipiell für alle indirekten Steuern auf notwendige Verbräuche.

3   Das ›Klimageld‹ steht im Koalitionsvertrag der Ampel-Regierung und laut Bundesregierung wird an einem konkreten Zeitplan gearbeitet. Nach Stand Anfang 2024 soll das Klimageld bis zum Jahr 2027 verschoben werden. Das wäre für die Akzeptanz der Klimapolitik brandgefährlich(vgl. FR 17.01.2024).

4   Vgl. z. B. das Erfolgsprogramm »Stromspar-Check« von Caritas und Energieagenturen (Stromspar-Check, o. J.).

einem wirklich umfassenden Systemwechsel (»Verkehrswende«) in Richtung einer nachhaltigen Mobilität für wirklich alle (vgl. Hennicke et al. 2021).

Piketty nutzt die Begrifflichkeit »positive Diskriminierung« im umfassenderen Sinne zur Herstellung von möglichst realer Chancengleichheit in einer ungleichen Gesellschaft in Bezug auf Einkommen, Vermögen, Bildung, Teilhabe etc. Scharf kritisiert er die faktische Heuchelei vieler Programme, die das Problem eher verschleiern, als es an der Wurzel zu packen (Piketty 2022, S. 196).

Da auch in Deutschland die Verteilungswirkungen des energie- und klimapolitischen Instrumentariums wie auch das Verhältnis von Verursachung und Betroffenheit lange Zeit nicht systematisch erfasst wurden, fehlt es an der Datenbasis, um z. B. Entlastungsprogramme für einkommensschwache Haushalte schnell und zielgruppenorientiert umzusetzen. Der nachfolgende Abschnitt zeigt Ansatzpunkte.

3.4.2 Vulnerabilität als mögliches Kriterium

Ein möglicher Maßstab für soziale Belastungen – bzw. Kompensationsmaßnahmen bei Klimaschutzprogrammen – ist die »Vulnerabilität« oder schlicht die »Energiearmut« bei unteren Einkommensgruppen. Eine Studie des Öko-Instituts für das UBA kommt z. B. in Bezug auf Mobilität auf etwa 700.000 und in Bezug auf Wärme auf etwa 2,3 Millionen vulnerable Haushalte in Deutschland (vgl. auch Umweltbundesamt 2022a). Wir konzentrieren uns hier auf die Abschätzung vulnerabler Haushalte in Bezug auf Mobilität. Die Größenordnung ist durchaus erheblich, wenn auch nur eine erste Schätzung. Aber die dahinterstehende Methodik ist aufschlussreich, denn sie wirft ein Schlaglicht auf die Frage, wie im energie- und klimapolitischen Instrumentenmix Fragen von mehr Verteilungsgerechtigkeit zukünftig zielführender beantwortet werden könnten.

Die Studie entwickelt auch für Mobilität eine Arbeitsdefinition, wie die CO_2-Kostenbelastung und die Investitionsbedarfe für vulnerable Haushalte quantifiziert werden können. Als Indikatoren zur Bestimmung vulnerabler Haushalte in Bezug auf Mobilität werden Haushalte der ländlichen Bevölkerung mit relativ hohen Ausgaben für Mobilität (Kraftstoffe und andere Mobilitätsoptionen) und die ersten fünf Einkommensdezile herangezogen. Deren Schnittmenge ergibt 0,7 Mio. vulnerable Haushalte in Bezug auf CO_2-Bepreisung von Mobilität. Ergänzend sei darauf hingewiesen, dass eine *strukturelle Mobilitätsarmut* von etwa 20 % aller deutschen Haushalte, die kein Auto besitzen, hierbei nicht erfasst ist (vgl. Hennicke et al. 2021). Auch wenn über die Auswahl der Indikatoren sicherlich diskutiert werden kann, lassen sich zwei Schlussfolgerungen ziehen:

1. Die Basisinformation für »Vulnerabilität« oder »Energiearmut« und der regressive Verlauf der Ausgabenbelastung für Wärmeenergie und Kraftstoffe kann aus der vorliegenden amtlichen Statistik gewonnen werden.

2. Eine zielgenauere Fokussierung öffentlicher Programme auf Haushalte, die es vorrangig brauchen (»vulnerable Haushalte«), reduziert auch die inzwischen bedrohlich angewachsene Kostenbelastung für das öffentliche Budget durch zumeist regressiv wirkende »Gießkannen«-Programme.

Auch die Expert*innen-Kommission Gas und Wärme hat sich mit dieser Problematik beschäftigt und Ansätze einer sozialen Flankierung durch steuerrechtliche Regelungen in ihre Vorschläge eingebaut. Sie kommt allerdings zu einem ernüchternden Ergebnis: »Die Kommission sieht eine gezielte Kompensation der privaten wie unternehmerischen Verbraucher*innen außerhalb der Bepreisungssysteme durch sozial differenzierte Direktzahlungen als grundsätzlich guten Mechanismus an. Derzeit ist ein solches Vorgehen nicht möglich, weil es keine entsprechende staatliche Infrastruktur gibt« (Kommission, S. 24). Das ist ein vernichtendes Zeugnis für den bisherigen klima- und energiepolitischen Politikmix: Sozial differenzierte Direktzahlungen sind zwar wünschenswert, aber wegen politischer Versäumnisse in Bezug auf die Datenbasis derzeit nicht umsetzbar.

Ein Zwischenfazit sollte einen Vorbehalt nicht unberücksichtigt lassen: Es muss bei aller notwendigen sozialen Differenzierung eines »transformativen Politikmix 2.0« vermieden werden, dass *originäre Aufgaben der Verteilungspolitik* (z. B. die zentrale Bekämpfung sozialer Ungleichheit durch eine Steuer- und Umverteilungspolitik) in den Hintergrund gedrängt werden. Ein zentrales Minimalziel eines »transformativen Politikmix 2.0« auf dem Feld der Energie- und Klimaschutzpolitik bleibt, bestehende Ungleichheiten durch eine sozial-ökologische Transformation nicht zu verstärken, sondern so weit wie möglich deren Abbau voranzutreiben. Daher sollte auch der systemische Ansatz des CoR (Club of Rome 2022) in Bezug auf miteinander verknüpfte Wenden auf die deutsche Situation hin konkretisiert werden. (Um-)Verteilungsfragen sind hingegen auf dem originären Feld der Fiskal- und Steuerpolitik auszufechten.

Verteilungsfragen werden in Deutschland in Bezug auf Vermögen, Einkommen und gesellschaftliche Teilhabe von der etablierten Politik selten gestellt, geschweige denn befriedigend beantwortet. Für die zwei eng miteinander verbundenen gesellschaftlichen Bedürfnisfelder »Wohnen« und »Mobilität« gilt dies ganz besonders. Dabei entwickelt sich hier sozialer Sprengstoff, dessen Relevanz im Themenfeld Mobilität stark unterschätzt wird. Bei Rammler/Schwedes (2018) heißt es: »Gelingendes Wohnen und gelingende Mobilität in lebenswerten Quartieren sind zwei Basisprämissen gesellschaftlicher Stabilität, sozialer Teilhabe und Partizipation an der Ausgestaltung öffentlicher Räume und Güter« (S. 9). Das gilt umso mehr, wenn die ökologische Seite der anstehenden sozial-ökologischen Transformationsprozesse mit einbezogen wird. Es ist das Verdienst des UBA, dies in dem genannten Positionspapier in sozial-ökologischen Strategien und Instrumenten im Ansatz versucht zu haben.

Dabei gelangt das Positionspapier aber zu einem eher defensiven Resümee: »Eine Verkehrswende ist sozial gerecht möglich« (Umweltbundesamt 2020a, S. 26). Und der UBA-Präsident Dirk Messner erläutert hierzu: »Mit einer Verkehrswende hin zu mehr Fußverkehr, Radverkehr und öffentlichem Verkehr kann unsere Mobilität sozial und ökologisch gerechter werden. Durch sie gewinnt der Mensch mehr Raum zum Leben und damit Lebensqualität. Weniger Autos auf den Straßen und den Parkplätzen schafft Platz, der für Wohnraum, Erholungsraum und für umweltfreundliche Mobilität besser genutzt werden kann« (ebd., o. S.). Angesichts der dargestellten Gerechtigkeitslücken ist ein deutlicheres Fazit angebracht: *Eine Verkehrswende muss sozial gerecht sein*, wenn sie nicht schon im Ansatz scheitern soll. Gravierende verkehrspolitisch bedingte Gerechtigkeitslücken müssen beseitigt werden. Verkehrspolitik kann grundlegende *soziale Schieflagen* der ungleichen Verteilung von Einkommen, Vermögen und Lebenschancen nicht beseitigen. Aber sie muss die existierenden *verkehrsbedingten* Schieflagen aufdecken und darf die soziale Ungleichheit nicht weiter verschärfen und perpetuieren.

Deutlicher wird das UBA an anderer Stelle. Dass nachhaltige Mobilität nur mit einer drastischen Vermeidung von Automobilität erreichbar ist, kann ein Bundesamt immerhin als »langfristiges Ziel« empfehlen: »Das UBA empfiehlt ein Ziel von 150 Autos pro 1000 Einwohner*innen in Großstädten. Zum Vergleich: In Berlin sind derzeit etwa 335 Fahrzeuge pro 1000 Einwohner*innen auf den Straßen unterwegs, in München 503 und in Deutschland insgesamt sind es in Durchschnitt 575« (Umweltbundesamt 2020b). Die ernsthafte Verfolgung dieser auch klimarelevanten Mengenbegrenzung zur Vermeidung von Automobilität wirft hinsichtlich der vermuteten »Win-Win«-Charakteristik des Transformationsprozesses allerdings noch viele Fragen auf. Sinkt die langfristige Autodichte bundesweit, wie empfohlen, drastisch, dann bedarf es zum Beispiel schon heute einer weit vorausschauenden ökosozialen Industrie- und Dienstleistungspolitik, um den staatlich forcierten Strukturwandel auch für Beschäftigte und Unternehmen der Automobilindustrie sozial- und wirtschaftsverträglich zu steuern. Die »Kohlekommission«[5] hat hierzu – im deutlich überschaubareren Transformationsfeld der Kohleregionen – erste Erfahrungen geliefert.

---

5 Die Kommission »Wachstum, Wohlstand und Beschäftigung« war ein von der Bundesregierung am 6. Juni 2018 eingesetztes Gremium von Vertretern maßgeblicher Stakeholder, um – möglichst konsensual – Empfehlungen für den Strukturwandel in den Kohleregionen Ost- und Westdeutschlands zu entwickeln (vgl. auch BMWK – Bundesministerium für Wirtschaft und Klimaschutz, o. J.).

3.5 Elemente eines suffizienten Maßnahmenmix der Verkehrswende

Soll die Verkehrswende gelingen, müssen alle verkehrspolitischen Register gezogen werden: Verkehrsvermeidung, eine Verkehrsverlagerung auf umweltschonendere Fahrzeuge und auf den öffentlichen Nahverkehr, aber auch aufs Fahrrad und auf die Füße. Zudem ist eine Verlangsamung des Verkehrs sowohl im Hinblick auf die Verkehrssicherheit als auch auf soziale Gerechtigkeit notwendig. Hier soll in geraffter Form ein Instrumentenmix dargestellt werden, der die derzeitig ungleich verteilten Lasten des Verkehrs abbaut, ein suffizientes Verhalten unterstützt und zu einer sozial gerechteren Verteilung von Risiken und Belastungen durch den Verkehr führt.

Eine zielgerichtete Klimapolitik erfordert eine radikale Änderung in der Verkehrspolitik, die heute beschlossen werden muss und in den nächsten Jahren stufenweise zu einer zusätzlichen Belastung von klimaunverträglichem Individualverkehr führen wird. Entstehende Mehrkosten können zugunsten privater Haushalte (Klimageld) und Unternehmen (durch differenzierte Direktzahlungen) teilweise oder auch vollständig kompensiert werden. Ohne gezielte Ausgleichsmaßnahmen werden die notwendigen Veränderungen insbesondere die einkommensschwachen Bevölkerungsschichten sowie die Mittelschicht zusätzlich belasten – und bei der Mehrheit des (Wahl-)Volkes auf Widerstand stoßen.

Die Steuerungswirkung von Energie- und CO_2-Preisen ist unbestritten, eine stärkere preisliche Lenkung und eine höhere CO_2-Abgabe sind notwendig, aber bei weitem nicht hinreichend. Denn die Effekte sind im Industrie-, im Verkehrs- und im Gebäudesektor sehr unterschiedlich, so dass eine Preissteuerung immer in einen umfassenderen Policymix eingebettet werden muss. Das gilt insbesondere für die deutliche Reduktion des fossil betriebenen Individualverkehrs, die ohne einen Policymix, der Mobilitätsalternativen ermöglicht und suffizientes Verhalten belohnt, nicht gelingen wird. Wenn dabei auch noch Umverteilungswirkungen von über den Preis steuernden Instrumenten vergessen werden, wie es lange Zeit in der energie- und klimapolitischen Diskussion der

Fall war, kann das erhebliche politische Folgen haben: hier genügt der Hinweis auf die sozialen Konflikte und die »Gelbwesten« in Frankreich in den Jahren 2018/19 – ausgelöst durch eine vergleichsweise moderate Benzinpreiserhöhung – sowie auf die Protestbewegung der Bauern in Deutschland und anderen EU-Ländern ab Januar 2024.

Heute wird zunehmend anerkannt, dass ohne einen Umverteilungsmechanismus, der die höheren Einnahmen des Staates, z. B. aus Zulassungs- und CO_2-Steuern, an die Bevölkerung weitergibt, eine Verkehrswende unsozial und für große Bevölkerungsschichten inakzeptabel ist. Eine gelungene Verkehrswende setzt die Einsicht der Betroffenen voraus, dass sich mit den geplanten Maßnahmen die Lebensqualität in Stadt und Land verbessern wird und letztlich suffizientes Verhalten zum eigenen und zum Vorteil aller führt.

Wir beschränken uns bei unseren Darstellungen auf die Mobilität im Bereich des Personenverkehrs und auf einen sozial gerechten Politikmix, der geeignet ist, den ausufernden Umfang des klimaunverträglichen Individualverkehrs zurückzudrängen. Damit eine Verkehrswende erfolgreich sein kann, müssen vor allem auch die Mobilitätsmöglichkeiten der Landbevölkerung wesentlich verbessert werden. Hier könnte etwa eine flächendeckende Mobilitätsgarantie, wie sie z. B. von Agora Verkehrswende (2023b) vorgeschlagen wird, zielführend sein. Im MEMORANDUM 2020 haben wir die Kernstrategien für eine nachhaltige Mobilität für die städtischen und ländlichen Gebiete näher beschrieben (MEMORANDUM 2020).

3.5.1 Abbau von schädlichen Subventionen

Dieseltreibstoff wird seit vielen Jahren weniger besteuert als Benzin. Flugbenzin kann völlig steuerfrei in den Triebwerken verbrannt werden und wird teilweise noch von der Umsatzsteuer befreit. Mit ihren Dienstwagen können viele Autofahrer beliebig lange Strecken fahren, ohne einen Cent für Benzin oder Diesel auszugeben. Und mit der Entfernungspauschale für Arbeitswege werden erhebliche Distanzen zwischen Arbeitsplatz und Wohnort fast noch belohnt. Das Steuersystem

Tabelle: Wichtigste Subventionen im Verkehrssektor

Bereich	Jahr	in Mio. €
Energiesteuerbefreiung Kerosin	2019	8.622
Energiesteuervergünstigung Diesel (Dieselprivileg)	2019	8.190
Entfernungspauschale	2017	4.000-5.600
Mehrwertsteuerbefreiung internationale Flüge	2017	4.191
Steuervorteile Dienstwagen (Dienstwagenprivileg)	2019	3.210-5.580

Quelle: Forum Ökologisch-Soziale Marktwirtschaft (2021, S. 12)

bietet viele Fehlanreize, um Verkehr zu produzieren, anstatt ihn zu vermeiden.

Diese Fehlanreize stehen den Klimazielen und einer suffizienten Verkehrspolitik entgegen und sollten kurz- bis mittelfristig stufenweise beseitigt werden. Rund 50 Mrd. Euro pro Jahr betragen derzeit die Subventionen im Energie- und Verkehrsbereich, davon entfallen rund 30 Mrd. Euro auf den Verkehr.

Die Studie des Forum Ökologisch-Soziale Marktwirtschaft (FÖS 2021), die die sozialen Auswirkungen eines Subventionsabbaus untersucht, kommt zu dem Ergebnis, dass

• der Abbau von Steuervorteilen für Dienstwagen,

• der Abbau der Energiesteuervergünstigung bei Dieselkraftstoff sowie

• die Besteuerung (Mehrwertsteuer) des internationalen Luftverkehrs

unter dem Aspekt der Sozialverträglichkeit besonders positiv abschneiden, da ein solcher Subventionsabbau vor allem reiche Haushalte belastet. Gleichzeitig würde der Subventionsabbau zu relevanten Mehreinnahmen des Staatshaushalts beitragen und Mittel für einen Klimageldfonds freisetzen, der zudem noch aus weiteren Quellen gespeist werden sollte (siehe Abschnitt 3.5.3). Allein aus dem

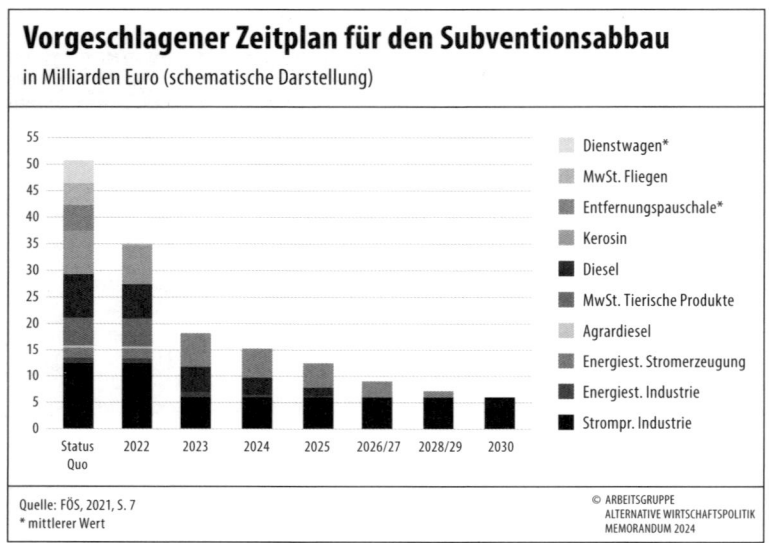

Vorgeschlagener Zeitplan für den Subventionsabbau
in Milliarden Euro (schematische Darstellung)

Legende:
- Dienstwagen*
- MwSt. Fliegen
- Entfernungspauschale*
- Kerosin
- Diesel
- MwSt. Tierische Produkte
- Agrardiesel
- Energiest. Stromerzeugung
- Energiest. Industrie
- Strompr. Industrie

Status Quo, 2022, 2023, 2024, 2025, 2026/27, 2028/29, 2030

Quelle: FÖS, 2021, S. 7
* mittlerer Wert

© ARBEITSGRUPPE
ALTERNATIVE WIRTSCHAFTSPOLITIK
MEMORANDUM 2024

Subventionsabbau könnte so rechnerisch ein jährliches Klimageld in Höhe von rund 400 Euro pro Person, oder rund 1.600 Euro für eine vierköpfige Familie, ausbezahlt werden. Mit einem solchen Klimageld könnte der hier vorgeschlagene Policymix sozialverträglich umgesetzt werden.

Einem Subventionsabbau samt Umverteilung über das Klimageld kommt auch deshalb eine besondere Bedeutung zu, weil die zusätzlichen Einnahmen durch die steigende CO_2-Steuer bzw. den nationalen Emissionshandel im Rahmen des heutigen Klima- und Transformationsfonds (KTF) bis 2025 bereits verplant sind (siehe Abschnitt 5.2) und nicht für ein Klimageld zur Verfügung stehen.

3.5.2 Anhebung des CO_2-Preises

Die Große Koalition hat Anfang 2021 einen nationalen Emissionshandel (nEHS) für Brennstoffemissionen (Kraft- und Heizstoffe) eingerichtet, soweit diese nicht vom EU-Emissionshandel erfasst werden. Im Rahmen des nationalen »Emissionshandels« beschloss man, die

CO_2-Preise pro Tonne CO_2 von 2021 bis 2025 stufenweise von 25 auf 55 Euro/Tonne CO_2 zu erhöhen.

Ab dem Jahr 2026 sollen die CO_2-Zertifikate versteigert werden und sich der CO_2-Preis am Markt bilden. Um allzu große Ausschläge des CO_2-Preises zu verhindern, wurde für die Jahre 2026 und 2027 eine Spannbreite von 55 bis 65 Euro pro Tonne CO_2 festgelegt, in der sich der Marktpreis bewegen muss. In den Folgejahren soll sich der Preis im nationalen Emissionshandel frei am Markt bilden. Dies könnte bei knappen Zertifikaten zu deutlich höheren CO_2-Preisen führen. Deshalb hält der Think-Tank Agora Energiewende es für nötig, die CO_2-Steuer bereits jetzt anzuheben, um einen abrupten Anstieg des CO_2-Preises – und damit größere Verwerfungen – zu vermeiden. (Agora Verkehrs-wende und Agora Energiewende 2023).

Nachdem das Bundesverfassungsgericht im November 2023 urteil-te, dass die für die Corona-Krise bewilligten Kredite in Höhe von rund 60 Mrd. Euro nicht in ein Vermögen des Klima- und Transformations-fonds (KTF) umgewandelt werden dürfen, geriet die gesamte öffentliche Finanzierung ins Ungleichgewicht: Die vorgesehenen Ausgaben für die kommenden Jahre deckten sich nicht mit den geplanten Einnahmen, das zentrale Finanzierungsinstrument der deutschen Energiewende be-fand sich nun in einer Schieflage. Um das Loch zu stopfen, entschied die Bundesregierung Mitte Dezember 2023 (neben anderen Maßnahmen), ab Jahresbeginn 2024 den CO_2-Preis von 30 auf 45 Euro pro Tonne anzuheben. Gleichzeitig wurde beschlossen, den Anstieg der Netzent-gelte, der für 2024 etwa 5,5 Mrd. Euro beträgt, nicht mehr über den Bundeshaushalt zu tragen, sondern diesen an die Stromverbraucher*in-nen weiterzureichen. Das im Koalitionsvertrag erwähnte Klimageld, das für einen Ausgleich der höheren CO_2-Steuer dienen sollte, wurde nicht realisiert. Bereits vor Eintritt dieser neuen Entwicklungen kam das Umweltbundesamt zu der Einschätzung, »... dass ein Großteil der in Deutschland beschlossenen Maßnahmen nicht gezielt auf finanziell schwächere oder besonders betroffene Gruppen zugeschnitten ist. Viele Maßnahmen entsprechen nur teilweise dem Kriterium Zielgenauigkeit. So wirkt etwa die Entlastung der EEG-Umlage zwar progressiv, weil Haushalte mit geringem Einkommen bezogen auf ihr Einkommen stärker entlastet werden als wohlhabendere, aber insgesamt profitieren alle Stromverbraucher, darunter auch Industrie und Gewerbe (FÖS 2021a; MCC 2021; Matthes et al. 2021).«

Die Studie (UBA 2022a) kommt zu dem Ergebnis, dass die Ausgaben mehr auf die vulnerablen Gruppen ausgerichtet werden müssen. Dies ist im Energie- und Gebäudesektor durch gezielte Förderprogramme möglich.[6] Im Verkehrsbereich ist der Handlungsspielraum jedoch begrenzt: Öffentlicher Verkehr könnte zwar preislich noch attraktiver gemacht werden, jedoch wäre ein Nulltarif für den öffentlichen Verkehr aus klimapolitischer Sicht kontraproduktiv und würde zudem in den kommenden Jahren sowohl die bestehende und zu sanierende Schieneninfrastruktur überfordern als auch die Haushalte von Kommunen, Land und Bund zusätzlich belasten.

Welche Kosten auf vulnerable Haushalte bei steigenden CO_2-Kosten alleine im Mobilitätsbereich zukommen, hat das UBA ermittelt. Bei 55 Euro/Tonne CO_2 wären dies 159 Euro pro Jahr und Haushalt und bei 100 Euro/Tonne bereits 290 Euro (UBA 2022b).

3.5.3 Sozial gerechter Ausgleich durch Klimageld

Dass ohne sozialen Ausgleich die Verkehrswende scheitern kann, war scheinbar auch den regierenden Parteien bewusst, als sie das Klimageld im Koalitionsvertrag aufgenommen haben. Allerdings wurde versäumt, einen konkreten Einführungstermin für das Klimageld zu

---

6   »Überschlägige Rechnungen zeigen, dass der Klima-Sozialfonds genügend Mittel bietet, um etwa ein Heizungstauschprogramm für vulnerable Haushalte (mit) zu finanzieren. Angenommen wurde dabei eine Tauschrate von 5 % über 8 Jahre hin zu einer Wärmepumpe. Es verbleiben darüber hinaus noch Mittel, die zur Unterstützung von Investitionen im Mobilitätsbereich und bei Kleinstunternehmen verwendet werden können. Hervorzuheben ist jedoch, dass der Klima-Sozialfonds allein nicht ausreichend sein wird, um die Sanierungskosten vulnerabler Haushalte – nach der hier gewählten Definition – vollständig zu finanzieren. Der Klima-Sozialfonds muss daher eingebettet werden in ein Gesamtprogramm für vulnerable Gruppen in Deutschland, so dass vulnerable Gruppen am Klimaschutz teilhaben können, resilient werden und gegenüber Energie- und CO_2-Preissteigerungen geschützt sind.« (Umweltbundesamt 2022a).

vereinbaren. Stattdessen wählte man eine Formulierung, die zwar eine Kompensation der Mehrbelastungen verspricht, aber ohne die Einführung des Klimageldes festzuschreiben: »Um einen künftigen Preisanstieg zu kompensieren und die Akzeptanz des Marktsystems zu gewährleisten, werden wir einen sozialen Kompensationsmechanismus über die Abschaffung der EEG-Umlage hinaus entwickeln (Klimageld).« (SPD, Bündnis 90/Die Grünen, FDP 2021, S. 49). Während die Mehrbelastung ansteigt, lässt die Realisierung des Klimageldes auf sich warten: bislang hat sich die Ampelkoalition auf kein Konzept und keinen Termin für die Einführung einigen können (Stand Februar 2024).

Das Klimageld sollte unverzüglich eingeführt werden.[7] Technische Gründe, weshalb dies nicht geschehen kann, sind vorgeschoben.[8] Zusätzliche Belastungen durch eine CO_2-Steuer oder durch andere Maßnahmen, die über einen CO_2-Preis von 40 Euro pro Tonne CO_2 hinausgehen, sollten zeitnah oder bereits vorgängig durch entsprechende Entlastungen kompensiert werden, so dass einkommensschwache Haushalte nicht zusätzlich belastet werden, auch nicht vorübergehend. Mit den höheren Treibstoffkosten und dem Klimageld hätten die vulnerablen Haushalte einen verstärkten Anreiz zum Energiesparen, aber letztlich nicht weniger Geld, sondern mehr in der Haushaltskasse.

Eine höhere CO_2-Bepreisung und ein Abbau der Subventionen für Treibstoffe, kombiniert mit einem Klimageld, hätte eine progressive Wirkung: Insbesondere geringverdienende Haushalte würden aufgrund ihres geringeren CO_2-Fußabdrucks profitieren.

Selbstverständlich sind CO_2-Steuern, Subventionsabbau und Klimageld nicht alleine zielführend für eine Mobilitätssuffizienz. Es bedarf

---

[7] Ob die Rückführung aus dem Klimafonds einheitlich per Kopf erfolgen soll, ist zu prüfen. Höhere Einkommensschichten, die diese Kompensation nicht benötigen und einen größeren ökologischen Fußabdruck und damit höhere externe Kosten verursachen (z. B. die einkommensstärksten 20 Prozent der Haushalte) könnten z. B. ausgeklammert werden.

[8] Einen gangbaren Weg zeigt z. B. die Studie des Potsdam-Instituts für Klimafolgenforschung (PIK) (Kellner et al. 2022).

eines ganzen Bündels an Änderungen im Bereich des Ordnungsrechts, der Planungs- und Finanzierungsebene sowie der Kommunikation zur Mobilitätssuffizienz.

3.5.4 Kontraproduktive Weiterförderung des Individualverkehrs

»Der Bestand an Kraftfahrzeugen (Kfz) nimmt in Deutschland weiterhin kontinuierlich zu. Am 1. Januar 2023 waren in Deutschland rund 60,1 Millionen Kfz und 8,3 Millionen Kfz-Anhänger zugelassen. (Kraftfahrt-Bundesamt, o. J.). Das entspricht einem Anstieg der zugelassenen Fahrzeuge von 1,0 Prozent im Vergleich zum 1. Januar 2022.

Einer der Gründe ist die verfehlte Förderpolitik für E-Fahrzeuge. Mit der multiplen Förderung von E-Fahrzeugen wird die Anschaffung von Zweitwagen – und Drittwagen – gefördert. Das ist das Gegenteil von dem, was eine erfolgversprechende Klimapolitik an Anreizen benötigt. Nur mit weniger motorisiertem Individualverkehr kann die Verkehrswende klimafreundlich, ressourcenschonend und sicher gemacht werden.

Die bis Dezember 2023 praktizierte Förderpolitik sah für den Kauf von batterieelektrischen Fahrzeugen (wie auch Brennstoffzellenfahrzeugen) mit einem Nettolistenpreis von bis 40.000 Euro eine Prämie von 4.500 Euro vor. Für Fahrzeuge mit einem Nettolistenpreis von bis zu 65.000 gab es einen Zuschuss von 3.000 Euro. Dazu kam jeweils noch die Förderung des Herstellers.

Nachdem das Bundesverfassungsgericht im Herbst 2023, wie bereits erwähnt, geurteilt hatte, dass die für die Corona-Krise bewilligten Kredite in Höhe von rund 60 Mrd. Euro nicht in ein Vermögen des Klima- und Transformationsfonds umgewandelt werden können, wurde für das bereits weit fortgeschrittene Jahr 2023 eine Notlage erklärt. In diesem Zuge wurde auch die Kaufförderung für E-Fahrzeuge mit wenigen Tagen Vorlauf gestrichen. Viele Autokonzerne boten danach an, die weggefallenen Förderbeträge zu übernehmen.

Darüber hinaus profitieren die batterieelektrischen Fahrzeuge von einer Befreiung der Kraftfahrzeugsteuer, die bis mindestens 2030 zugesichert wird. Damit nicht genug: Für E-Autobesitzer*innen tut sich seit Beginn des Jahres 2022 eine neue Geldquelle auf: Sie können die ihrem Fahrzeug zugerechneten CO_2-Einsparungen verkaufen und erhalten dafür jährlich einen Betrag von 250 bis 350 Euro. Hintergrund ist das Gesetz zur Weiterentwicklung der Treibhausgasminderungs-Quote.

Statt der vielfältigen Förderung der E-Fahrzeuge und des Individualverkehrs sollte eine Zulassungssteuer für alle Fahrzeuge (fossil- und batteriebetriebene Fahrzeuge) erhoben werden. [9] Diese sollte nach Größe, Gewicht und Antriebsart gestaffelt sein und sich zunächst in einer Spanne von 1.000 (für elektrische Kleinwagen) bis 11.000 Euro (fossil angetriebener Sportwagen oder SUV) bewegen.

Gehen wir von rund 2,8 Mio. neu zugelassenen Fahrzeugen im Jahr 2023 aus,[10] und rechnen mit einer durchschnittlichen Zulassungssteuer von 5.500 Euro, so würden jährlich rund 15 Mrd. Euro für eine Umverteilung über das Klimageld zur Verfügung stehen.

In einem früheren Beitrag haben wir ein Bonus-Malus-System für neu zugelassene Fahrzeuge nach dem französischen Modell vorgeschlagen (MEMORANDUM 2020). In der Praxis kann dies jedoch dazu führen, dass es einen verstärkten Anreiz zum Kauf eines (kleinen) Verbrenner-Pkws gibt. Von der oben vorgeschlagenen stark progressiv gestaffelten Zulassungssteuer (ohne Bonus-Komponente) würde dagegen ein Anreiz für weniger, kleinere und nichtfossile Fahrzeuge ausgehen. Dass eine solche Zulassungssteuer im Autoland Deutschland auf erheblichen Widerstand der Automobilindustrie und einschlägiger Interessenverbände stoßen würde, braucht wohl kaum betont zu werden. Umso wichtiger ist es, diese Maßnahme transparent zu begründen und deren soziale und ökologische Berechtigung gut zu kommunizieren.

---

9   Zum Beispiel beträgt die Zulassungssteuer in Dänemark für Fahrzeuge mit einem Wert von bis 65.800 DKK 25 Prozent des Kaufpreises inklusive Umsatzsteuer. Bei Fahrzeugen mit einem Wert von 65.800-204.600 DKK beträgt die Steuer 85 Prozent und für Fahrzeuge, die über 204.600 DKK liegen, beträgt der Steuersatz 150 % (Stand 2022) (Motor Styrelsen, o. J.).

10   Kraftfahrtbundesamt: Pressemitteilung 01/2024, 04.01.2024, www.kba.de.

3.5.5 EU-Flottenverbrauchsrichtlinie: Ein Flop

Mit der EU-Flottenverbrauchsrichtlinie sollte erreicht werden, dass die europäischen Hersteller ihre in Europa zugelassenen Fahrzeuge effizienter machen und damit zur CO_2-Minderung im Verkehr beitragen. Die konkrete Ausgestaltung der Richtlinie hat jedoch dazu geführt, dass die Hersteller zwar mehr E-Fahrzeuge und Plug-in-Hybride in den Markt gebracht haben, gleichzeitig aber die fossilen Fahrzeuge größer, schwerer und leistungsstärker wurden.

Zudem wurde mit den Regelungen für Plug-in-Hybride dafür gesorgt, dass Fahrzeuge, die überwiegend im fossilen Modus gefahren werden, in der CO_2-Bilanz als nahezu emissionsfrei angerechnet wurden.

Damit die EU-Flottenverbrauchsrichtlinie zu einem niedrigeren CO_2-Ausstoß bei Fahrzeugen führt, müssen wesentliche Änderungen vorgenommen werden:

- Plug-in-Hybride dürfen nicht als emissionsarme Fahrzeug in die Durchschnittsberechnung, sondern sollten mit ihren realen Emissionen in die Berechnung der Durchschnittsemissionen der Fahrzeugflotte eingehen.

- Die Besserstellung von größeren und schwereren Fahrzeugen durch höhere zulässige CO_2-Grenzwerte pro Fahrzeug ist kontraproduktiv und sollte umgehend beseitigt werden.

- Ein verbindliches Flottenverbrauchsziel für konventionelle Fahrzeuge (ohne die Anrechnungsmöglichkeit von E-Fahrzeugen als Null-Emissionsfahrzeuge) würde dazu beitragen, die noch bestehenden Effizienzpotenziale der fossil betriebenen Fahrzeuge zu heben und Druck auf die Angebotspalette in Richtung kleinerer, leichterer Fahrzeuge auszuüben.

Immerhin kann die EU-Flottenverbrauchsrichtlinie einen Anteil leisten, dass das von der EU beschlossene Verbrenner-Verbot für Neuzulassungen ab dem Jahr 2035 erreichbar wird. Durch die Ausgestaltung der Richtlinie können die Automobilhersteller die kontinuierlich sinkenden Emissionsgrenzwerte nur dann einhalten, wenn sie systematisch den Anteil der E-Fahrzeuge oder anderer CO_2-emissionsfreier Fahrzeuge an den Neuzulassungen erhöhen.

3.5.6 Prioritätenwechsel: Kein Straßenneubau, Umwidmung der Gelder für die Schiene und Fahrradinfrastruktur

Im Oktober 2023 hat sich die Ampelkoalition auf eine Planungsbeschleunigung von Verkehrsprojekten und auf ein neues Straßenverkehrsrecht geeinigt. Demnach sollen 138 Bundesautobahnprojekte beschleunigt umgesetzt werden. Für diese Vorhaben stehen bis zum Jahr 2030 für die Bundesfernstraßen 132,8 Mrd. Euro und für das Schienennetz 112,3 Mrd. Euro zur Verfügung. Wenngleich ein größerer Teil für die Sanierung von Straßen und Brücken aufgewendet werden muss, werden 31 Prozent der Mittel in neue Infrastrukturprojekte fließen. Neue Straßen werden mehr Individualverkehr zur Folge haben.

Insofern sollte sich eine zielgerichtete Klimaschutzpolitik auf den Erhalt der Straßeninfrastruktur konzentrieren. Die freiwerdenden Mittel sollten für den Schienenverkehr, den ÖPNV und für Fahrradwege umgewidmet werden.

3.5.7 Tempolimit

Die Bundesregierung hat im Oktober 2023 einen Gesetzentwurf für die Änderung des Straßenverkehrsgesetzes (StVG) auf den Weg gebracht. Mit der Novelle will die Regierung den Rechtsrahmen schaffen, der sodann in der Straßenverkehrs-Ordnung (StVO) den Behörden neue Befugnisse einräumt. Die StVO werde den örtlichen Behörden konkrete Befugnisse einräumen – z. B. Anordnung von Sonderfahrspuren für bestimmte klimafreundliche Mobilitätsformen auf Erprobungsbasis oder für Fahrzeuge, die mit mehreren Personen besetzt sind. Außerdem soll den Behörden vor Ort mehr Flexibilität bei der Anordnung von Bewohnerparken eingeräumt werden.

Die Anordnung von Tempo-30-Regelungen an ganz bestimmten Stellen soll erleichtert werden, so z. B. bei Spielplätzen, hochfrequentierten Schulwegen und Fußgängerüberwegen. Auch auf den Verbindungsstücken zwischen zwei Tempo-30-Strecken (die bis zu 500 m auseinander liegen können) sollen die Kommunen Tempo 30 vorschreiben können.

Diese Regelung ist bei weitem nicht ausreichend, lässt sie doch kein allgemeines Tempo 30 in Städten zu, wie es aus Gründen der Verkehrssicherheit und für den Umwelt- und Klimaschutz angebracht wäre.

Obwohl der Gesetzentwurf, entstanden als Ergebnis zahlreicher Kompromisse und gegenseitigen Entgegenkommens, nur geringfügige Verbesserungen im Hinblick auf Umwelt und Klimaschutz enthielt, konnte das novellierte Straßenverkehrsgesetz am 24.11.2023 im Bundesrat die Mehrheit nicht erreichen. Die Enttäuschung auf Seiten der Kommunen war groß. Sie waren davon ausgegangen, dass sich dank der in langen Verhandlungen gemachten Kompromisse alle Akteure in der Novellierung wiederfinden. Die CDU-geführten Länderregierungen ließen das novellierte Gesetz durchfallen – vermutlich, um die Ampelregierung in einer Krisensituation (Karlsruher Urteil zur Verfassungswidrigkeit des Bundeshaushalts) weiter zu schwächen.

Und ein allgemeines Tempolimit auf Landstraßen (Tempo 80) und Autobahnen (Tempo 100)? Fehlanzeige. Ebenfalls sucht man im novellierten Straßenverkehrsgesetz vergebens eine Zielsetzung, die Anzahl der Toten und Verletzten zu reduzieren und ein Zero-Ziel im Verkehr anzustreben.

Die Einführung eines Tempolimits in den Kommunen ist auch notwendig, um die Sicherheit von Fahrradfahrenden und Zufußgehenden zu erhöhen. Ohne einen raschen und qualitativ hochwertigen Ausbau von attraktiven Fuß- und Fahrradwegen sowie Fahrradschnellstraßen wird es nicht gelingen, die Automobilität zugunsten anderer Verkehrsmittel zurückzudrängen.

3.5.8 Parkraumpolitik und Ausbau von Radwegen

Die Beispiele Paris, Barcelona, Kopenhagen und New York zeigen, wie Städte durch eine Abkehr von der autogerechten Stadt lebenswerter werden.

In Paris wurde am rechten Seineufer eine Schnellstraße auf einer Länge von 7 Kilometern für den Autoverkehr gesperrt und für Radfahrer*innen und Fußgänger*innen freigegeben, und zu einem Aufenthaltsort ohne Auto gemacht. Die Zahl der öffentlichen Parkplätze wurde reduziert und die Parkraumbewirtschaftung ausgedehnt, der öffentliche Raum umgestaltet. Zudem gibt es finanzielle Anreize, um das eigene Automobil aufzugeben und stattdessen das Fahrrad, den ÖPNV oder ein Car-Sharing-Fahrzeug zu nutzen. In Paris werden 170.000 neue Bäume gepflanzt. Das hat auch Auswirkungen auf das Mikroklima: Eine im Fachjournal »Nature Communications« erschienene Studie kommt zu dem Ergebnis, dass städtische Flächen mit Baumbestand frappant kühler sind. So wurde für die untersuchten österreichischen Städte festgestellt, dass in Wien Gebiete mit Bäumen im Sommer durchschnittlich um 11 Grad Celsius und baumlose Grünflächen um 5,5 Grad kühler sind als bebaute Flächen. In Salzburg reduzieren Bäume die Temperatur um 14 Grad Celsius, normale Grünflächen um deren 8.[11]

Warum soll all dies bei uns nicht möglich sein oder an Abstimmungsmehrheiten scheitern? Die Bürgermeisterin von Paris, Anne Hidalgo, wurde im Jahr 2020 trotz – oder wegen ihrer fortschrittlichen Verkehrspolitik wiedergewählt. Jetzt kann sie die ersten Früchte ihrer entschlossenen Verkehrspolitik ernten: Die Fahrradnutzung stieg in den ersten drei Monaten 2023 um 37,3 Prozent im Vergleich zum Vorjahreszeitraum, während der Autoverkehr im Stadtzentrum um 5,5 Prozent abnahm. Für die Olympischen Spiele in Paris im Sommer 2024 werden weitere 60 Kilometer Radwege angelegt, die mit dem bestehenden Radwegenetz verbunden werden (Tagesspiegel 2023).

Barcelona hat mit der Schaffung von sogenannten Superblocks (siehe die Abbildung auf der folgenden Seite) die Lebensqualität in Wohnquartieren erhöht. Die verkehrsberuhigten Quartiere bieten mehr Grünflächen, Spielplätze und Radwege – und sorgen für ein besseres Mikroklima. Das zunächst von einigen Kritikern befürchtete Verkehrschaos am Rande der Blocks blieb aus.

Dazu mag auch eine Beobachtung beitragen, die Pauline Hosotte 2022 in ihrer Dissertation an der École Polytechnique Fédérale de Lausanne (EPFL) untersucht hat: Verkehrsexpert*innen beobachten seit längerem, dass bei einer Verkehrseinschränkung, z. B. bei einer Baustel-

---

11   www.klimawandelanpassung.at/newsletter/nl52/baeume-kuehlen.

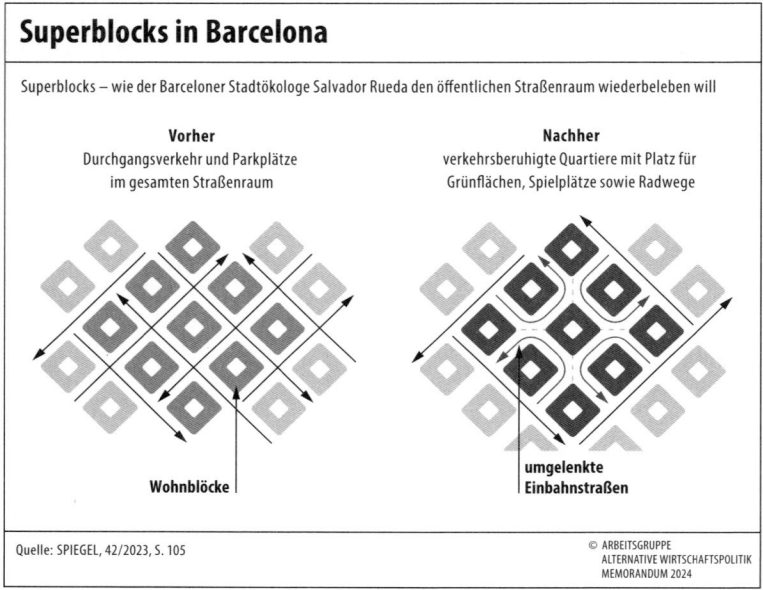

Superblocks in Barcelona

Superblocks – wie der Barceloner Stadtökologe Salvador Rueda den öffentlichen Straßenraum wiederbeleben will

Vorher
Durchgangsverkehr und Parkplätze
im gesamten Straßenraum

Nachher
verkehrsberuhigte Quartiere mit Platz für
Grünflächen, Spielplätze sowie Radwege

Wohnblöcke

**umgelenkte
Einbahnstraßen**

Quelle: SPIEGEL, 42/2023, S. 105

© ARBEITSGRUPPE
ALTERNATIVE WIRTSCHAFTSPOLITIK
MEMORANDUM 2024

le in einem Tunnel, ein Teil des Verkehrs schlicht verschwindet, anstatt auf alternative Strecken auszuweichen. Bisher existierten noch keine gesicherten Erklärungen für dieses Phänomen, das als »Verkehrsverdunstung« bezeichnet wird. Sowohl in der wissenschaftlichen Literatur als auch in der Praxis der Verkehrsplanung stellt die Verkehrsverdunstung eine Wissenslücke dar.[12] Eine Verkehrswende benötigt Impulse von unten, aus den Kommunen. Hierzu können z. B. Bürgerbegehren für bessere Fahrrad- und Fußwege gehören. Oder: Je mehr Eltern sich für sichere Schulwege einsetzen, desto eher werden die Schwachstellen beseitigt und das Tempo per Verordnung gedrosselt.

---

12   Die vierjährige Forschungsarbeit wurde durch eine Zusammenarbeit zwischen dem Ingenieur- und Beratungsbüro Transitec und dem Labor für Stadtsoziologie (LaSUR) der EPFL unter der Leitung von Prof. Vincent Kaufmann realisiert. Die Studie untersucht Verhaltensänderungen angesichts einer Vielzahl von Einschränkungen der Straßenkapazität, mit denen Mobilitätsexpert*innen täglich konfrontiert sind (Motor Styrelsen 2024).

Autofreie Stadtteile können die Vorteile eines reduzierten Autoverkehrs spürbar machen. Pop-up-Radwege und für einen Tag gesperrte Straßen oder Aktionstage für nachhaltigen Verkehr können Denkanstöße geben. Firmen können ihren Mitarbeiter*innen eine bessere Infrastruktur für Fahrradfahrer*innen anbieten, wie z. B. Duschen, Abstellplätze, Reparaturmöglichkeiten, Ladestationen für E-Bikes. Wenn sie dabei mit einem MobilSiegel für vorbildliche Maßnahmen ausgezeichnet werden, erhöht sich bei vielen die Motivation, ihre Mobilitätsstrategie zu überdenken oder vorbildliches Verhalten zu belohnen bzw. an den Tag zu legen. So wurde z. B. ein Freiburger Unternehmen mit dem Siegel ausgezeichnet, das seinen Beschäftigten für einen Verzicht auf Flugreisen jährlich drei zusätzliche Ferientage bietet.

Je mehr sich herausstellt, dass die autogerechte Stadt nicht funktioniert und im Stau und Mief erstickt, und je mehr Beispiele die Vorzüge einer nachhaltigen Verkehrspolitik belegen, desto eher gelingt es den beschriebenen Policymix umzusetzen. Eine Verkehrswende muss immer wieder erläutert werden. Dies gilt insbesondere auch für Maßnahmen, die ein suffizientes Verhalten erleichtern und anregen wollen.

3.6 Fazit

Ohne einen breiten Maßnahmenmix zur Entprivilegierung des fossilen Individualverkehrs, ohne monetäre Reduktionsanreize, die die überbordende Automobilität reduzieren, und ohne einen Policymix, der ein suffizientes Verkehrsverhalten belohnt, wird die Verkehrswende nicht gelingen. Grundlegend dafür ist ein Umverteilungsmechanismus, der die höheren Einnahmen des Staates, z. B. aus Zulassungs- und CO_2-Steuern, nachvollziehbar nach Kriterien gerechter Suffizienzpolitik umverteilt und damit eine Verkehrswende sozial flankiert und für breite Bevölkerungsschichten akzeptabel macht. Insbesondere müssen die infrastrukturellen und finanziellen Voraussetzungen möglichst schon im Vorlauf geschaffen werden, die Mobilität jenseits des motorisierten Individualverkehrs nutzbar und attraktiv für jedermann zu machen. Vorschläge und Beispiele hierzu finden sich im MEMORANDUM 2020.

Eine gelungene Verkehrswende setzt voraus, dass die Betroffenen erkennen, dass sich mit den geplanten Maßnahmen die Lebensqualität in Stadt und Land verbessert und letztlich suffizientes Verhalten zum eigenen und zum Vorteil aller führt. Der Instrumentenmix sollte so gestaltet sein, dass er einen suffizienten Lebensstil, nachhaltige Konsummodelle und ressourcenschonende Verhaltensweisen begünstigt und erleichtert, kontraproduktive klimaschädliche Anreize aber rigoros beseitigt. Das sogenannte Dienstwagenprivileg z. B. ist das Gegenteil eines klimagerechten Anreizsystems: Hier finanziert der Staat über Steuervergünstigungen bis zu 59 Prozent der Kosten von klimaschädlichen SUVs und Luxusfahrzeugen.[13] Solange Steuerberater*innen legal ihren Kund*innen erklären können, wie das Finanzamt ihren Porsche mitfinanziert, solange gibt es ein soziales Gerechtigkeitsproblem, dessen Wahrnehmung die Akzeptanz sinnvoller Klimaschutzmaßnahmen behindert. Die Verkehrswende und Suffizienzpolitik im Verkehrsbereich müssen diese und andere Gerechtigkeitslücken schließen.

Die Transformation der Märkte und Konsumgewohnheiten erfordert eine klare Zielsetzung und einen längeren Zeitrahmen für die erforderliche abgestufte Umstellung. Deshalb muss der Einstieg in den Policymix bereits heute und nicht erst in ferner Zukunft geschehen.

Literatur

Alber, Gotelind / Hummel, Diana / Röhr, Ulrike / Spitzner, Meike / Stieß, Immanuel (2018): Geschlechtergerechtigkeit und Klimapolitik, in: Aus Politik und Zeitgeschichte (APuZ) 21-23/2018, bpb. de, S. 40-47.

Agora Verkehrswende und Agora Energiewende (2023): Der CO_2-Preis für Gebäude und Verkehr. Ein Konzept für den Übergang vom nationalen zum EU-Emissionshandel.

---

13 Tagesspiegel vom 30.1.2024, »Den Porsche finanziert Christian Lindner« (Tartler 2024).

Agora Verkehrswende (2023): Mobilitätsgarantie für Deutschland – Teil I. Ausgangslage und Praxisbeispiele für eine bundesweit garantierte Grundversorgung mit Bus und Bahn, www.agora-verkehrswende.de.

Arbeitsgruppe Alternative Wirtschaftspolitik (2020): MEMORANDUM 2020. Gegen Markt- und Politikversagen—Aktiv in eine soziale und ökologische Zukunft, Köln.

Arbeitsgruppe Alternative Wirtschaftspolitik (2021): MEMORANDUM 2021: Corona – Lernen aus der Krise! – Alternativen zur Wirtschaftspolitik, Köln.

Berliner Mobilitätsgesetz vom 5. Juli 2018, 9240–4 MobG BE (2018), gesetze.berlin.de.

BMWK – Bundesministerium für Wirtschaft und Klimaschutz (o. J.): Fragen und Antworten zur »Kohlekommission«, abgerufen am 09.01.2024, www.bmwk.de.

Bundesrat (2023): Ausgewählte Tagesordnungspunkte der 1038. Sitzung am 24.11.2023, www.bundesrat.de.

DIW (o. J.): Äquivalenzeinkommen. DIW Berlin, abgerufen am 09.01.2024, www.diw.de.

Club of Rome (o. J.): Earth for All—A Survival Guide for Humanity, abgerufen am 09.01.2024, www.clubofrome.org.

Forum Ökologisch-Soziale Marktwirtschaft (FÖS) (2021): Zehn klimaschädliche Subventionen sozial gerecht abbauen – ein Zeitplan, www.foes.de.

Groeneveld, Josh (2018): Wie der Zugang zu Verkehrsmitteln die Ungleichheit in Deutschland bestimmt, FOCUS online, 14.11.2018.

Hennicke, Peter / Koska, Thorsten / Rasch, Jana / Reutter, Oscar / Seifried, Dieter (2021): Nachhaltige Mobilität für alle. Ein Plädoyer für mehr Verkehrsgerechtigkeit, München.

IPCC (2022): Mitigation of Climate Change – Summary for Policymakers, Working Group III Contribution to the Sixth Assessment Report of the IPCC – The Intergovernmental Panel on Climate Change, www.ipcc.ch.

Kellner, Maximilian / Roolfs, Christina / Rütten, Karolina, Bergmann, Tobias / Hirsch, Julian / Haywood, Luke / Konopka, Boris /

Kalkuhl, Matthias (2022): Analyse: Entlastung der Haushalte von der CO_2-Bepreisung: Klimageld vs. Absenkung der EEG-Umlage, Ariadne-Analyse, Potsdam, ariadneprojekt.de.

Klimawandelanpassung.at (o. J.): Bäume kühlen Europas Städte, abgerufen am 06.02.2024

Lohmeier, L. (2024): Bevölkerung in Deutschland nach Anzahl der PKW im Haushalt von 2018 bis 2021, de.statista.com, 02.01.2024.

Motor Styrelsen (o. J.): Zulassungssteuer, abgerufen am 06.02.2024, Das Dänische Kraftfahrzeugamt, motorst.dk.

Piketty, Thomas (2022): Eine kurze Geschichte der Gleichheit, München.

Rammler, Stephan / Schwedes, Oliver (2018): Mobilität für alle! Gedanken zur Gerechtigkeitslücke in der Mobilitätspolitik, Friedrich-Ebert-Stiftung, Forum Berlin.

Runge, Diana (2005): Mobilitätsarmut in Deutschland?, TU Berlin, Fachgebiet Integrierte Verkehrsplanung.

SPD / Bündnis 90/Die Grünen / FDP (2021): Mehr Fortschritt wagen. Koalitionsvertrag 2021-2025.

SPIEGEL (2023): »Wir müssen endlich im großen Stil abschieben«, Der Spiegel 43/2023, 20.10.2023.

Stromspar-Check (o. J.): stromspar-check.de, abgerufen am 09.01.2024.

tagesschau.de (2024): Bürgerbefragung: Paris stimmt für höhere Parkgebühren für SUV, tagesschau.de, 05.02.2024.

Tagesspiegel (2023): Autoverkehr leicht rückläufig: Pariser schwingen sich öfter aufs Rad, www.tagesspiegel.de, 09.09.2023.

Tartler, Jens (2024): Den Porsche finanziert Christian Lindner, Tagesspiegel Background Verkehr & Smart Mobility, background.tagesspiegel.de, 30.01.2024.

Umweltbundesamt (2020a): Verkehrswende für ALLE. www.umweltbundesamt.de.

Umweltbundesamt (2020b): Aktuelle Verkehrspolitik benachteiligt Menschen mit geringem Einkommen, www.umweltbundesamt.de, 10.09.2020.

Umweltbundesamt (2021): Lärmwirkungen, www.umweltbundesamt.de/themen/laerm/laermwirkungen, 26.03.2021.

Umweltbundesamt (2022a): Der Klima-Sozialfonds im Fit-for-55-Paket der europäischen Kommission – Definition und Quantifizierung vulnerabler Haushalte und notwendige Investitionsbedarfe, www.umweltbundesamt.de.

Umweltbundesamt (2022b): Straßenverkehrslärm, www.umweltbundesamt.de/themen/laerm/verkehrslaerm/strassenverkehrslaerm, 04.04.2022.

Umweltbundesamt (2023): Mobilität privater Haushalte, www.umweltbundesamt.de/daten/private-haushalte-konsum/mobilitaet-privater-haushalte#-hoher-motorisierungsgrad, 28.04.2023.

Umweltbundesamt (2016): Repräsentative Erhebung von Pro-Kopf-Verbräuchen natürlicher Ressourcen in Deutschland (nach Bevölkerungsgruppen) (39/2016), www.umweltbundesamt.de.

4 Wärmewende gerecht gestalten

Das Heizungsgesetz aus dem Jahr 2023 gehört zu den umstrittensten Umweltgesetzen der letzten Jahre. Dazu führten handwerkliche und politische Fehler der Bundesregierung im Zuge der Novelle des Gebäudeenergiegesetzes (GEG). Sie erleichterten eine ideologisch getriebene Kampagne gegen die Energiewende im Wärmebereich, und hier insbesondere gegen die hocheffiziente Wärmepumpe. Im Ergebnis wurde das GEG klimapolitisch verwässert, obgleich durchaus einige Probleme des ersten Entwurfs behoben wurden. Neben dem Heizungsgesetz setzen das Kommunale Wärmeplanungsgesetz und die geänderte EU-Gebäuderichtlinie einen neuen Rahmen für die Wärmewende. Auch hier wurden Chancen vergeben, die nicht nur aus ökologischem, sondern auch aus sozialem Anspruch hätten ergriffen werden müssen.

Die Dekarbonisierung des Gebäudesektors kann jedoch nur gelingen, wenn sie zum einen sozial ausreichend abgesichert ist und zum anderen statt vermeintlicher Technologieoffenheit Technologiesicherheit herstellt, die absehbar falsche Pfade verhindert und Kostenrisiken begrenzt. Beides ist gegenwärtig nur sehr bedingt der Fall. Die Arbeitsgruppe Alternative Wirtschaftspolitik *analysiert in diesem Kapitel die Rahmenbedingungen für die Wärmewende im Gebäudebereich und macht Vorschläge, wie sie zu ändern wären, um einen klimagerechten Umbau zu ermöglichen.*

4.1 Die drei Elemente der Wärmewende

Nach älteren Untersuchungen sind rund 40 Prozent der deutschen Treibhausgasemissionen dem Gebäudesektor zuzurechnen (BBSR 2020). Die Berechnungen erfolgten nach dem Verursacherprinzip. Dies berücksichtigt zusätzlich zu den betriebsbedingten Emissionen der Wärmeversorgung auch die Herstellungsemissionen der Gebäude selbst. Angesichts dieses Ausmaßes ist die Dekarbonisierung des Gebäudesektors eine enorme Herausforderung. Sie lässt sich aber bewältigen: Erstens muss der Gebäude-Energieverbrauch deutlich reduziert werden. Zentral dafür sind anspruchsvolle Effizienzstandards beim Neubau und bei der energetischen Sanierung von Gebäuden. Zweitens ist der verbleibende Restwärmebedarf zunehmend mit Erneuerbaren Energien statt mit Öl und Gas zu decken. Das ist das Thema Heizungstausch – Wärmepumpe oder grüne Fernwärme statt Öl- oder Gasheizung. Und drittens ist der Neu- und Ausbau von Wärmenetzen und -speichern wesentlicher Baustein dafür, regenerative Wärme und nicht vermeidbare Abwärme insbesondere für verdichtete Räume und Industrieanwendungen verfügbar zu machen.

Die Umsetzung drängt, denn die im Klimaschutzgesetz festgeschriebenen Höchstgrenzen für die direkten Emissionen des Gebäudesektors wurden 2022 zum vierten Mal hintereinander überschritten. Kumulativ ergeben sich daraus künftig auszugleichende Mehremissionen in Höhe von 21 Mio. Tonnen Kohlendioxid-Äquivalent (t CO_2äq).

Die drei Ansätze lassen die technischen Herausforderungen erkennen. Sie enthalten aber gleichzeitig sozialen Sprengstoff. Er kann zünden, wenn die Politik die Prozesse nicht verantwortungsvoll begleitet. Insbesondere die energetische Sanierung war in der Vergangenheit ein Treiber für rasante Mietsteigerungen und teilweise auch für Verdrängung.

Ressourcen- und klimaschonend wäre es überdies, die Wohnflächen pro Kopf mittels attraktiver Wohnungswechselangebote zu reduzieren – ebenfalls eine soziale Herausforderung; Vorschläge zur Suffizienz im Gebäudesektor finden sich im MEMORANDUM 2023.

4.2 Der neue gesetzliche Rahmen auf EU-Ebene

4.2.1 Halbherzige Reform der EU-Gebäuderichtlinie

Im Februar 2024 wurde in Brüssel nach zweijährigen Verhandlungen die novellierte EU-Gebäuderichtlinie (*Energy Performance of Build-*

ings Directive, EPBD) verabschiedet (EU-Parlament 2023a). Ein deutsches Bündnis von Umwelt-, Sozial- und Verbraucherverbänden hatte noch im August 2023 von der Bundesregierung gefordert, sich für wirkungsvolle Mindesteffizienzstandards (Minimum Energy Performance Standards, MEPS) einzusetzen, welche der Entwurf der EU-Kommission ursprünglich auch vorsah. Es drohe in den Verhandlungen der aus sozialer wie ökologischer Sicht sinnvolle Ansatz zu scheitern, wonach gebäudescharf verpflichtend (also für jeweilige Gebäudeeigentümer bindend) zuerst jene Wohnhäuser saniert werden müssten, die den schlechtesten Energiestandard aufweisen (Verbände 2023). Gemeint war hier eine zu bildende Effizienzklasse G, die in der Skala von A bis G etwa 15 Prozent des EU-Gebäudebestandes ausgemacht hätte (Klasse A = Nullemissionsgebäude). Da in schlecht sanierten Häusern überdurchschnittlich viele Menschen mit geringem Einkommen leben, lassen sich dort mögliche hohe Treibhausgaseinsparungen (mit entsprechender staatlicher Förderung) ganz praktisch mit Alltagsverbesserungen für diejenigen verbinden, die diese am meisten brauchen (Öko-Institut 2022). Tatsächlich setzte sich jedoch der EU-Ministerrat durch – die MEPS für Wohngebäude wurden gekippt.

Nunmehr existieren weiterhin weder auf EU-Ebene noch in Deutschland konkrete Sanierungspflichten für Hauseigentümer*innen. Die Mitgliedstaaten sind lediglich dazu verpflichtet, den durchschnittlichen Primärenergieverbrauch ihres gesamten Wohngebäudebestands schrittweise zu reduzieren, und zwar bis 2030 um 16 Prozent und bis 2035 um 20 bis 22 Prozent. Dabei sollen die energetischen Sanierungen der ineffizientesten Wohngebäude eines Landes 55 Prozent der veranschlagten Minderung liefern (was in Deutschland etwa 43 Prozent des Wohngebäudebestandes betrifft). Die Sanierungspflicht für Einzelgebäude ist also vom Tisch.

Bei Nichtwohngebäuden wurden hingegen verpflichtende Mindesteffizienzstandards erlassen. Bis zum Jahr 2030 müssen in den Mitgliedstaaten nun 16 Prozent der Nichtwohngebäude mit den schlechtesten Effizienzwerten durch Mindestanforderungen an die Gesamtenergieeffizienz saniert werden. Drei Jahre später soll das für die ineffizientesten 26 Prozent der Nichtwohngebäude der Fall sein.

Ob die Mitgliedstaaten zur Umsetzung der schwächeren Vorgaben im Wohngebäudebereich Ordnungsrecht oder Fördermittel einsetzen, bleibt ihnen überlassen. Entsprechend könnte Deutschland hierfür zwar theoretisch MEPS auch für Wohngebäude im Bestand einführen, um am schnellsten die am schlechtesten isolierten Gebäude zu adressieren. Da die Bundesregierung die konservative Haltung des EU-Ministerrats in dieser Frage aber maßgeblich mitgeprägt hat, ist das nicht zu erwarten.

Ob bei vermieteten Wohngebäuden Fördermittel als Alternative zu ordnungsrechtlichen Vorgaben die notwendigen Sanierungsanreize liefern, ist fraglich, da dies bislang schon nicht funktioniert hat. Nur in fünf bis zehn Prozent der Sanierungsfälle haben Eigentümer*innen in Deutschland in der Vergangenheit überhaupt Fördermittel in Anspruch genommen (DMB 2023). Der schlichte Grund: Die Kosten der Sanierungen lassen sich auf die Kaltmiete umlegen. Bei Inanspruchnahme von Fördermitteln müssten die Finanzierungsvorteile daraus an die Mieter*innen weitergereicht werden – ein vergleichsweise aufwändiger Prozess ohne ökonomische Vorteile für die Vermieter*innen. Im Sinne der Mieter*innen sollte darum eine Pflicht zur Inanspruchnahme von Fördermitteln im Mietrecht verankert werden. Ferner sind selbstnutzende Wohneigentümer*innen vergleichbar zu unterstützen.

Eine vergleichsweise strikte ordnungsrechtliche Lösung für das Problem gibt es in Frankreich: Gebäude, die einen energetischen Mindeststandard nicht erfüllen, dürfen seit Januar 2023 nur eingeschränkt vermietet werden (FR 2023). Geplant ist zudem, dass die in Frankreich »Wärmesiebe« genannten Häuser künftig von den Eigentümer*innen nur unter der Bedingung verkauft werden dürfen, dass eine Sanierung bald erfolgt.

Zudem können in Frankreich Vermieter*innen nicht die Sanierungskosten, sondern lediglich 50 Prozent der Kosten, die die Mieter*innen durch die energetische Maßnahme einsparen, für 15 Jahre auf diese umlegen. Das entspricht laut einer Untersuchung einem Umlagesatz pro Jahr von 3,3 Prozent der eingesparten Kosten (GGSC 2019). Dies sei zudem nur möglich, wenn ein bestimmtes Sanierungsniveau erreicht wird. Im Vergleich zum deutschen Recht könne die Miete also nur geringfügig erhöht werden, die Regelung sei demnach sehr mieterfreundlich, so die Studie.

Die Vorgaben in Frankreich machen möglich, was in Deutschland aufgrund der Rechtslage bislang kaum passiert: Mieter*innen-Initiativen, die energetische Sanierungen gegenüber Eigentümer*innen und politischen Verantwortlichen vor Ort einfordern. Klimaschutz und Soziales sind hier verbunden. Das funktioniert, weil – im Gegensatz zu Deutschland – Mieter*innen energetische Sanierungen nicht als Brandbeschleuniger für Verdrängung fürchten müssen. Bekanntlich führen hierzulande energetische Sanierungen vielfach zu drastischen Mieterhöhungen.

Organizer*innen der Alliance Citoyenne aus Grenoble und Lyon, Adrien Roux und Christophe Escoffier, berichteten in einer Werkstatt der Rosa-Luxemburg-Stiftung, der mit Aktivist*innen aus der Mieten- und der Klimabewegung durchgeführt wurde, wie sie sich in Frankreich gemeinsam mit Mieter*innen schlecht sanierter Häusern organisieren: Durch die Skandalisierung von Wohnhäusern als Energieschleudern, für die unrechtmäßig die volle Miete verlangt wird, durch planvollen Organisationsaufbau und gezielte Kampagnen von der lokalen über die nationale bis hin zur europäischen Ebene (RLS 2013a).

Unabhängig, wie die neuen EU-Vorschriften konkret umgesetzt werden: Schnelle Sanierungen besonders alter ineffizienter Gebäude sind nur dann hilfreich für einkommensschwache Gruppen, wenn die Kosten nicht, oder nur sehr beschränkt auf die Miete umgelegt werden dürfen. Zudem müssen klare Vorschriften endlich die rechtswidrige Vermischung von Instandhaltungskosten (die schon über die Kaltmiete bezahlt werden) und energetischen Sanierungskosten beenden. Dies alles wäre im nationalen Mietrecht zu verankern und mit erforderlichen Fördermitteln abzusichern.

Anzustreben wäre ein Recht der Mieter*innen auf warmmietenneutrale Sanierung. Für die Umsetzung gibt es verschiedene Modelle. Eins davon ist das sogenannte Drittelmodell des Instituts für Energie- und Umweltforschung Heidelberg (ifeu) aus dem Jahr 2019 (eine Weiterentwicklung einer Grundidee von Deutschem Mieterbund, BUND und Deutschem Naturschutzring), mit dem die Modernisierungsumlage für Mieter*innen von den heute möglichen acht Prozent auf rund drei Prozent abgesenkt werden könnte (ifeu 2019). Möglich ist dies durch höhere Fördermittel und stärkere Beteiligung der Eigentümer*innen. Das Modell wird momentan im Auftrag von Mieterbund und BUND erneut weiterentwickelt.

Nach der novellierten EPBD sollen neue Gebäude ab 2030 emissionsfrei sein; neue Gebäude, die von der öffentlichen Hand genutzt werden oder sich im Besitz der öffentlichen Hand befinden, bereits ab 2028. Das endgültige Aus für fossile Heizungen und Kühlungen in Europa verankert die EPBD erst für 2040, die Förderungen von eigenständigen fossilen Heizkesseln soll 2025 enden – sehr spät, was von Umweltverbänden ebenfalls kritisiert wurde.

Die *Arbeitsgruppe Alternative Wirtschaftspolitik* fordert die Bundesregierung bei der Umsetzung der EU-Gebäuderichtlinie auf, durch klare ordnungsrechtliche und möglichst gebäudescharfe Vorgaben sowie durch Bereitstellung weiterer finanzieller Mittel energetische Sanierungen im Wohngebäudebestand zu beschleunigen. Parallel sind im Mietrecht Regeln gegen den Missbrauch von Klimasanierungen und zur Gewährleistung weitgehend warmmietenneutraler Sanierungen festzuschreiben. Die maßgeblichen Förderprogramme sollten ausgebaut und sozial abgestuft werden, wobei selbstnutzende Wohnungseigentümer*innen entsprechend Berücksichtigung finden müssen.

4.2.2 Umstrittener EU-Emissionshandel für Wärme und Verkehr

Eine der aus sozialer Sicht umstrittensten Änderungen ist die Einführung eines neuen, separaten EU-Emissionshandelssystems für die Sektoren Wärme und Verkehr (ETS-2) (EU-Parlament 2023b). Dabei trifft die ab dem Jahr 2027 geltende Abgabepflicht für CO_2-Emissionsberechtigungen nicht die Emittenten der Treibhausgase, wie beim klassischen ETS-1 für die Energiewirtschaft und die Industrie, sondern die »Inverkehrbringer« von Brennstoffen. Diese CO_2-Kosten werden sich dann auf der Heiz- und Tankrechnung wiederfinden. In diesen beiden Sektoren ist Klimaschutz jedoch deutlich teurer als beispielsweise in der Stromwirtschaft, wo bereits CO_2-Preise von 30 bis 50 Euro reichen, um alte Kohlekraftwerke zeitweise aus dem Markt zu drängen. Zwar gibt es auch hier viele günstige Einsparmöglichkeiten, etwa indem kurze Wegstrecken, die heute noch massenhaft mit dem Auto zurückgelegt werden, zukünftig zu Fuß oder mit dem Rad bewältigt werden. Doch solche Potenziale sind irgendwann ausgereizt oder individuell gar nicht vorhanden. In der Wissenschaft werden etwa CO_2-Preise von 100 bis 150 Euro je Tonne CO_2 für den Wärme- und etwa 150 Euro für den Verkehrssektor angegeben, um investitionslenkende Reaktionen hervorzurufen. Aufgrund der weitgehend ausbleibenden Verkehrs- und Wärmewende bei gegebenem CO_2-Minderungspfad für den ETS-2 – er beträgt 43 Prozent bis 2030 gegenüber 2005, oder gut fünf Prozent jährlich – könnten die CO_2-Zertifikatspreise im ETS-2 sogar noch deutlich höher klettern. Schließlich müssten Verkehr und Gebäude ihre CO_2-Emissionen mehr als fünfmal so schnell reduzieren wie in der Vergangenheit (UBA 2024).

Eine im Auftrag des Umweltverbands WWF 2022 verfasste Studie verwies auf den sozialen Sprengstoff und die begrenzte Wirksamkeit des damaligen Kommissionsentwurfs (WWF 2022). Das EU-Parlament wiederum forderte erfolglos, Öl- und Gaskonzerne sollten zur Entlastung der Verbraucher*innen die Hälfte der Kosten tragen. Als Kompromiss wurde lediglich eine preisliche »Notbremse« vereinbart, die zunächst bei CO_2-Preisen von 45 Euro je Tonne CO_2 und ggf. bei weiteren Eingriffsschwellen greift. Oberhalb dieser Marken sollen zusätzliche Zertifikatsversteigerungen aus einer eigenen ETS-2-Reserve den Handelspreis wieder nach unten drücken. Allerdings sind Versteigerungsvolumen und Reserve auf wenige Prozent des Gesamtbudgets begrenzt, entsprechend könnten die Preisbremsen weitgehend versagen. Dann wären CO_2-Preise über 200 Euro möglich, erwarten Analysten (Agora EW 2023a). Zum Kompromiss gehört zudem, dass der Endkundenmarkt stärker auf Missbrauch überwacht werden soll. Ferner wird der Beginn des ETS-2 auf 2028 verschoben, sollten die Energiepreise außergewöhnlich hoch sein.

Die *Arbeitsgruppe Alternative Wirtschaftspolitik* fordert die Bundesregierung auf, zur Dekarbonisierung der Sektoren Gebäude und Mobilität deutlich stärker als bisher auf ordnungspolitische Maßnahmen sowie Förderpolitik zu setzen. Dies schafft nicht nur schneller ökologisch und sozial verträgliche Alternativen. Es wirkt auch tendenziell senkend auf die CO_2-Preise im ETS-2.

4.3 Wärmewende in der Bundesrepublik

4.3.1 Nationale CO$_2$-Bepreisung und ausbleibendes Klimageld

Die Große Koalition hatte bereits 2021 – also im Vorgriff auf das auch von ihr angestrebte europaweite ETS-2 – mit dem Brennstoffemissionshandelsgesetz (BEHG) ein nationales CO$_2$-Bepreisungssystem für Gebäude und Verkehr eingeführt (BMJ 2023a). Dieses soll nach 2026 in das ETS-2 überführt bzw. mit ihm kompatibel gemacht werden. Im Koalitionsvertrag der Ampel wurde vereinbart, als Ausgleich für steigende Energie- und CO$_2$-Preise nach Überführung in die Marktphase einen »sozialen Kompensationsmechanismus über die Abschaffung der EEG-Umlage hinaus (zu) entwickeln (Klimageld)« (Bundesregierung 2021).

Im Zuge der Energiekrise 2022/2023 forderten Politiker*innen der Ampel verschiedentlich, den Start eines solchen Klimagelds vorzuziehen. Man wolle es »noch in dieser Legislaturperiode« einführen, hatte Finanzminister Christian Lindner (FDP) im Februar 2022 vor dem Bundestag versichert. Die geplanten BEHG-Einnahmen für 2023 von 12,3 Mrd. Euro würden rechnerisch knapp 150 Euro pro Einwohner ergeben, erhielten alle denselben Betrag in Form einer diskutierten »Kopfpauschale«. SPD-Sozialminister Hubertus Heil schlug im Mai 2022 vor, das Klimageld sozial gestaffelt zu zahlen statt als Kopfpauschale (SPON 2022).

Ein Klimageld gibt es bis heute nicht. Im Gegenteil: Die CO$_2$-Preise werden nun zur Lösung der Haushaltskrise infolge des Bundesverfassungsgerichtsurteils zum Klima- und Transformationsfonds (KTF) schneller erhöht, als zuletzt im BEHG vorgesehen. Sie steigen ab Januar 2024 von 30 auf 45 Euro pro Tonne, statt nur auf 35 Euro, und 2025 auf 55 statt auf 45 Euro. Die Einnahmen sind (genauso wie die aus dem EU-ETS-1) ohnehin komplett für den KTF reserviert. Dieser finanziert im Wesentlichen Klimaschutzinvestitionen, Strompreissubventionen für die Industrie, Ansiedlungsprämien für Chipfabriken und die EEG-Vergütungen für Ökostromanlagen. Ein Klimageld müsste folglich aus anderen Quellen bezahlt werden, etwa durch die höhere Besteuerung

Vermögender, die Streichung klimaschädlicher Subventionen oder ein neues kreditfinanziertes Sondervermögen – was jedoch mit der FDP nicht zu machen ist. Alternativ könnten die BEHG-Einnahmen künftig ins Klimageld gehen. Dann wären die Ausgaben, die momentan aus dem KTF bezahlt werden, aus den skizzierten, neu zu schaffenden Quellen zu finanzieren. Doch egal, wie man die Sache dreht: Wendet sich die Bundesregierung nicht unverzüglich einer klima- und generationsgerechten Finanzpolitik zu, werden in der Umbaufinanzierung künftig jedes Jahr Löcher im mittleren zweistelligen Milliarden-Bereich klaffen.

Dass der Staat seit Mitte 2022 die EEG-Umlage an Stelle der privaten Haushalte übernimmt, entlastet die Bürger*innen zumindest teilweise. Zudem trat im Januar 2023 das von der Ampelkoalition beschlossene Stufenmodell zur Aufteilung der CO_2-Kosten im Wärmebereich zwischen Vermieter*innen und Mieter*innen in Kraft (BMJ 2023a). Demnach zahlen die Vermieter*innen einen höheren Anteil, wenn das Gebäude eine schlechtere Energieeffizienz hat. Umgekehrt steigt der Kostenanteil der Mieter*innen, je besser das Gebäude saniert ist und je weniger CO_2 durch die Heizungsart verursacht werden kann. Dieses in zehn Stufen aufgeteilte Modell entlastet zwar Mieter*innen tendenziell, ignoriert aber die Tatsache, dass diese keinerlei Einfluss auf die Isolierung ihres Hauses oder die Art der Heizung haben – im Gegensatz zur Vermieter*innenseite.

Die *Arbeitsgruppe Alternative Wirtschaftspolitik* fordert die Bundesregierung auf, die Einführung eines Klimagelds nicht weiter zu verzögern und dessen Finanzierung auch durch eine höhere Besteuerung von hohen Einkommen und Vermögen sicherzustellen. Sie spricht sich zudem für ein sozial abgestuftes Klimageld aus, welches untere Einkommen deutlich stärker entlastet als hohe.

4.3.2 Das Drama um das Heizungsgesetz

Heizungstausch überfällig

Kaum eine Rechtsänderung mit klimapolitischer Relevanz hat in der Bundesrepublik gesellschaftlich solch ein Erdbeben ausgelöst, wie das Heizungsgesetz im letzten Jahr. Dafür sind drei Gründe maßgeblich.

Erstens steckten im Entwurf der Novelle des Gebäudeenergiegesetzes (GEG) handwerkliche Fehler. Zweitens wurde seitens des Bundesministeriums für Wirtschaft und Klimaschutz (BMWK) die sozialpolitische Dimension des Vorhabens vollkommen unterschätzt. Und drittens gehört das neue Heizungsgesetz zu jenen rechtlichen Regelungen, die für viele Menschen – zumindest gefühlt – deutlich unmittelbarer in das Alltagsleben eingreifen als etwa die in der Stromrechnung versteckte (und inzwischen abgeschaffte) EEG-Umlage. Auch das führte zu Abwehrreaktionen, die Kampagnen von Medien und Gaslobby gegen das Vorhaben insgesamt ermöglichten. Sie wurde teils faktenfrei und gegen die Energiewende als Ganzes geführt.

Im Jahr 2023 wurde in den 40,9 Millionen Wohnungen Deutschlands fast jede zweite Heizung mit Erdgas und knapp jede vierte mit Öl betrieben (BDEW 2023a). Nach dem Klimaschutzgesetz jedoch ist der Restwärmebedarf spätestens 2045 vollständig auf Basis Erneuerbarer Energien zu decken. In Anbetracht der üblichen Nutzungsdauern von Heizungssystemen von 20 bis 30 Jahren (48 Prozent der Öl- und 28,5 Prozent der Gaszentralheizungen in Deutschland waren 2023 älter als 20 Jahre) ist es demnach längst überfällig, keine neuen fossil befeuerten Heizungen mehr einzubauen. Vorangegangene Bundesregierunen hätten eigentlich schon früher gesetzlich darauf hinwirken müssen, um gute Planungen und vernünftige Übergangs- und Härtefallregelungen zu ermöglichen.

Allerdings kann eine neue, weitgehend mit regenerativen Energiequellen betriebene Heizungsanlage kurzfristig hohe Zusatzkosten für Haushalte bedeuten, auch wenn in finanzieller Hinsicht zu berücksichtigen ist, dass die alte, nicht mehr reparierbare Heizung hätte ohnehin ersetzt werden müssen. Einkommensärmere Haushalte können die Anfangsinvestitionen überfordern, sie werden davon grundsätzlich viel stärker belastet als wohlhabendere. Das gilt auch für Mieter*innen, die über die Umlage der Investitionskosten zur Kasse gebeten werden. Diesen sozialen Aspekt hatte das BMWK in seinem in Robert Habecks Verantwortung liegenden Entwurf der Novelle des GEG zunächst völlig unterbelichtet – die Bundesregierung hat ihn über später verabschiedete Förderprogramme nur zum Teil berücksichtigt.

Im Gebäudebereich zeigt sich besonders deutlich, dass Klimaschutz ohne soziale Gerechtigkeit zum Scheitern verurteilt ist. Die Grünen, die im Fall der GEG-Novelle kein gutes Konzept zur sozialen Absicherung der Wärmewende hatten bzw. in der Ampel gegen die FDP nur unzureichend durchsetzen konnten, zahlen in der öffentlichen Debatte bis heute die Zeche dafür. Aus energiepolitischer Sicht bleibt der Fokus des BMWK auf die viel diskutierte Wärmepumpe selbstverständlich richtig und muss gegen irrationale Angriffe und interessengeleitete Kampagnen u. a. der Gasindustrie wie auch den plumpen Populismus von AfD oder BSW verteidigt werden.

Fachliche Defizite verstärkten Ablehnung

Nach dem beschlossenen Gesetz können bestehende Gas- und Öl-heizungen weiter betrieben und repariert werden, quasi so lange sie durchhalten, denn erst 2044 ist für sie endgültig Schluss (BMJ 2023b). Die medialen Begriffe »Heizungsverbot« oder »Austauschpflicht« waren folglich reiner Populismus. Ab Januar 2024 müssen vielmehr grundsätzlich fossile Heizungen, die nach Ende ihrer Lebenszeit ausgetauscht werden, mit Heizungen ersetzt werden, die ihre Wärme zu 65 Prozent aus Erneuerbaren Energien (EE) oder unvermeidbarer Abwärme beziehen (im Folgenden »65-Prozent-EE-Pflicht«). Das kann in verschiedenen Varianten geschehen. Zulässig sind der Anschluss an (Fern)-Wärmenetze, Wärmepumpen, Stromdirektheizungen, Solarthermie, Hybridheizungen (Kombination aus Wärmepumpe und fossiler Heizung oder Solarthermie und fossiler Heizung), Holzheizungen und Heizungen, die »Erneuerbare Gase« (etwa Biogas) oder Wasserstoff nutzen (»grün« oder »blau«, siehe unten).

Das GEG sieht allerdings zur 65-Prozent-EE-Pflicht zahlreiche Ausnahmen und Übergangsregelungen vor, die zum Teil sinnvoll, zum Teil aber auch problematisch sind, wie unten erläutert wird. Daneben gibt es mit der GEG-Novelle (endlich) Vorgaben zum effizienten Einsatz von Heizungen, etwa zum hydraulischen Abgleich, was insbesondere Mieter*innen schützt. In Härtefällen können Eigentümer*innen gänzlich von der 65-Prozent-EE-Pflicht befreit werden, beispielsweise Menschen, die Sozialleistungen empfangen.

Tatsächlich kritisch im Heizungsgesetzes waren bzw. sind aus fachpolitischer Sicht drei Dinge:

Erstens war der erste Entwurf nicht mit der kommunalen Wärmeplanung verzahnt. Gebäudeeigentümer*innen, bei denen ein Heizungstausch ansteht, müssen aber wissen, ob in ihrem Umfeld in absehbarer Zeit eine Wärmeleitung gelegt werden soll, oder ob sie eine eigene Lösung, etwa eine Wärmpumpe installieren müssen. Die kommunale Wärmeplanung ist etwa in Dänemark, einer der Wärmewenden-Vorreiter in der EU, seit Jahren gesetzlich vorgeschrieben. In Deutschland wurde sie hingegen genauso lange verschleppt. Selbst im Kabinettsentwurf des GEG wurde sie nicht erwähnt. Dieses Manko wurde erst nach Protesten der kommunalen Verbände in der Endfassung behoben. Das mit dem GEG zeitgleich verabschiedete Wärmeplanungsgesetz (WPG) enthält zudem Vorgaben für die Planung von Wärmenetzausbaugebieten und Gebieten mit dezentraler Wärmeversorgung. Entsprechend gelten im GEG nun Übergangsfristen für die 65-Prozent-Pflicht in Bestandsbauten bis zum Abschluss der Planung (diese sind sehr großzügig, siehe unten).

Zweitens ermöglicht das verabschiedete Gesetz fast unkonditioniert den Einsatz wertvoller Biomasse selbst im Neubau (in Hybridsystemen mit Wärmepumpen) und in Wärmenetzen. Holz beispielsweise wird (ebenfalls aus Klimaschutzgründen) verstärkt im Baubereich nachgefragt, beides steht nicht zuletzt in Konkurrenz zum Natur- und Landschaftsschutz.

Und drittens ist die Hoffnung auf grünen Wasserstoff (also mittels Ökostrom und Elektrolyse hergestellt) als Gasersatz und Erfüllungsoption eine gefährliche Sackgasse (siehe MEMORANDUM 2022). Ihn wird es absehbar nicht geben, das geringe Aufkommen benötigen andere Sektoren deutlich dringender, zudem wäre sein ineffizienter Einsatz im Gebäudesektor teure Verschwendung (siehe unten). Sogenannter »blauer Wasserstoff« auf Erdgasbasis wiederum, der nach dem Gesetzentwurf ebenfalls eingesetzt werden kann, setzt eine Abscheidung und unterirdische Verpressung des anfallenden CO_2 voraus. Ob diese aufwändige, kaum erprobte und riskante Technologie überhaupt kommen und akzeptiert werden wird, steht in den Sternen.

Überbordende Ausnahmen
und »Technologieoffenheit« schaden Klimaschutz

Ein Großteil des Heizungsgesetzes besteht aus Ausnahmen und Übergangsregelungen. So haben bei dem Totalausfall einer fossilen Heizung die Eigentümer fünf Jahre Zeit, die 65-Prozent-Pflicht zu erfüllen. In der Zwischenzeit können sie übergangsweise jede beliebige Heizung einbauen. Diese »allgemeine Übergangsfrist« ist sehr großzügig. Sie startet in Bestandsbauten zudem erst nach einem weiteren Übergangzeitraum. Denn die GEG-Grundregel – die 65-Prozent-EE-Pflicht für neue Heizungen ab 1. Januar 2024 nach § 71 Absatz 3 GEG – gilt tatsächlich nur in ausgewiesenen Neubaugebieten. In Bestandsbauten und Neubauten außerhalb von Neubaugebieten gilt sie nach § 71 Absatz 8 erst ab Juli 2026 (für Gemeinden ab 100.000 Einwohner) bzw. Juli 2028 (für Gemeinden bis 100.000 Einwohner).

Das Anliegen, den Gemeinden bis dahin Zeit für die kommunale Wärmeplanung zu geben, ist zwar sinnvoll, wie oben beschrieben. Allerdings hätte nichts dagegengesprochen, in ländlichen Gebieten, in denen klar ist, dass hier kein Wärmenetz gebaut werden wird, kürzere Fristen für das Gelten der 65-Prozent-EE-Pflicht festzulegen. Die Wärmewende wird hier um bis zu vier Jahren verschoben.

Hochproblematisch ist, dass nach § 71, Absatz 9 GEG, im jeweiligen Übergangszeitraum auch neue Gas- und Ölheizungen eingebaut werden können. Sie haben dafür nur folgende Bedingungen zu erfüllen: Sie müssen anteilig Wasserstoff-Beimischungen (grün oder blau) bzw. deren Derivate oder Biomasse als Brennstoff verkraften, und zwar 15 Prozent ab 2029, 30 Prozent ab 2035, 60 Prozent ab 2040 und 100 Prozent ab 2044. Die Restwärmemenge bis 2043 könnte also beispielsweise mit Erdgas erzeugt sein.

Diese vermeintlich technologieoffene Quotenregelung ist nicht nur aus Sicht des Klimaschutzes problematisch, sondern auch im Hinblick auf Kosten und Versorgungssicherheit. So gibt es bislang keine Heizungen, die Wasserstoff in höherer Beimischung vertragen. Zudem ist fraglich, ob die »Grünen Gase«, wie sie das Gesetz nennt, später überhaupt verfügbar und bezahlbar sein werden. Auf das begrenzte Aufkommen nachhaltiger Biomasse wurde bereits hingewiesen. Noch weniger wahrscheinlich ist der Einsatz von Wasserstoff. Experten prognostizieren selbst für jene Bereiche der Wirtschaft, in denen grüner Wasserstoff, also mittels Ökostrom im Elektrolyseverfahren hergestellter, die einzige Dekarbonisierungs-Option ist, Engpässe bei der Verfügbarkeit. So bei der Herstellung von Roheisen, bei Grundstoffen der Chemischen Industrie oder im Flug- und Seeverkehr. Was hat er dann aber im Gebäudebereich zu suchen, wo es beispielsweise mit der Wärmepumpe eine vielfach preiswertere und effizientere Alternative gibt?

Entsprechend gehen alle seriösen Studien davon aus, dass Wasserstoff im Wärmesektor allenfalls eine Nischenrolle spielen wird. Jan Rosenow von der Universität Oxford etwa zieht nach Auswertung von mehr als 54 seit 2019 veröffentlichten unabhängigen Studien zum Thema Fazit: »Wasserstoff zum Heizen ist ein Ablenkungsmanöver: ineffizient, kostspielig und ressourcenintensiv« (Rosenow 2022).

Fokussierung auf Wärmepumpe bleibt richtig

Der Wärmepumpe kommt als Alternative dagegen die überragende Rolle zu, weil sie um ein Vielfaches effizienter ist als etwa der Wasserstoffeinsatz im Heizungsbereich. Ihr Vormarsch wurde von der Politik leider um Jahre verschleppt. Ein Grund, warum nun ein Tempo erforderlich ist, das Planer und Handwerker an ihre Grenzen bringen kann.

Mittels einer Wärmepumpe kann Umweltwärme aus der Luft, dem Boden (mit Kollektoren oder Sonden), dem Grundwasser oder aus Oberflächengewässern verfügbar gemacht werden. Dafür ist Strom notwendig, um die »Pumpe« zu betreiben. Sie funktioniert wie ein Kühlschrank, nur mit umgekehrtem Ziel. Ein flüssiges Kältemittel wird durch das jeweilige Umweltmedium geleitet und verdampft in dem Moment. Dabei wird Wärme aus der Umwelt aufgenommen. Über einen Verdichter wird anschließend das Temperaturniveau so angehoben, dass der Wärmegewinn für Heizzwecke eingesetzt werden kann. Das durch die Wärmeabgabe abgekühlte Kältemittel fließt dann wieder durch das Umweltmedium, der Kreislauf beginnt von neuem.

Mit einer Wärmepumpe wird – je nach Art und Auslegung der Wärmepumpe – zweieinhalb- bis fünfmal so viel Umweltwärme verfügbar gemacht, wie Betriebsstrom für den Verdichter eingesetzt wird. Damit ist die Wärmepumpe energetisch die mit Abstand effizienteste Heizungsform.

Nützlich ist hier der vergleichende Blick auf Skandinavien, wo es nicht nur kältere Temperaturen, sondern auch europaweit die meisten Wärmepumpen gibt. Laut Europäischem Wärmepumpen-Verband (EHPA) heizen in Norwegen 60 Prozent der Haushalte mit einer Wärmepumpe, in Schweden 43 Prozent und Finnland 41 Prozent. Das funktioniert, weil moderne Wärmepumpen auch bei starker Kälte ein Haus mit ausreichend Wärme versorgen können, die besten bei Temperaturen von bis zu minus 29 Grad.

Nicht überall sind die Bedingungen der Gebäude dafür optimal, da bei schlechterer Dämmung die Anlagen größer dimensioniert werden müssen. Darum können Wärmepumpen auch in Hybridkombination eingesetzt werden: Ist es besonders kalt, erhalten sie zu Spitzenlasten zusätzliche Unterstützung beispielsweise durch Heizstäbe, was aber nur wenige Dutzend Stunden im Jahr der Fall sein dürfte. Wird später das Haus besser isoliert, springen die Heizstäbe nur noch in Notfällen an.

Nach verschiedenen Studien, namentlich von Fraunhofer ISE, Öko-Institut und RAP, eignet sich die Hälfte der Bestandsgebäude in Deutschland auch ohne Sanierungsmaßnahmen für den Einsatz von Wärmepumpen. Weitere 20 bis 30 Prozent der Gebäude bräuchten nur überschaubare Sanierungsmaßnahmen, um eine effiziente Betriebsweise der Wärmepumpen zu ermöglichen. Der Rest hat eine so schlechte Energieeffizienz, dass unabhängig von der Heizungsart eine Sanierung dringend zu empfehlen ist (Agora EW 2022).

Der Hauptgrund der Ineffizienz von grünem Wasserstoff ist, dass bei seiner Produktion sehr viel Energie verloren geht und er damit auch sehr teuer wird. Eine Wärmepumpe erzeugt aus der gleichen Menge Energie über fünfmal mehr Wärme als Wasserstoff, der über Brennstoffzellenheizungen oder Wasserstoffheizkessel zum Einsatz kommen soll. Hinter dem Energieeinsatz steht letztlich überall benötigter Ökostrom. Es geht also um Wind- und Photovoltaikanlagen, um knappe Flächen und Akzeptanz. Auch Wasserstoffimporte werden da nicht weiterhelfen, weil sie – falls sie überhaupt im relevanten Maße kommen – wohl nicht einmal dafür ausreichen werden, jene Industrien zu beliefern, die keine Alternative zum Wasserstoffeinsatz haben (Liebreich 2022).

Kein Wunder, dass ein Bündnis aus Fachverbänden, Verbraucherschützern, Gewerkschaftern und Umweltorganisationen in einem gemeinsamen Aufruf warnte: »Angesichts der immer drängender werdenden Klimakrise bleibt keine Zeit, auf Scheinlösungen zu setzen und mit ihnen zu rechtfertigen, dass über viele Jahre weiter mit Erdgas geheizt wird«, so das Papier (ZEIT 2023). Deshalb sollte die Wasserstoffoption aus dem Reformvorschlag für das GEG gestrichen werden – was jedoch nicht geschah. Aus sozialer Sicht wurden damit nicht nur Kostenfallen für diejenigen installiert, die sich innerhalb der Übergangsfristen neue Gasheizungen (H2-Ready) einbauen. Auch der Wärmepumpenmarkt, der nach Ankündigung der GEG-Novelle rasant gewachsen war, brach nach ihrer Verabschiedung ein. Im Dezember 2023 hat die Branche im Vergleich zum Vorjahr einen Absatzrückgang um über 40 Prozent verzeichnen müssen (BWP 2024).

Er wird wohl wieder Fahrt aufnehmen, aber wohl nicht in dem Umfang, wie es sein könnte und müsste. Denn die oben genannten Übergangsfristen für das Inkrafttreten der 65-Prozent-EE-Pflicht verlängern sich unter bestimmten Bedingungen noch wesentlich: Sofern nach dem kommunalen Wärmeplan ein Anschluss an ein Wärmenetz absehbar, aber noch nicht vorhanden ist, gelten nach § 71 j GEG zehn Jahre, in denen auch nach einer Heizungshavarie fossile Heizungen eingebaut und übergangsweise betrieben werden können. Zudem sind nach § 71 k GEG sogenannte »H2-Ready-Heizungen«, die sowohl Gas als auch Wasserstoff verbrennen können, noch lange nach dem Übergangszeitraum installierbar, sofern das Gebäude in einem ausgewiesenen Wasserstoffnetzausbaugebiet liegt, in dem es also irgendwann eine Wasserstoffleitung geben könnte. Diese Art Gasheizung muss dann spätestens bis zum 31. Dezember 2044 vollständig mit Wasserstoff versorgt werden. Selbst wenn es dieses Gas dann (bezahlbar) geben sollte, wird bis dahin auch hier klimaschädliches Erdgas genutzt.

Großwärmepumpe unterbelichtet

Im Gegensatz zu Deutschland ist die Großwärmepumpe in Skandinavien eine etablierte Technologie (Agora EW 2023b). Sie sind nicht nur höchst effizient, sie eignen sich auch für einen kollektiven Betrieb über Stadtwerke, städtische Eigenbetriebe, Wohnungsgenossenschaften bzw. dörfliche oder Bürgerenergiegemeinschaften. Mit Blick auf die dafür notwendigen Wärmenetze könnte in diese zudem auch Abwärme von Industrie, Gewerbe und Landwirtschaft eingespeist werden. Ein prägnantes Beispiel für eine Großwärmepumpe ist in Esbjerg (Dänemark) zu besichtigen, wo eine 70-Megawatt-Anlage, die Meerwasser als Umweltmedium nutzt, die Wärmeversorgung für 100.000 Einwohner sicherstellt. Dieses und andere Beispiele und Anwendungsfelder für Großwärmepumpen werden auch in einer Studie der Rosa-Luxemburg-Stiftung vorgestellt (RLS 2024).

Natürlich können auch dezentrale Wärmepumpen in Verbindung mit Nahwärmenetzen (sogenannte »Kalte Nahwärme), verdichtete Gebiete mit grüner Wärme versorgen, wenn sich dies im konkreten Fall anbietet. Hier lässt sich beispielsweise die moderate Temperatur von Abwassersystemen als Wärmequelle nutzen. Kleine Wasser-Wärmepumpen mit Wärmespeichern bei den angeschlossenen Abnehmern heben dann die Temperatur auf das notwendige Niveau oder kühlen bei Bedarf.

Demgegenüber setzen die Gaswirtschaft und einige Stadtwerke auf Wasserstoff als relevantes Standbein der Wärmewende. Ihr eigentliches Ziel scheint zu sein, die Entwertung ihrer Gasnetze zu verhindern. Diese müssten bei einem Siegeszug der Wärmepumpe weitgehend zurückgebaut werden. Dabei würden eine geordnete und rechtzeitige Stilllegung der Gasverteilnetze zu geringeren Ausstiegskosten und erhöhter Planungssicherheit führen, wie Agora Energiewende in einer Analyse feststellt (Agora EW 2023c).

Dieses von der FDP und den Gasnetzbetreibern durchgedrückte Offenhalten der Wasserstoff-Option hat schwerwiegende Folgen. So plant die Mehrheit der Landkreise laut der Initiative »H2vorOrt« – einer Organisation der Erdgaslobby – Wasserstoff in die örtlichen Gasverteilnetze beizumischen (TSB 2023). Beimischungen im großen Stil wären jedoch ein Angriff auf die Energiewende. Über sie würde wertvoller grüner Wasserstoff (sofern überhaupt verfügbar) in jeder möglichen – auch sinnlosen und ineffizienten – Anwendung »verdampfen«, etwa für Heizzwecke im Gebäudebereich. Das Ökostromsystem zur Herstellung dieser Wasserstoffmengen würde gänzlich überfordert. Nachhaltige Wasserstoffimporte als Alternative dafür sind in solchen Dimensionen unrealistisch.

Die *Arbeitsgruppe Alternative Wirtschaftspolitik* fordert die Bundesregierung auf, das GEG erneut zu novellieren, um den Kosten- und Betriebsrisiken für Gebäudeeigentümer*innen und Mieter*innen entgegenzuwirken, welche sich gegenwärtig aus dem starken Bezug auf den ineffizienten Einsatz von Wasserstoff und Biomasse ergeben.

4.3.3 Kommunale Wärmeplanung – Chancen nutzen

Zeitgleich mit der GEG-Novelle wurde das Wärmeplanungsgesetz (WPG) verabschiedet (BMJ 2023b). Kerninhalte des WPG sind die Dekarbonisierungs-Ziele für die leitungsgebundene Wärmeversorgung sowie die Pflicht und die Vorgaben zur Durchführung der Wärmeplanung in den Kommunen. Dazu enthält es Regeln für die Ausweisung als Gebiet zum Neu- oder Ausbau von Wärmenetzen oder als Wasserstoffnetzausbaugebiet. Daraus ergeben sich dann zum einen jene Gebiete, die zentral über Wärmnetze versorgt werden und zum anderen Gebiete für dezentrale Lösungen (etwa hauseigene Wärmepumpe) sowie »Prüfgebiete«.

Im Gesetz werden ferner die Anforderungen an Wärmenetze und deren Betreiber definiert. Für neue Wärmenetze gilt adäquat zum GEG sofort ein 65-Prozent-Anteil an Erneuerbaren Energien oder unvermeidbarer Abwärme (auch begrenzt Biomasse). Bestehende Wärmenetze müssen diesen Anteil in der Regel bis 2030 auf 30 Prozent und bis 2040 auf 80 Prozent erhöhen. Die vollständige Klimaneutralität in Wärmenetzen ist bis zum Jahr 2045 zu erreichen. Gerade das 2030-Ziel gilt als zu wenig ambitioniert, auch vor dem Hintergrund, dass nach § 2 WPG die gesamte leitungsgebundene Wärmeversorgung bis zu diesem Zeitpunkt zur Hälfte dekarbonisiert sein soll.

Die kommunale Wärmeplanung muss nach dem Gesetz für Gemeinden ab 100.000 Einwohner*innen bis Juli 2026 und für Gemeinden bis 100.000 Einwohner*innen bis Juli 2028 abgeschlossen werden. Das geschieht in Korrespondenz mit den Vorgaben des Heizungsgesetzes, denn ab diesen Zeitpunkten greifen erst die Vorgaben der GEG. Für Abgeordnete in Kommunalparlamenten und Träger öffentlicher Belange empfiehlt es sich, diese Wärmeplanung nicht nur zu verfolgen, sondern aktiv mitzugestalten. Obgleich das Ergebnis formalrechtlich zunächst weder für die Betreiber von Wärmeerzeugern oder Wärmenetzen noch für Gebäudeeigentümer*innen verbindlich in dem Sinne ist, dass anderweitige Lösungen als im jeweiligen Wärmeplan ausgewiesen, nicht umgesetzt werden dürften, werden die Pläne eine starke Orientierung geben.

Eine höhere Verbindlichkeit darüber hinaus ließe sich im Falle von Wärmenetzen mittels kommunal durch Satzung festzusetzender Anschluss- und Benutzungszwänge herstellen. Diese könnten aber Konflikte insbesondere mit jenen Eigentümer*innen schaffen, die sich schon vor Fertigstellung der Wärmeplanung für eine dezentrale GEG-konforme Heizung entschieden haben oder eine solche im konkreten Fall für besser oder preiswerter halten. Hier sollten gute Planung, transparente Kommunikation und sinnvolle Ausnahme- und Härtefallregelungen entschärfend wirken.

Die Daten, die von der Kommune für die Wärmeplanung zu erheben sind, könnten auch für Klima- und Mieterinitiativen Hinweise darauf geben, wie der energetische Zustand der Gebäude ist, welche Sanierungen in der Nachbarschaft anstehen und welche Wärmeversorgungs-Optionen in Frage kommen. Die Informationen könnten ebenfalls für Konzepte nützlich sein, die die Wärmewende nicht nur technisch begreifen, sondern auch als Werkzeug sehen, klimagerechte Nachbarschaften zu organisieren. Hier geht es nicht nur darum, Mieter*innen vor Willkür und hohen Kosten zu schützen, sondern auch darum, Klimaschutzmaßnahmen mit einer Verbesserung des ökologischen und sozialen Umfelds im Quartier zu verbinden (Kuhn 2023). Die *Arbeitsgruppe Alternative Wirtschaftspolitik* fordert daher die Städte und Gemeinden auf, den Prozess der kommunalen Wärmeplanung so transparent und partizipativ wie möglich zu gestalten.

In der Regel wird die Kommune Träger der kommunalen Wärmeplanung sein. Gleichzeitig sind in den für die Technologieumstellung im Wärmebereich kritischen Geschäftsfeldern ein Großteil der Unternehmen Stadtwerke, was für den Prozess von Vorteil sein wird. Denn wenn die Kommune über ihre Unternehmen in der Gas-, Strom- und Fernwärmewirtschaft aktiv ist, kann sie beispielsweise ihre Stadtwerke beauftragen, die kommunale Wärmeplanung zu steuern. Politik und Verwaltungen haben hier kompetente Partner, innovative und sozialverträgliche Konzepte müssen nicht permanent gegen den Widerstand rein privatwirtschaftlicher Akteure durchgesetzt werden. Die Stadt Hannover, die schon weit vor Inkrafttreten des WPG mit der kommunalen Wärmeplanung gestartet ist, hat hier gute Erfahrungen gesammelt (Energietage 2023).

4.4 Gerechte Wärmewende

Nach einer Studie des Öko-Instituts für die Rosa-Luxemburg-Stiftung haben Mieter*innen mit geringem Einkommen eine deutlich kleinere Pro-Kopf-Wohnfläche und zahlen dennoch prozentual deutlich mehr für ihre Heizkosten. Hinzu kommt, dass die unteren Einkommensklassen überwiegend in älteren Gebäuden wohnen. Haushalte in neueren Gebäuden ab 2001 haben durchschnittlich zwanzig Prozent weniger Heizenergieausgaben. Nur fünf Prozent der Haushalte des unteren Einkommensdrittels wohnen jedoch in solchen Häusern (RLS 2023b).

Zudem liegen die Energiepreise zwar wieder deutlich unter den Höchstmarken der Energiekrise 2022. Laut BDEW-Analysen lag der Endkundenpreis für Gas im Jahr 2023 jedoch mit 13,59 Cent je Kilowattstunde (ct/kWh) mehr als doppelt so hoch wie 2021 (6,35 ct/kWh) (BDEW 2023b), die Tarife im Strombereich lagen um durchschnittlich 42 Prozent höher (45,73 ct/kWh gegenüber 32,16 ct/kWh) (BDEW 2023c).

Problematisch war und ist dagegen die Lage bei Fernwärmeverträgen, wo sich die Tarife zwischen verschiedenen Versorgungsgebieten teilweise enorm unterschieden. Wie sich die Preise im Fernwärmemarkt bilden, ist laut Einschätzung der Verbraucherzentrale Bundesverband (VZBV) für Verbraucher*innen schwer nachvollziehbar. Umso wichtiger wird die auch vom Verband geforderte – und längst überfällige – verbraucherfreundliche Novellierung der Fernwärmeverordnung sowie und eine bundeseinheitliche Preisaufsicht (VZBV 2023).

Die Gas- und Strompreise privater Haushalte sanken bis Anfang 2024 weiter. Sie liegen nun unter den Auslösungspreisen der Energiepreisdeckel (die Anfang 2024 abgeschafft wurden), besonders stark bei Neukunden. Der durchschnittliche Gaspreis bei Altverträgen beträgt 11,9 ct/kWh, bei Neuverträgen 8,4 ct/kWh (Gaspreisvergleich 2024). Damit liegen beide Preise immer noch deutlich über dem Niveau von 2021. Der Strompreis von Bestandskunden liegt Anfang 2024 bei 37,4 ct/kWh, für Neukunden bei 27 ct/kWh. Letztere zahlen damit sogar weniger als 2021 (Strom-Report 2024).

Vor dem Hintergrund von hohen Mieten und Inflation können die letztlich verabschiedeten GEG-Regeln zur Weitergabe der Umstellungskosten an die Mieter*innen dennoch explosiv wirken. So wurde für Mietwohnungen eine neue Modernisierungsumlage für den Heizungstausch eingeführt. Sie beträgt 10 Prozent der umlagefähigen Kosten im Jahr für die Investition; wenn eine Förderung in Anspruch genommen wird 8 Prozent. Zwar wurde gleichzeitig eine Kappungsgrenze für die neue Umlage von maximal 50 Cent pro Quadratmeter beschlossen. Sie zu erheben, ist jedoch dauerhaft möglich, nicht nur bis zur Amortisierung der Kosten für die neue Heizung. Findet der Heizungstausch gemeinsam mit weiteren Modernisierungen statt (etwa Dämmmaßnahmen oder sonstige Maßnahmen im Umfeld der Heizungsanlage), darf Miete auch stärker steigen, und zwar um maximal drei Euro pro Quadratmeter (inklusive der 50 Cent).

Mieter*innenfeindlich dürfte auch sein, dass in der verabschiedeten GEG-Endfassung die Deckelung der Betriebskosten einer (absehbar) teuren Wasserstoff- oder Biogas-Heizung gestrichen wurde. Im Kabinettsentwurf hätten diese nicht die Betriebskosten einer durchschnittlich effizienten Wärmepumpe übersteigen dürfen (Witt 2023).

Für eine sozialverträgliche Wärmewende wäre es notwendig, Fördermittelgerechtigkeit herzustellen. Wie die Abbildung zeigt, profi-

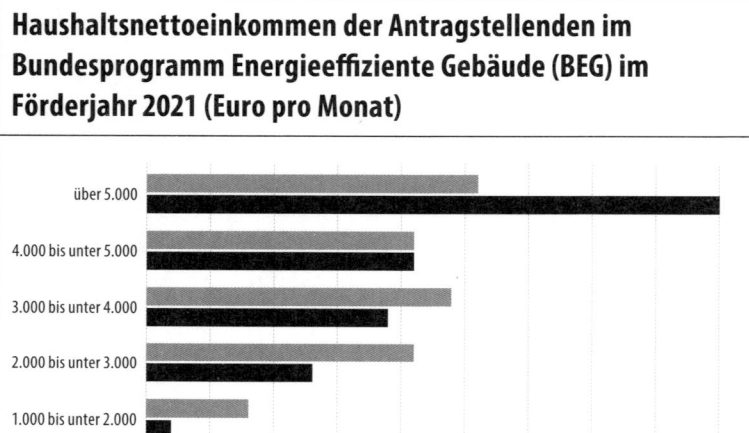

Haushaltsnettoeinkommen der Antragstellenden im Bundesprogramm Energieeffiziente Gebäude (BEG) im Förderjahr 2021 (Euro pro Monat)

Quelle: Deutsche Umwelthilfe (DUH), Vortrag von Elisabeth Staud am 11.11.2023 auf der Werkstatt der Rosa-Luxemburg-Stiftung „Wohnen klimagerecht organisieren"

© ARBEITSGRUPPE ALTERNATIVE WIRTSCHAFTSPOLITIK MEMORANDUM 2024

tierten in der Vergangenheit hohe Einkommen überproportional von Förderprogrammen des Bundesprogramms energieeffiziente Gebäude (BEG), insbesondere von Sanierungszuschüssen.

Die Verbraucherzentrale Bundesverband forderte als Konsequenz aus einer von ihr beauftragten Studie des Öko-Instituts, die Bundesregierung müsse einkommensschwachen Haushalten gezielt unter die Arme greifen, um Energiearmut zu verhindern. Nach der Studie sollten mit staatlichen Mitteln von bis zu 17 Milliarden Euro gezielte Maßnahmen im Bereich Energieeffizienz finanziert werden, wie etwa die Außendämmung eines Daches, das Dämmen der obersten Geschossdecke, die Einblasdämmung, der Austausch alter Fenster und eine Umstellung auf Erneuerbare Heizenergie (Öko-Institut 2023).

Der Deutsche Mieterbund hat gegenüber Abgeordneten des Bundestages zur sozialen Absicherung der Wärmewende drei Forderungen formuliert (DMB 2023), denen sich auch die *Arbeitsgruppe Alternative Wirtschaftspolitik* anschließt:

1. die Abschaffung der Modernisierungsumlage oder ihre deutliche Absenkung auf maximal 4 Prozent mit einer Kappungsgrenze von 1,50 Euro pro Quadratmeter,
2. die Erhöhung und Verstetigung der Fördermittel für Gebäudesanierung und Wärmewende auf 25 Milliarden Euro pro Jahr, davon mindestens 10 Milliarden für den vermieteten Gebäudebestand,
3. die Senkung der aktuellen und zukünftigen Heizkosten durch Gewährleistung bezahlbarer Energiepreise für Mieter*innen.

Immerhin hat die Bundesregierung für den Heizungstausch bei der überarbeiteten BEG soziale Komponenten eingebaut. Der Staat übernimmt beim Austausch alter, fossiler Heizungen durch Heizungen auf Basis Erneuerbarer Energien bis zu 70 Prozent der Investitionskosten. Bis zu 30 Prozentpunkte davon entfallen auf den sogenannten Einkommensbonus (BMWK 2024). Diesen können selbstnutzende Eigentümer*innen erhalten, deren zu versteuerndes Einkommen höchstens 40.000 Euro pro Jahr beträgt. Unabhängig vom Einkommen werden sonstige Maßnahmen zur energetischen Sanierung (Gebäudehülle, Anlagentechnik) mit bis zu 20 Prozent gefördert. Die maximal förderfähigen Ausgaben können bis zu 90.000 Euro betragen, was einem Zuschuss von bis zu 33.000 Euro entspricht. Erhältlich ist ferner ein zinsvergünstigtes Kreditangebot für Heizungstausch und sonstige Effizienzmaßnahmen.

Für Vermieter*innen sind für die erste Wohneinheit für den Heizungstausch bis zu 9.000 Euro Investitionszuschuss möglich, für weitere Wohneinheiten geringere Summen. Auch sie können die oben beschriebene Förderung für sonstige Maßnahmen zur energetischen Sanierung in Anspruch nehmen, sie dürfen aber nicht auf die Miete umgelegt werden.

Die genannten förderfähigen Ausgaben beziehen sich auf die Gesamtkosten der Investitionen, also nicht nur auf etwaige Mehrkosten, gleichwohl die jeweilige Heizung nach Totalausfall hätte ohnehin ausgetauscht und bezahlt werden müssen. Überdies stehen die klassischen Förderprogramme bzw. steuerlichen Förderungen zur energetischen Sanierung zur Verfügung.

Der Fachrat Energieunabhängigkeit plädiert dafür, verbleibende Lücken bei der Finanzierung durch staatliche Ausfallbürgschaften für Darlehen zu füllen. Alternativ könnten Energiedienstleister die Investitionskosten übernehmen. In dem Fall würde zwischen ihm und den Eigentümer*innen ein Wärme-Contracting-Vertrag abgeschlossen (Fachrat EnergieU 2024). Er ermutigt zudem Stadtwerke, Mietmodelle für Heizungen anzubieten.

Für spürbare Entlastungen bei den Wärmenutzer*innen könnte die Übernahme eines rechtlichen Grundsatzes sorgen, der in Dänemark praktiziert wird: Der Fachrat weist auf den dortigen nicht-gewinn-orientierten Betrieb der Wärmeversorgung (Nah- und Fernwärme) hin. Hierbei dürfen Versorgungsleistungen weder der indirekten Besteuerung (durch Kommunen) noch der indirekten Subventionierung von Bürger*innen dienen. Allerdings kann die dann fehlende Möglichkeit der Quersubventionierung (etwa des ÖPNV aus den Gewinnen der Stadtwerke) anderweitige soziale Probleme hervorrufen.

Die *Arbeitsgruppe Alternative Wirtschaftspolitik* ruft Städte und Gemeinden dazu auf, neue Initiativen zur Rekommunalisierung der Energieinfrastruktur zu starten. Über ihre kommunalen Unternehmen sollten sie die Wärmewende für ihre Bürger*innen so sozialverträglich wie möglich ausgestalten, unter anderem, indem sie Dienstleistungen zum sozialverträglichen Heizungstausch anbieten.

Literatur

Agora EW (2022) – Öko-Institut und Fraunhofer ISE: Durchbruch für die Wärmepumpe. Praxisoptionen für eine effiziente Wärmewende im Gebäudebestand.

Agora EW (2023a) – Agora Energiewende und Agora Verkehrswende: Der CO_2-Preis für Gebäude und Verkehr. Ein Konzept für den Übergang vom nationalen zum EU-Emissionshandel.

Agora EW (2023b) – Agora Energiewende, Fraunhofer IEG (2023): Roll-out von Großwärmepumpen in Deutschland. Strategien für den Markthochlauf in Wärmenetzen und Industrie.

Agora EW (2023c) – Agora Energiewende: Ein neuer Ordnungsrahmen für Erdgasverteilnetze. Analysen und Handlungsoptionen für eine bezahlbare und klimazielkompatible Transformation.

BBSR (2020) – Bundesinstitut für Bau-, Stadt- und Raumforschung. Von Umweltfußabdruck von Gebäuden in Deutschland, BBSR-Online-Publikation Nr. 17/2020

BDEW (2023a) – BDEW – Bundesverband der Energie- und Wasserwirtschaft: Studie: Wie heizt Deutschland 2023?

BDEW (2023b) – BDEW-Gaspreisanalyse Dezember 2023.

BDEW (2023c) – BDEW-Strompreisanalyse Dezember 2023.

BMJ (2023a) – Bundesministerium der Justiz: Gesetz zur Aufteilung der Kohlendioxidkosten.

BMJ (2023a) – Bundesministerium für Justiz: Gesetze im Internet, Gesetz über einen nationalen Zertifikatehandel für Brennstoffemissionen.

BMJ (2023b) – BMJ: Gesetz für die Wärmeplanung und zur Dekarbonisierung der Wärmenetze.

BMJ (2023b) – BMJ: Gesetz zur Einsparung von Energie und zur Nutzung erneuerbarer Energien zur Wärme- und Kälteerzeugung in Gebäuden.

BMWK (2024) – Bundesministerium für Wirtschaft und Klimaschutz: Bundesförderung für effiziente Gebäude (BEG).

Bundesregierung (2021) – Mehr Fortschritt wagen. Koalitionsvertrag 2021–2025 zwischen der SPD, Bündnis90/DIE GRÜNEN und FDP.

BWP (2024) – Bundesverband Wärmepumpe: Rekordabsatz: Wärmepumpenbranche beweist Leistungsfähigkeit trotz unsicherer Aussichten, Pressemitteilung vom 22.01.2024.

DMB (2023) – Deutscher Mieterbund e.V.: Stellungnahme im Ausschuss f. Klimaschutz und Energie im Deutschen Bundestag zum Antrag der CDU/CSU »Wärmewende versorgungssicher, nachhaltig und sozial gestalten«.

Energietage (2023) – Berliner Energietage, Online-Veranstaltung »Kommunale Wärmeplanung« vom 09.11.2023.

EU-Parlament (2023a) – European Parliament: Legislative Train Schedule, Revision of the Energy Performance of Buildings Directive.

EU-Parlament (2023b) – European Parliament: Legislative Train Schedule, Revision of the EU emission trading system (ETS).

Fachrat EnergieU (2024) – Fachrat Energieunabhängigkeit, Bericht: Sicherheitsorientierte Energiepolitik.

FR (2023) – Frankfurter Rundschau, 14.08.2023. Von Frankreich: Vermietung von unsanierten Gebäuden verboten – Regierung will auch Verkauf einschränken.

Gaspreisvergleich (2024) – Gaspreisvergleich, Online-Portal, Abruf vom 08.02.2024.

GGSC (2019) – CGSC – Gaßner, Groth, Siederer & Coll.: Studie Faire Kostenverteilung bei energetischer Modernisierung – rechtliche Rahmenbedingungen einer Umwandlung der Modernisierungsumlage gemäß § 559 BGB in ein sozial gerechtes und ökologisches Instrument.

ifeu (2019) – ifeu – Institut für Energie- und Umweltforschung: Studie Sozialer Klimaschutz in Mietwohnungen.

Kuhn (2023) – Kuhn, Armin: Klimagerechte Nachbarschaften, in: LUXEMBURG (online).

Liebreich (2022) – Liebreich, Michael: The Unbearable Lightness of Hydrogen, Online-Blog.

Memo (2022) – Arbeitsgruppe Alternative Wirtschaftspolitik: MEMORANDUM 2022.

Memo (2023) – Arbeitsgruppe Alternative Wirtschaftspolitik: MEMORANDUM 2023.

Öko-Institut (2022) – Öko-Institut: Studie im Auftrag der Rosa-Luxemburg-Stiftung, Mehrfamilienhäuser: Der blinde Fleck der sozialen Wärmewende, Online-Publikation.

Öko-Institut (2023) – Öko-Institut: Studie Zielgerichtete Förderung – zielgruppenspezifische Investitionen zur Steigerung der Energiesicherheit und Verringerung der Energiearmut.

RLS (2013a) – Rosa-Luxemburg-Stiftung: Online-Dokumentation der Werkstatt »Wohnen klimagerecht organisieren« am 11./12.11.2023.

RLS (2023b) – Öko-Institut: Studie im Auftrag der Rosa-Luxemburg-Stiftung, Mehrfamilienhäuser: Der blinde Fleck der sozialen Wärmewende.

RLS (2024) – Fraunhofer IEG: Studie im Auftrag der Rosa-Luxemburg-Stiftung, Grüne Wärme aus dem Netz – Potentiale von Großwärmepumpen in Brandenburg und Sachsen.

Rosenow (2022) – Rosenow, Jan: Thread auf X, vormals Twitter, am 27.09.2022, hydrogen for heating is a distraction: ... sowie Rosenow, Jan: A meta-review of 54 studies on hydrogen heating, University of Oxford, 14. Dezember 2023

SPON (2022) – Spiegel Online: Heil will »Klimageld« für Menschen mit weniger als 4000 Euro Einkommen.

Strom-Report (2024) – strom-report.com: STROMPREISE, Online-Portal, Abruf am 08.02.2024.

TSB (2023) – Tagesspiegel: Background Klima & Energie. 2030 sollen Verteilnetze Wasserstoff transportieren, Online-Artikel vom 12.09.2023.

UBA (2024) – Graichen, Jacob / Ludig, Sylvie: Supply and demand in the ETS 2, Umweltbundesamt, Climate Change | 09/2024.

Verbände (2023) – Verbändepapier: Bundesregierung darf Ambitionen zur EU-Gebäuderichtlinie nicht aufgeben, 17. August 2023.

VZBV (2023) – Verbraucherzentrale Bundesverband: Große Preisunterschiede bei Fernwärme, vzbv-Studie.

Witt (2023) – Witt, Uwe: Heizungstausch: Mythen und Wahrheiten, Rosa-Luxemburg-Stiftung.

WWF (2022) – Umweltstiftung WWF Deutschland: Starke Vorbehalte gegen ETS 2.

ZEIT (2023) – ZEIT-Online: Verbände sehen Heizen mit Wasserstoff als »Scheinlösung«, Artikel vom 16. Mai 2023.

5   Mehr bezahlbaren Wohnraum schaffen

Dort, wo er gebraucht wird, fehlt bezahlbarer Wohnraum. Die Versorgungsprobleme sind in den letzten Jahren trotz eines breiten medialen Echos und vielfältiger Bewegungen auf verschiedenen Ebenen und in verschiedenen Bereichen noch gewachsen. Nur ein Bruchteil der alltäglichen Konflikte bei der Wohnungssuche, um Mieterhöhungen, Betriebskosten und Wohnkostenübernahmen erreicht die Miet- und Sozialberatungsstellen. Vor diesem Hintergrund löst die Diskussion um die notwendige »Wärmewende« auch bei denen existenzielle Ängste aus, die ihre Wohnkosten noch aufbringen können. Aber wo sind Lösungen zu finden? Wo kann Regulierung erfolgreich sein? Und wo braucht es öffentliche Investitionen?

An immer neuen Beschreibungen der Misere auf dem deutschen Wohnungsmarkt mangelt es nicht (Pestel 2024). Die Preise für selbstgenutztes Wohneigentum wie die Mieten sind in den Jahren seit 2010 massiv gestiegen (Bundesregierung 2021, 2023). Der Wohnungsmangel – nicht nur in Großstädten – bestimmt das Kräfteverhältnis auf dem Wohnungsmarkt (MEMORANDUM 2018). Das gut begründete Ziel der Bundesregierung von 400.000 neuen Wohnungen pro Jahr wird weit verfehlt. Die Spitze im letzten Aufschwung des Wohnungsbaus war mit 306.000 Wohnungen im Corona-Jahr 2020 erreicht (Grafik Wohnungsbau). Der Zuwachs im Wohnungsbau endete deutlich vor der Zinswende 2022.

Wirkung zeigte der Zinsanstieg vor allem bei den Immobilienpreisen, die von ihrem Höhepunkt Mitte 2022 langsam zurückgehen und inzwischen auf dem Niveau von 2020 angekommen sind (Bundesbank 2023). Noch vor den Bauunternehmen gerieten daher 2023 eine Reihe von Projektentwicklern unter Druck. Erste spektakuläre Pleiten folgten. Dagegen wurden private Vermieter*innen wie große Wohnungsunternehmen weniger getroffen: Die anhaltend hohen Mieten garantieren auch in Krise und Stagnation stabile Zahlungsströme. Die größte Wohnimmobilien-AG Europas, die Vonovia, musste zwar ihren

Wachstumskurs 2022 abrupt beenden. Die Spekulation auf weiter steigende Immobilienpreise ist bis auf weiteres kein erfolgversprechendes Geschäftsmodell mehr. Die Investitionen wurden zusammengestrichen. In der Bestandsbewirtschaftung verdient das Unternehmen aber genug, um nicht zu Notverkäufen gezwungen zu sein. Und die engen Wohnungsmärkte ermöglichen weiter steigende Mieten.

Seit Jahren weisen nicht nur Betroffene und Analysen darauf hin, dass Wohnungen fehlen. Wie die Entwicklung des Auftragsbestandes des Baugewerbes zeigt, ist die zahlungsfähige Nachfrage seit 2015 der realen Bauproduktion davongelaufen. Aber die Nachfrage traf nicht auf ein entsprechendes Angebot. Die Bauwirtschaft investierte nur zurückhaltend. Die Kapazitätsverluste der Baukrise bis 2003 konnten auch in einem mehrjährigen Aufschwung nicht wieder aufgeholt werden (MEMORANDUM 2019). Denn Erweiterungsinvestitionen in der Bauwirtschaft und ein Ausbau der Ausbildung erfolgen nur, wenn eine langfristige Auslastung gesichert ist. Ohne eine solche Perspektive setzte die Bauwirtschaft den Nachfrageboom mit seiner hohen Auslastung ihrer Kapazitäten (BBSR 2023) erfolgreich in Preissteigerungen um. Dabei ist die reale Produktivität der Bauwirtschaft nicht nur nicht gewachsen, sondern leicht gesunken. Die entscheidende Bremse im Wohnungsbau waren nicht die Zinsen, die bis Ende 2021 niedrig blieben. Die entscheidende Bremse zeigte sich in den seit 2015 massiv gestiegenen Baupreisen: Die unterbliebenen Investitionen in der Bauwirtschaft haben dem Aufschwung enge Grenzen gesetzt. Deshalb war 2020 lange vor dem Anstieg der Finanzierungskosten der Höhepunkt des Wohnungsbaus erreicht. 2023 sank die Bauproduktion, während die Wohnungskrise nicht gelöst ist. Der Rückgang in der Bauproduktion wird zu Arbeitsplatzverlusten und einem erneuten Abbau von Kapazitäten führen.

Für die privaten Haushalte wird der Anstieg der Wohnkosten noch durch die Zunahme bei Heizungs- und Energiekosten verschärft. Die Ausweitung der Subjektförderung bedürftiger Haushalte (Kosten der Unterkunft, Wohngeld) rennt dem Markt hinterher. Ungeklärt ist, wie und von wem die Kosten der anstehenden energetischen Modernisierungen aufgebracht werden sollen: Die aktuellen Förderprogramme reichen nicht für eine warmmietenneutrale Sanierung des Bestandes.

16 Prozent der Mehrfamilienhäuser in Deutschland fallen in die beiden schlechtesten Energieeffizienzklassen G und H! Und bei Ein- und Zweifamilienhäusern sieht es noch ungünstiger aus.

5.1 Der Traum vom Sozialen Wohnungsbau

Staatliche Regulierungen greifen in den Wohnungsmarkt auf verschiedenen Ebenen ein: zentral sind das Bau- und Planungsrecht, das Sozialrecht und das Mietrecht. Das deutsche Mietrecht und die Rechtsprechung, die Praxis unbefristeter Mietverträge, die Arbeit von Mieterorganisationen vermindern für Bestandsmieter die Risiken auf dem Wohnmarkt. Doch die Gerichte setzen auf einen Ausgleich der Interessen zwischen sehr verschiedenen Vertragspartnern. Im Falle einer Mieterhöhung in München hieß das Ende 2023, dass ein Vermieter bei einer Mieterhöhung einen Inflationsaufschlag auf das Mietspiegelniveau geltend machen konnte, da der Mietspiegel mit der allgemeinen Preissteigerung nicht Schritt gehalten habe.

Das deutsche Mietrecht schützt die Interessen von Mieter*innen durchaus – nur muss man dafür schon eine Wohnung und einen Mietvertrag haben. Ohne eine Entspannung der Marktlage hat eine Regulierung der Miethöhe wenig Chancen. Vermieter wie Wohnungssuchende haben Motive, ihr auszuweichen. Fluktuation und Leerstand haben in den Großstädten historische Tiefststände erreicht. In den MEMORANDEN 2018 und 2019 werden verschiedene politische Vorschläge zur Lösung der Wohnungskrise ausführlich diskutiert. Heute ist die Frage zu stellen, warum einige Problemlösungen überhaupt nicht greifen – und warum trotzdem an ihnen festgehalten wird. Das Scheitern einer sozialen Wohnungspolitik bedeutet, dass sich »der Markt« und seine »Lösung« durchsetzen: eine Zementierung der sozialen Spaltung.

Der Slogan vom Wohnen als der »sozialen Frage unserer Zeit« war billig und ist angesichts neuer Herausforderungen etwas außer Gebrauch geraten. In der wirklichen Wohnungspolitik geht es um viel Geld. Deshalb war jener Slogan auch nicht alles, was uns Horst Seehofer als Bundesbauminister hinterlassen hat. Seit 2020 wird die Zweckbindung der Bundeszuweisungen für den Sozialen Wohnungsbau auf Grundlage des neuen Artikel 104d Grundgesetz durch Verwaltungsvereinbarungen zwischen Bund und Ländern geregelt. Das Volumen dieser Zuweisungen ist von anfangs 1 Milliarde auf 2,5 Milliarden im Programmjahr 2023 gewachsen. Hinzu kommen die Mittel der Länder. Verglichen mit dem Umfang der Subjektförderung – etwa 15 Milliarden Euro pro Jahr – sind die insgesamt etwa 5 Milliarden für die Objektförderung immer noch der kleinere Teil.

Diese 5 Milliarden werden allerdings nicht für öffentliche Investitionen in einen öffentlichen Wohnungsbestand verwendet, der dann dauerhaft im öffentlichen Eigentum verbleibt. Nein, sie werden als Förderung an Privatpersonen oder Unternehmen ausgeteilt, die sich im Gegenzug zu zeitlich befristeten Miet- und Belegungsbindungen verpflichten. Der »Soziale Wohnungsbau« hatte immer mehrere Funktionen: neben dem Versorgungsauftrag standen die Eigentumsbildung und der finanzpolitische Traum von der Mobilisierung privaten Kapitals. Nicht immer wurde die Förderung allen Funktionen gleichermaßen gerecht. Sicher konnten mit dieser Politik auch einmal gemeinwirtschaftliche Unternehmen entstehen und wachsen – in den Jahren zwischen 1950 und 1980 entstanden so die großen öffentlichen Wohnungsbestände der alten Bundesrepublik. Im MEMORANDUM 1981 ist analysiert, unter welchen Bedingungen das Modell zeitweise erfolgreich sein konnte: umfangreiche Förderung, staatliche Bodenfonds, kommunale Bauplanung – und attraktive Steuersparmodelle für Investoren. Bis 1960 gab es keinen freien Bodenmarkt. Nur schrittweise löste das Vergleichsmietensystem die direkte Mietenregulierung ab, zuletzt Anfang 1989 in Westberlin. Aber auch unter solchen Bedingungen geriet das System des Sozialen Wohnungsbaus in den 1970er Jahren in die Krise. Die Sozialwohnungen waren auch nicht für arme Leute gedacht, sondern eine Aufstiegsperspektive: Für arme Leute bildeten unsanierte Altbauten die einzig leistbare Alternative: In diesen schuldenfreien Beständen konnten Vermieter auch mit geringen Mieten Gewinne machen.

Nach 1990 dehnte die Bundespolitik das System des Sozialen Wohnungsbaus auf die neuen Länder aus, als Wirtschaftsförderung und als Beitrag zur Angleichung der Lebensverhältnisse. Das war eine der

Zutaten zum Bauboom der 1990er Jahre. Der Boom endete rasch. Manche Abschreibungsprojekte im Osten erwirtschafteten mehr Verluste als geplant. Die Wohnungsfrage ist nicht unabhängig von der sozialen Situation zu lösen. Eine mustergültig sanierte Innenstadt in Görlitz zieht keine Mieter*innen an, wenn sie in der Umgebung keine Arbeitsplätze finden. Pendler*innen nehmen lange Wege in Kauf, um irgendwie den Job und eine bezahlbare Wohnung zu verbinden. Irgendwann suchen sie doch nach einer neuen Wohnung, die vom Arbeitsplatz weniger weit weg ist. Die Attraktivität der Großstädte hat eine feste wirtschaftliche Basis.

Ende der Neunziger galt die Wohnungsfrage als gelöst. Die Errichtung neuer Sozialwohnungen brach ab. Nach und nach fielen – systemimmanent nach 20 bis 30 Jahren – die Wohnungen aus den Miet- und Belegungsbindungen. Zusammen mit den Privatisierungen in Ost und West schuf das die Bedingungen für eine neue Wohnungskrise.

Und was fällt der Bundes- wie Landespolitik als Antwort auf diese Krise ein? Eine Wiederauflage des alten Fördermodells, mit hohem Mitteleinsatz pro Wohnung und wieder befristeten Bindungen. Dabei sind die alten Erfolgsbedingungen heute nicht mehr gegeben. Die öffentlichen Bodenfonds und das Bauen auf der grünen Wiese gehören der Vergangenheit an. Für Privatinvestoren sind die neuen Fördermodelle nicht attraktiv genug (aus dieser Perspektive: Lerbs/Nobbe 2021). In Großstädten wie München, Hamburg und Berlin wird Investoren ein Anteil geförderten Wohnraums im Rahmen der »kooperativen Baulandentwicklung« aufgezwungen. In Berlin werden über 90 % der Fördermittel von den landeseigenen Wohnungsunternehmen abgerufen. Ob sich das jetzt ändert, wenn private Projektentwickler mit hochpreisigen Projekten scheitern und Bau- und Planungskapazitäten im Abschwung neue Aufträge suchen, bleibt abzuwarten.

5.2 Sonderfall Berlin?

Trotz hoher Kosten und begrenzter Zielerreichung hat das alte Modell seine überzeugten Anhänger. Das Beispiel Berlin kann verdeutlichen, warum. Sicher ist die Hauptstadt ein Sonderfall: Das einzige Bundesland mit ost- und westdeutschen Bestandteilen; die weitgehende Deindustrialisierung in Ost und West in den 1990er Jahren; die umfangreichen Privatisierungen der öffentlichen Wohnungsbestände, ebenfalls in Ost und West. Schließlich die Pleite der Berliner Bankgesellschaft, die erste Krise einer Landesbank, und eine mehrjährige Austerität (Gerhardt 2021). Erst nach dem Scheitern der Berliner Klage auf Schuldenhilfe des Bundes vor dem Bundesverfassungsgericht (MEMORANDUM 2007) steuerte die Landespolitik auch in der Wohnungspolitik um: der Bestandserhalt und die wirtschaftliche Stabilität der öffentlichen Wohnungsunternehmen sollten gesichert werden (AGH 2007). Die Gewinnabführungen der sechs Landeswohnungsunternehmen (LWU) waren in der Krise ausgesetzt worden. Bis heute – 20 Jahre später – wurden sie nicht wieder eingeführt. Denn neue Aufgaben verlangten neue Investitionen. Seit 2012 sollen die Bestände der LWU wachsen. 2016 beschloss die Landespolitik ein detailliertes, langjähriges Programm zur Bestandserweiterung der LWU, die Roadmap 2016-2026.

Die Erfahrungen der folgenden Jahre zeigten, dass die LWU ihren Neubau deutlich ausbauen konnten. Die Zielzahlen wurden aber nicht erreicht. Es mussten zunächst neue Strukturen für den Neubau geschaffen werden. Die nötigen Kapazitäten im Baubereich waren nicht verfügbar. Es gab und gibt Probleme bei der Ausweisung und Erschließung des nötigen Baulandes. Und dann der massive Anstieg der Baukosten: Ein Problem nicht nur für den Neubau, sondern auch für Instandhaltung und Modernisierung. Bei diesen hohen Preisen wurden die LWU von privaten Anbietern öfter ausgestochen. Im hochpreisigen Segment kann man leichter teuer bauen. Der schnellere Weg zur Bestandserweiterung bestand im Ankauf, der sofort vermietete Bestände in die Unternehmen einfügte. Doch hier waren die Preise noch früher und rasanter gestiegen. Die tatsächliche Bestandserweiterung wird in den Medien wie gegenüber dem Parlament stolz vermeldet: Von 2009 bis 2022 stieg der Bestand der sechs Landeswohnungsunternehmen von 258.000 auf fast 360.000 Wohnungen, nicht zuletzt durch teure Bestandsankäufe (SenStadt 2024). Mit etwas zeitlichem Verzug wird die Berliner Roadmap erfüllt werden – aber dann? Die Probleme sind noch lange nicht gelöst. Der zu geringe Neubau hat keine Entspannung auf dem Wohnungsmarkt herbeiführen können. Berlins Bevölkerung wächst und wird weiter wachsen.

Längerfristig binden wollen sich die LWU jedoch nicht. Sie wollen keine Bauplanungskapazitäten aufbauen, deren künftige Auslastung unsicher ist. Sie wollen keine Einmischung der Politik in die Unternehmen. Auch sie bevorzugen ein Modell der Wohnraumförderung mit Bindungen auf Zeit. Indem jedes Unternehmen und jede Behörde sich auf das konzentriert, was sie kontrollieren können, wird gesellschaftliche Steuerung ausgeschlossen. Die sozialen Folgen treffen vor allem die Menschen, die weder in Unternehmen noch in Behörden weit oben stehen.

Ein Teil der Probleme kann nur im Bestand gelöst werden. Für die öffentlichen Wohnungsunternehmen Berlin gibt es seit 2017 die Kooperationsvereinbarung Wohnen (SenStadt 2017), die die sozialen Verpflichtungen der sechs Wohnungskonzerne detailliert festsetzt: Mietenpolitik, Vermietungsquoten für besondere Bedarfsgruppen, Mieterbeteiligung. Die Vereinbarung wird regelmäßig neu verhandelt und gibt einen Eindruck vom wohnungspolitischen Kräfteverhältnis. Für den Gesamtmarkt hatte die Koalition von SPD, LINKEN und Grünen Anfang 2020 den Mietendeckel beschlossen. Doch vor dem Bundesverfassungsgericht scheiterte dieses kühne Projekt: Das Land habe keine Gesetzgebungskompetenz in dieser Frage. Die Entscheidung aus Karlsruhe kam pünktlich vor dem Volksentscheid »Deutsche Wohnen enteignen« und hat zum Erfolg der Initiative sicher beigetragen. Seither allerdings ist das Vorhaben nur theoretisch vorangekommen: Eine Expertenkommission bestätigte die prinzipielle rechtliche Möglichkeit einer Vergesellschaftung von Wohnungsbeständen. Die zentrale Entschädigungsfrage klammerte die Kommission aus ihren Beratungen aus. Sicher gilt aber auch hier: »Soziale Wohnungspolitik gibt es nicht umsonst« (Holm/Gerhardt 2021).

Andere Probleme können nicht im Bestand gelöst werden. Der offizielle Stadtentwicklungsplan Wohnen beziffert den Neubaubedarf bis 2030 auf etwa 200.000 Wohnungen. Einen wesentlichen Teil davon sollen die öffentlichen Wohnungsbaugesellschaften errichten, um die Tragbarkeit der Wohnkosten und eine soziale Mischung zu erreichen. Doch weder in den Wohnungsunternehmen noch in der Bauwirtschaft oder der Verwaltung ist in den letzten Jahren ein Kapazitätsaufbau erfolgt, der so weitreichende Pläne realisierbar machte. Tatsächlich mangelt es sogar an Plänen: Die Neubauvorhaben »nach der Roadmap« sind bisher nicht aufgeschlüsselt und in die Planungen der öffentlichen Wohnungsunternehmen aufgenommen. Diese verweisen vielmehr wie alle Vermieter auf den anstehenden Investitionsbedarf für die energetische Modernisierung. Zusammen bewirtschaften die sechs LWU eine Wohnfläche von etwa 22 Millionen Quadratmetern. Wenn Kosten der energetischen Modernisierung von – im Durchschnitt – heute etwa 1.000 Euro/qm zugrunde gelegt werden (vgl. IBB 2022, S. 86ff.), dann ergibt sich ein Investitionsvolumen von 22 Milliarden Euro über die nächsten 22 Jahre. Selbstverständlich wären in diesem Zeitraum auch im Rahmen der normalen Instandhaltung Aufwendungen für Heizungserneuerung, Fassade usw. nötig. Aber selbst wenn solche Aufwendungen dagegen gehalten werden: Die Aufwendungen für die energetische Modernisierung bedeuten etwa eine Verdopplung der jährlichen Aufwendungen für Instandhaltung und Modernisierung.

Eine Veränderung der Wohnungspolitik ist nötig. Und sie ist möglich. Im MEMORANDUM 2018 haben wir einen Vorschlag für einen neuen kommunalen Wohnungsbau formuliert, der durch öffentliche Investitionen einen Wohnungsbestand aufbaut, der dauerhaft im öffentlichen Eigentum bleibt und so für demokratische Gestaltung offen ist. An verschiedenen Stellen ist dieser Vorschlag auf Interesse, aber auch auf Skepsis gestoßen. Die Berliner LINKE ging Anfang 2023 nach intensiven Diskussionen mit einem detaillierten Vorschlag für ein kommunales Wohnungsbauprogramm in den Wahlkampf zur Wiederholungswahl zum Abgeordnetenhaus. Darin heißt es: »Ohne Gegensteuern durch deutlich mehr Investitionen in den kommunalen Neubau droht der Wohnungsbau in den kommenden Jahren weitgehend zum Erliegen zu kommen.« (LINKE 2023) Die Koalition von CDU und SPD hat sich für einen anderen Weg entschieden: Das Land Berlin hat seine neuen Wohnraumförderbestimmungen 2023 so günstig für Investoren ausgelegt, dass diese ohne Fremdkapital vom freien Markt Wohnungen errichten können (Möller/Gerhardt 2023). Für geplante 5.000 Förderwohnungen je Programmjahr sind 1,5 Milliarden in den Landeshaushalt eingestellt: Die zuständige Senatsverwaltung für Stadtentwicklung, Bauen und Wohnen geht von einem durchschnittlichen Fördervolumen von 300.000 Euro pro Wohnung aus.

Der Vergleich einer direkten Investition in öffentliche Wohnungsunternehmen mit Fördermodellen des Sozialen Wohnungsbaus zeigt, dass öffentliche Gelder im ersten Fall effektiver eingesetzt werden können. Öffentlicher Wohnungsbau kann durch den Aufbau entsprechender Kapazitäten im kostengünstigen seriellen Wohnungsbau die Baukosten deutlich senken – ohne Abstriche an der Wohnqualität. Nötig ist darüber hinaus eine Landesentwicklungsgesellschaft für eine strategische Bodenpolitik für den Wohnungsbau, die Entwicklung effektiver Strukturen der öffentlichen Bauträgerschaft und schließlich ein Kulturwandel auf Seiten der Politik – von der Begleitung und teilweisen Korrektur des Marktes hin zu einer Gestaltung der Lebensbedingungen. Die Frage ist nicht, ob öffentliche Gelder für Wohnungsneubau und energetische Sanierung eingesetzt werden, sondern nur wie.

Literatur

AG Alternative Wirtschaftspolitik (2018): Wohnungsmangel: Öffentlich Bauen; Kapitel 3 im MEMORANDUM 2018, Köln 2018.

AG Alternative Wirtschaftspolitik (2019): Die Wohnungsfrage 2019; Kapitel 3 im MEMORANDUM 2019, Köln 2019.

AGH (2007): Abgeordnetenhaus Berlin: Gesamtkonzept für die Städtischen Wohnungsbaugesellschaften in Berlin, 11.07.2007, planwirtschaft.works/gesamtkonzept-wohnen-berlin.

BBSR (2023): Kapazitätsauslastung im Baugewerbe gesunken, 27.11.2023, planwirtschaft.works/bbsr-kapazitaet.

Bundesbank (2023): Indikatorensystem zum Wohnimmobilienmarkt, www.bundesbank.de.

Bundesregierung (2021): Vierter Bericht über die Wohnungs- und Immobilienwirtschaft in Deutschland und Wohngeld- und Mietenbericht 2020, Bundestagsdrucksache 19/31570.

Bundesregierung (2023): Wohngeld- und Mietenbericht 2021/2022, Bundestagsdrucksache 20/7165.

LINKE Berlin (2023): Kommunales Wohnungsbauprogramm, dielinke. berlin/kommunales-wohnungsbauprogramm-2023.

Gerhardt, Sebastian (2021): Der lange Schatten der Austerität, Mieter-Echo 418 / Juni 2021, https://planwirtschaft.works/austeritaet.

Holm, Andrej / Gerhardt, Sebastian (2021): »Soziale Wohnungspolitik gibt's nicht umsonst«, Tagesspiegel, 19.08.2021, https://planwirtschaft.works/tagesspiegel-wohnen; die Studie zum Artikel: planwirtschaft.works/studie-wohnen-2021.

Investitionsbank Berlin (2022): Wohnungsmarkt Bericht 2021, www. ibb.de.

Lerbs, Oliver / Nobbe, Lena (2021): Wie wirtschaftlich sind private Investitionen in öffentlich geförderten Mietwohnungsbau?, Zeitschrift für Immobilienökonomie (2021) 7, S. 121-144.

Möller, Philipp / Gerhardt, Sebastian (2023): Blindflug im sozialen Wohnungsbau. MieterEcho 435 / August 2023; Hintergrund: planwirtschaft.works/gebrauchsanleitung-wfb23.

Pestel-Institut (2024): Bauen und Wohnen 2024 in Deutschland, bauen-und-wohnen-in-deutschland.de.

SenStadt (2017): Senatsverwaltung für Stadtentwicklung, Bauen und Wohnen: Kooperationsvereinbarung »Leistbare Mieten, Wohnungsneubau und soziale Wohnraumversorgung«, www.stadtentwicklung.berlin.de.

SenStadt (2024): Senatsverwaltung für Stadtentwicklung, Bauen und Wohnen: Neubauvorgaben an die landeseigenen Wohnungsunternehmen, 02.01.2024, www.parlament-berlin.de.

6   Rüstung und Abrüstung in der Zeitenwende

Nach dem Ende des Kalten Krieges 1989/1991 wurde weltweit abgerüstet, in den politischen Debatten war viel von der Friedensdividende die Rede. Doch seit 1996 steigen die Militärausgaben wieder an. Bereits 2008 hatten sie (real) das Niveau von 1988 überschritten und erreichten immer neue Rekordwerte. Absolut dominierend bei den Ausgaben sind die USA. Im Jahr 2022 tätigten sie knapp 40 Prozent der weltweiten Rüstungsausgaben.

Deutschland steigert seine Militärausgaben seit 2006, und damit lange vor der Zeitenwende. 2022, nach dem Angriff Russlands auf die Ukraine wurde ein »Sondervermögen« von 100 Milliarden Euro für die Beschaffung von Rüstungsgütern aufgelegt. Insgesamt kommt Deutschland 2024 schätzungsweise auf Militärausgaben von 85,5 Milliarden Euro. Damit wird das im Rahmen der NATO 2014 ausgegebene Zwei-Prozent-Ziel erreicht. Auch in Zeiten des Krieges sind Deutschland und die NATO damit nicht wehrlos.

Insbesondere unter den Bedingungen der Schuldenbremse und des Verzichts auf Steuererhöhungen konkurrieren die steigenden Militärausgaben mit den finanziellen Mitteln für die soziale Sicherheit und den ökologischen Umbau. Zudem ist die Welt auf mehr Kooperation angewiesen. Unter diesen Voraussetzungen können wir uns die weitere Aufrüstung nicht leisten.

6.1   Die ökonomischen Wirkungen von Rüstungsproduktion

Wie wirken sich Rüstungsausgaben auf die wirtschaftliche Entwicklung aus? In der Zeit des Kalten Krieges war das ein häufig diskutiertes Thema. Das hing auch damit zusammen, dass die Rüstungsausgaben damals einen deutlich höheren Anteil an der wirtschaftlichen Wertschöpfung – und dementsprechend auch in den öffentlichen Haushalten – in Anspruch nahmen. »Ein Blick zurück zeigt, dass in den 1960er Jahren teilweise über vier Prozent des BIP für Verteidigung ausgegeben wurde; in den 1970er Jahren betrug der Anteil meist noch knapp über drei Prozent des BIP, während er danach bis auf 2,5 Prozent im Jahr 1990 sank.« (Übelmesser 2023: 20) Zumindest trifft dies auf Deutschland zu, das heute das selbstgesteckte Ziel von 2 Prozent Anteil am BIP erreichen möchte. Obwohl die Rüstungsausgaben seit bereits einigen Jahren wieder zunehmen, werden die ökonomischen Wirkungen heute kaum problematisiert.

Im Kalten Krieg nahm die Debatte in der Bundesrepublik vor allem Fahrt auf, nachdem sich in den siebziger Jahren die Wachstumsraten abschwächten und die Rüstungsausgaben immer mehr als gesellschaftliche Belastung gesehen wurden. Ulrich Dolata war ein wichtiger Vertreter der kritischen Debatte und prägte den Begriff von der Rüstung als Destruktivkraft – als Gegensatz zu den Produktivkräften. »Rüstungsproduktion und Militärausgaben sind zunächst nichts anderes als zusätzliche Vernichtung von Produktivkräften und gesellschaftlichen Reichtümern. Sie absorbieren in großem Umfang modernste Produktionsmittel, qualifizierte Arbeitskräfte und Rohstoffe, binden und beeinflussen einen beträchtlichen Teil der Forschungs- und Wissenschaftsressourcen und belasten die staatlichen Finanzhaushalte – all dies ohne dass sie zur Reproduktion der materiellen Produktionsbasis oder zur Erhöhung des Lebensstandards einen positiven Beitrag leisten würden. Ein Großteil der für Rüstungszwecke bereitgestellten Mittel wird dem zivilen Bereich entzogen, das stoffliche Resultat (z. B. in Gestalt neuer Waffensysteme) tritt in der Regel jedoch nicht wieder in den volkswirtschaftlichen Kreislauf ein.« (Dolata 1988)

Zu berücksichtigen ist dabei allerdings der Auslastungsgrad der Volkswirtschaft. Sind Arbeitskraft und Kapitalstock vollständig ausgelastet, trifft die Einschätzung von Dolata ganz unmittelbar zu. Alle Ressourcen, die in den Rüstungsbereich fließen, müssen anderen Bereichen entzogen werden. In diesen anderen Bereichen sinkt folglich die Produktion. Das trifft auch zu, wenn die vollständige Auslastung nur bestimmte Engpassfaktoren betrifft. Das kann Forschung und Entwicklung betreffen, aber auch die Produktion in bestimmten Hightech-Bereichen. Die entsprechend qualifizierten Arbeitskräfte oder die entsprechende Maschinerie werden dann mit dem Einsatz in der Rüstungsproduktion ebenfalls der zivilen Nutzung entzogen.

Etwas anders ist die Situation bei unterausgelasteten Kapazitäten. Arbeitskraft und Kapitalstock stünden dann für die Rüstung zur Verfügung, ohne diese der zivilen Produktion zu entziehen. Die Auslastung der Kapazitäten würde erhöht, es würde durch die neu entstehenden Einkommen auch zusätzliche Wertschöpfung und somit zusätzlicher gesellschaftlicher Reichtum generiert. Der Einsatz von höheren Rüstungsausgaben als Wachstumsfaktor wird auch als Rüstungs-Keynesianismus bezeichnet. Aber auch in dieser Konstellation gibt es ein knappes Gut: das sind die öffentlichen Haushalte. Rüstungsausgaben konkurrieren mit Geldern für die soziale Absicherung oder mit Investitionen in Bildung, ökologischen Umbau oder in die Infrastruktur. Der Staat könnte auch mit zivilen Ausgaben die Auslastung der Kapazitäten steigern und so für mehr Arbeitsplätze, Wertschöpfung und Wohlstand sorgen. Je nach konkreten Ausgaben kann im Einzelfall die Bilanz dafür sogar besser aussehen, d. h. die Ausgaben könnten beispielsweise beschäftigungsintensiver sein als Rüstungsausgaben und so mit dem gleichen Mitteleinsatz mehr Arbeitsplätze geschaffen werden. In jedem Fall gibt es so aber einen doppelten Effekt: neben der Steigerung des Einkommens (wie bei Rüstungsausgaben) werden auch noch konkrete öffentliche Güter bereitgestellt, die zur unmittelbaren Deckung von Bedarfen dienen.

Dolata (1988) verweist noch auf ein anderes Problem. Rüstung entzieht den zivilen Bereichen nicht nur Ressourcen, sie kann auch zu einer Deformation der ökonomischen Strukturen beitragen. Rüstung benötigt bestimmte Qualifikationen der Arbeitskraft, konkrete Maschinerien und Rohstoffe, findet in einzelnen Branchen und in bestimmten Regionen statt. So wachsen Strukturen, die zur normalen Reproduktion des Produktionsapparates unter Umständen gar nicht in dem Maße benötigt werden. Es entstehen also zusätzlich Kapazitäten, die sich zivil aller Wahrscheinlichkeit nach gar nicht in diesem Umfang sinnvoll zur Befriedigung von Bedürfnissen verwenden lassen.

Ein häufig vorgebrachtes Argument für den Nutzen von Rüstungs-ausgaben sind zivile *spin offs*. Zumindest aus der militärischen For-schung und Entwicklung würden viele »Abfallprodukte« für die zivile Nutzung entstehen. Von der Teflonpfanne bis zu den Mikrochips wird hier vieles genannt. Doch unter dem Strich ist auch diese Ausbeute eher vernachlässigbar gering: Dolata schätzte 1988, dass sich etwa für höchstens ein Zehntel der militärischen Entwicklungen ein ziviler Nutzen ergibt. Dieser Wert dürfte seitdem eher noch geringer gewor-den sein.

Völlig im Gegensatz zu der hier beschriebenen, eher parasitären ökonomischen Einordnung von Militärausgaben steht ihre statistische Erfassung. Seit einigen Jahren werden gemäß der internationalen Klas-sifikation der Wirtschaftszweige Rüstungsgüter als Investitionsgüter definiert, und zwar als Ausrüstungsinvestitionen (siehe hierzu Desta-tis 2023). Das entbehrt jeglicher sachlichen Grundlage. Investitions-güter zeichnen sich dadurch aus, dass mit ihnen (unter Einsatz von Arbeitskraft) andere Produkte hergestellt werden können. Sie dienen als Produktionsmittel der Entwicklung der Produktivkraft und steigern das Produktionspotenzial. Als Ausrüstungsinvestitionen wird die von Unternehmen im Produktionsprozess eingesetzte Maschinerie (ein-schließlich Fahrzeugen) bezeichnet.

All dies trifft auf Rüstungsgüter nicht zu. Damit wird nichts herge-stellt, Produktivkräfte und Produktionspotenzial verändern sich nicht. Wenn überhaupt, werden sie durch Rüstung verringert, weil knappe Ressourcen nicht mehr zur Verfügung stehen. Noch viel stärker sind die negativen ökonomischen Konsequenzen, wenn es zum Gebrauch der Rüstungsgüter in einem Krieg kommt. Dann werden damit (neben menschlichem Leid und menschlichen Opfern) auch massiv Produk-tionsmittel unmittelbar zerstört. Wenn man der militärischen Logik folgt, dann haben Rüstungsgüter natürlich auch einen Nutzen. Der besteht allerdings in der Befriedigung eines Bedürfnisses nach Sicher-heit. Befriedigung von Bedürfnissen ist aber die Eigenschaft von Kon-sumgütern.

6.2 Die Welt rüstet auf

Mit dem Zusammenbruch der realsozialistischen Länder, dem Ende der Blockkonfrontation und der Auflösung des Warschauer Vertrages hatte die kapitalistische Welt gesiegt. Es gab damit scheinbar keine Feinde mehr. Das Zeitalter der großen Kriegsgefahr schien vorüber, die gewaltigen Rüstungsausgaben konnten zurückgefahren werden. Nicht nur das, ein erheblicher Teil der Rüstungsgüter wurde auch physisch verschrottet. In den politischen Debatten war von einer Friedensdividende die Rede: Befreit von den gigantischen Belastungen durch Rüstung, würden finanzielle Ressourcen für den sozialen Ausgleich und den ökologischen Umbau in erheblichem Umfang zur Verfügung stehen. Es war ein kurzer Frühling der Hoffnung.

Zwar wurde zunächst tatsächlich in erheblichem Umfang abgerüstet, bereits 1996 war aber der Tiefpunkt bei den weltweiten Rüstungsausgaben erreicht. Mit Rüstungsausgaben sind nicht nur die Ausgaben für Rüstungsgüter, sondern alle Militärausgaben gemeint. Danach stiegen sie (real) wieder an. Zunächst noch verhalten, doch mit Beginn des neuen Jahrtausends legten sie kräftig zu. 2008 hatten sie (real) das Niveau von 1988 übertroffen und erreichten immer neue Rekordwerte (siehe hierzu: SIPRI 2023, alle Werte in US-Dollar). Die Welt wurde von heftigen Kriegen erschüttert: Die Angriffe der USA gegen Irak und Afghanistan, die Bürgerkriege in Syrien, Jemen und Äthiopien, zuletzt der Krieg Russlands gegen die Ukraine und der neu entflammte Krieg im Nahen Osten, um nur die allergrößten Konflikte zu benennen.

Es ist eher die Aufgabe der Friedensforschung – und nicht unbedingt von Ökonom*innen –, die vielfältigen Wechselbeziehungen zwischen Krieg und Rüstung zu beleuchten und Ursachen der Entwicklung zu benennen. Deshalb wird dieses Thema hier nicht ausführlich dargestellt. Aber klar ist, die Welt ist unsicherer geworden und sie rüstet kräftig auf. 2022 erreichten die weltweiten Rüstungsausgaben einen neuen Spitzenstand von 2,24 Billionen US-Dollar. Gegenüber 2021 waren sie (real) um 3,7 Prozent angestiegen. Ein Anteil von 2,2 Prozent der Wirtschaftsleistung wurde für Rüstungsausgaben aufgezehrt (SIPRI 2023).

Nach den SIPRI-Zahlen waren die Militärausgaben sehr ungleich verteilt. Auf die fünf führenden Militärnationen USA, China, Russland, Indien und Saudi-Arabien entfielen fast zwei Drittel der gesamten weltweiten Rüstungsaufwendungen. Absolut dominierend waren die USA. Im Jahr 2022 tätigten sie allein knapp 40 Prozent der weltweiten Rüstungsausgaben. China lag mit einem Anteil von 13 Prozent schon weit zurück. Deutschland lag auf Rang 7 mit immerhin 2,5 Prozent. Auf die europäischen NATO-Staaten (einschließlich Deutschland) entfielen 13,3 Prozent der weltweiten Militäraufwendungen. Das entsprach in etwa dem chinesischen Anteil oder mehr als das Vierfache der russischen Rüstung.

Den mit Abstand größten Anstieg der Militärausgaben im Vergleich 2022 zu 2021 tätigte die von Russland im Februar 2022 angegriffene Ukraine: sie erhöhte ihren Militäretat um 640 Prozent (alle Angaben reale Werte nach SIPRI 2023). Russland steigerte seine Ausgaben um 9,2 Prozent. Damit waren die russischen Rüstungsausgaben immer noch fast doppelt so hoch wie die der Ukraine. Im arabischen Raum

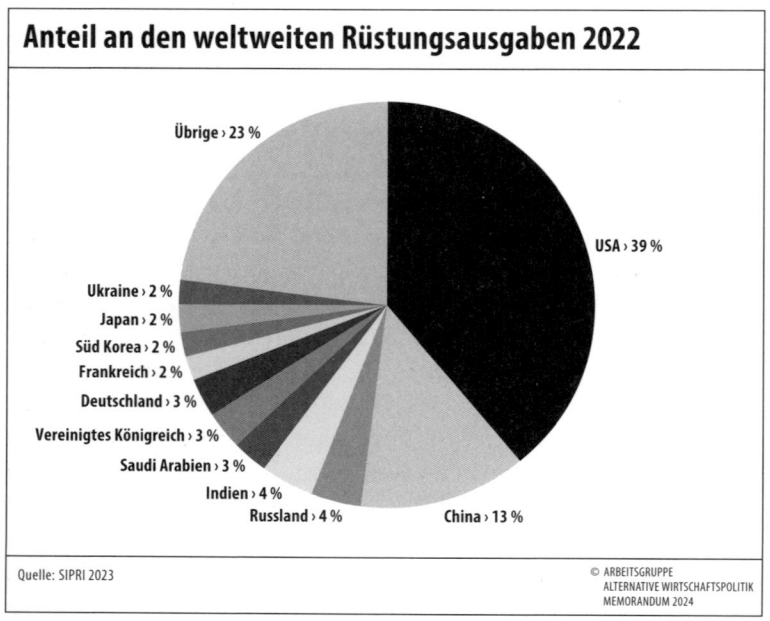

Anteil an den weltweiten Rüstungsausgaben 2022

Übrige › 23 %

USA › 39 %

Ukraine › 2 %
Japan › 2 %
Süd Korea › 2 %
Frankreich › 2 %
Deutschland › 3 %
Vereinigtes Königreich › 3 %
Saudi Arabien › 3 %
Indien › 4 %
Russland › 4 %
China › 13 %

Quelle: SIPRI 2023

© ARBEITSGRUPPE
ALTERNATIVE WIRTSCHAFTSPOLITIK
MEMORANDUM 2024

rüsteten vor allem Saudi-Arabien (+16 Prozent) und Katar (+27 Prozent) kräftig auf. Aber auch einige europäische NATO-Staaten steigerten ihre Militärausgaben kräftig. Allen voran Polen (+11 Prozent), die Niederlande (+12 Prozent) und Belgien (+13 Prozent). In der langfristigen Entwicklung seit 2013 steigerten sich vor allem China (+63 Prozent), Polen (+95 Prozent), die Niederlande (+53 Prozent), Griechenland (+69 Prozent), Schweden (+57 Prozent) und Rumänien (+124 Prozent). Angegeben sind hier die Länder mit mehr als 50 Prozent Steigerung und die 40 Staaten mit den höchsten Militärausgaben (in der Reihenfolge ihrer Ausgabevolumens).

6.3 Lange vor der Zeitenwende: Aufrüstung in Deutschland und das Zwei-Prozent-Dogma

Nach dem Ende der Blockkonfrontation und der deutschen Vereinigung betrug der Rüstungshaushalt gemäß dem Verteidigungsetat (Einzelplan 14) 1991 31,6 Milliarden Euro. Nach der Definition der NATO beinhalten die Militärausgaben noch weitere Bereiche, die in Deutschland in anderen Etats enthalten sind. Die entsprechenden Rüstungsausgaben fallen dementsprechend immer höher aus, als sie im Verteidigungsetat ausgewiesen sind.

Nach 1991 wurde nicht nur international, sondern auch in Deutschland kräftig abgerüstet. Jedes Jahr sanken sogar in absoluten Zahlen (also nicht preisbereinigt) die Militärausgaben. Anders als im weltweiten Maßstab wurde das Ende dieses Trends erst mit den niedrigsten Ausgaben von 24,4 Milliarden Euro im Jahr 2005 erreicht. Danach ging es wieder in die andere Richtung. Zunächst noch sehr verhalten, so dass nicht unbedingt von einer realen Aufrüstung auszugehen ist. Doch seit 2016 (plus vier Prozent) legen die Rüstungsausgaben kräftig zu. Der oft medial vermittelte Eindruck, Deutschland hätte kein Interesse an militärischer Stärke, ist schlicht falsch. Die Aufrüstung in Deutschland begann lange vor der Zeitenwende.

»Die deutschen Ausgaben für Verteidigung (nach NATO-Kriterien) stiegen seit 2014 von 34,7 Milliarden Euro auf 57,7 Milliarden Euro im

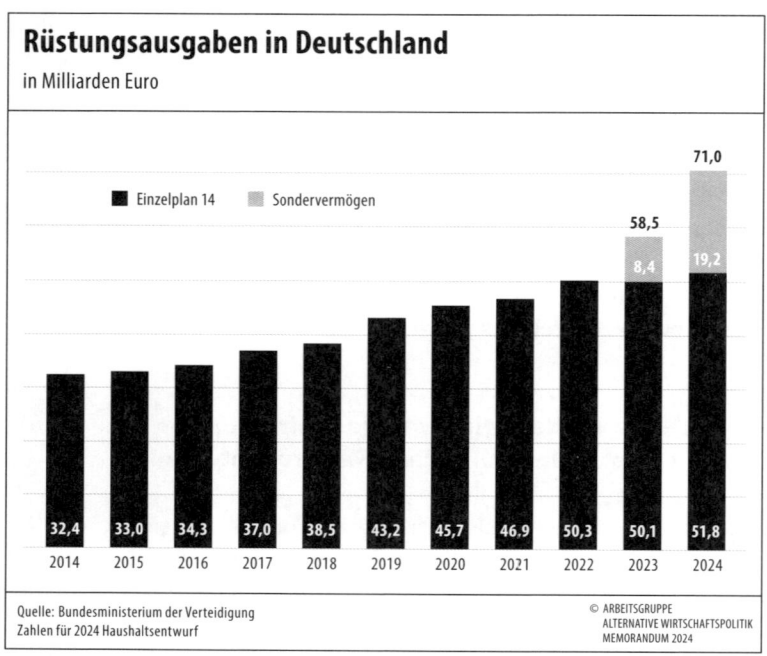

Rüstungsausgaben in Deutschland
in Milliarden Euro

■ Einzelplan 14 ▨ Sondervermögen

71,0

58,5

19,2

8,4

32,4 | 33,0 | 34,3 | 37,0 | 38,5 | 43,2 | 45,7 | 46.9 | 50,3 | 50,1 | 51,8

2014 2015 2016 2017 2018 2019 2020 2021 2022 2023 2024

Quelle: Bundesministerium der Verteidigung
Zahlen für 2024 Haushaltsentwurf

© ARBEITSGRUPPE
ALTERNATIVE WIRTSCHAFTSPOLITIK
MEMORANDUM 2024

Jahr 2022. Das ist ein satter Anstieg um 66 Prozent in acht Jahren. Es ist ein Mythos, dass die Bundeswehr schlecht ausgerüstet ist, weil sie zu wenig Geld bekommt.« (Wulf 2023) Die Aussage von Wulf wird durch den internationalen Vergleich untermauert: Deutschland liegt bei den Rüstungsausgaben weltweit immerhin auf dem 7. Rang (siehe oben).

Die Dynamik der Aufrüstung nimmt nach 2022 richtig Fahrt auf. Mit den Haushaltsmitteln von 51,8 Milliarden Euro nach Einzelplan 14, den zusätzlichen Ausgaben aus dem 100-Milliarden-Sondervermögen von 19,2 Milliarden Euro und den zusätzlichen Ausgaben nach NATO-Kriterien von 9,5 Milliarden Euro (Schätzung Dorn/Schlepper 2023) gibt Deutschland in 2024 insgesamt 80,5 Milliarden Euro für Rüstung aus. Nach der Schätzung von Wagner (2023) werden sich die zusätzlichen Ausgaben nach NATO-Kriterien sogar auf 14,5 Milliarden Euro belaufen, die Gesamtausgaben dementsprechend auf 85,5 Milliarden Euro.

Deutschland hat sich, wie alle anderen NATO-Mitgliedsländer, dazu verpflichtet, mindestens zwei Prozent seiner Wirtschaftsleitung für Rüstung auszugeben. Dieser Wert wurde auf dem NATO-Gipfel in Prag 2002 als Richtwert vereinbart und auf dem NATO-Gipfel in Wales 2014 als Ziel festgeschrieben. Die Bundesregierung hat sich in ihrer Nationalen Sicherheitsstrategie im Sommer 2023 noch einmal ausdrücklich dazu bekannt.

Die zusätzliche finanzielle Substanz dieser Zeitenwende ist die Bereitstellung von weiteren 100 Milliarden Euro jenseits der im Haushalt für die Bundeswehr zur Verfügung gestellten Gelder. Außer der kreativen Wortschöpfung, dass in diesem Fall die Aufnahme von weiteren Krediten als »Sondervermögen« bezeichnet wurde, war das kein unübliches Verfahren. Mit verschiedenen Sonderfonds wurde die Kreditaufnahme jenseits der Grenzen der Schuldenbremse ermöglicht. Es gab aber einen großen Unterschied: das Sondervermögen Bundeswehr wurde über eine Verfassungsänderung im Grundgesetz festgeschrieben. Dieser Unterschied mag zunächst bedeutungslos erschienen sein. Jedoch: Mit dem Urteil des Bundesverfassungsgerichts vom 15. November 2023 wurde die Übernahme von nicht genutzten Geldern der Corona-Hilfen in den Klima- und Transformationsfonds als nichtig, weil nicht verfassungskonform, gewertet. Mit diesem Urteil wurden die Möglichkeiten, die Schuldenbremse zu umgehen, drastisch eingeschränkt. Der Sonderfonds für die Bundeswehr war davon nicht betroffen.

Genutzt wird das Sondervermögen für militärische Beschaffungen. Bereits 60 Prozent der 100 Milliarden sind für Aufträge fest vergeben. Vom Volumen her große Beschaffungen sind 60 Hubschrauber des Typs Boeing CH-47F (schwerer Transporthubschrauber) und 35 Kampfflugzeuge vom Typ F-35A. Beides sind Importe aus den USA, wobei Rheinmetall Rumpfmittelteile für die F-35 in Deutschland fertigen wird (BMVg 2024).

Damit wird die herausgehobene Bedeutung der Aufrüstung deutlich: Im Gegensatz beispielsweise zum Wirtschaftsstabilisierungsfonds und dem Klima- und Transformationsfonds war das Sondervermögen Bundeswehr die einzige Schuldenaufnahme jenseits der Schuldenbremse, die über eine Verfassungsänderung abgesichert wurde. Damit sind diese zusätzlichen Kredite vom Urteil des Bundesverfassungsgerichts nicht berührt. Mit diesem Sondervermögen soll das Zwei-Prozent-Ziel bei den Militärausgaben eingehalten werden.

Die konservative wissenschaftliche fiskalische Debatte hinterfragt das Zwei-Prozent-Ziel kaum. Dies wird nicht nur als gegeben, sondern auch als inhaltlich richtig angesehen. Kritisiert wird dagegen kräftig, dass dieses Ziel in der Vergangenheit nicht erreicht wurde und vor allem auch langfristig in der Zukunft (nach dem Ende des Sondervermögens) nicht erreicht wird (vgl. hierzu etwa Bardt 2023, Meyer 2023, Junkernheinrich 2023, Übelmesser 2023, Dorn/Schlepper 2023). Wollte man dieses Ziel dauerhaft erreichen, müssten tatsächlich die abnehmenden Mittel aus dem Sondervermögen durch reguläre Etatmittel ersetzt werden.

Die Festlegung auf das Zwei-Prozent-Ziel ist genauso falsch wie eine Festlegung auf einen anderen BIP-Anteil. Es gibt keinen sachlichen Zusammenhang zwischen den notwendigen militärischen Fähigkeiten der Bundeswehr und der Entwicklung des BIP. Ein solches Junktim führt in einer wachsenden Ökonomie nur zu einer automatischen Aufrüstungsverpflichtung.

»Der richtige Weg wäre, die heutigen und mögliche künftige Herausforderungen und Gefährdungen zu benennen und die zur Abwehr erforderlichen Kapazitäten aufzubauen. Dies mag zwar erforderliche Ausrüstung für die Bundeswehr mit einbeziehen, fokussiert dann aber nicht nur militärische Kapazitäten.« (Wulf 2023) Welche militärischen Fähigkeiten die Bundeswehr haben muss, ist dabei in einem demokratischen Entscheidungsprozess politisch zu definieren. Angesichts der bereits hohen und steigenden Militärausgaben, auch im internationalen Vergleich, und der gleichfalls hochgerüsteten Nachbarstaaten, die fast alle NATO-Verbündete sind, ist eine weitere Aufrüstung nicht zu rechtfertigen. Daran ändert auch der russische Angriffskrieg gegen die Ukraine nichts. Anders als oft behauptet, ist Europa denkbaren Aggressionen nicht wehrlos ausgeliefert.

Ein anderer Argumentationsstrang bezieht sich auf die tatsächliche Einsatzfähigkeit der Bundeswehr. Sie sei wegen zahlreicher Pannen und Defekte praktisch gar nicht gegeben. Deshalb seien dringend weitere

Mittel erforderlich. In der Tat stehen unzählige Berichte über nicht funktionsfähiges militärisches Gerät und entsprechend nicht vorhandene militärische Kapazitäten im Gegensatz zu den enormen Finanzmitteln für die Bundeswehr. Wulf sieht angesichts der hohen Rüstungsausgaben die Probleme nicht im fehlenden Geld, sondern in bürokratischen Strukturen, in der Beschaffung überteuerter Waffen (hier ist auch die Preisbildung bei Rüstungsgütern dringend zu korrigieren, die Preiserhöhungen faktisch mit höheren Renditen belohnt) und in einem zu starken Hang zu Hochtechnologie. Dass die vorhandenen Gelder nicht effektiv verwendet werden, zeigt sich an vielen Einzelbeispielen. Zuletzt machte ein Skandal über den Kauf von Funkgeräten Schlagzeilen. »Der jüngste ›Schildbürgerstreich‹ ist der Kauf digitaler Funkgeräte, die für 1,3 Milliarden Euro von einem deutschen Hersteller beschafft wurden, obwohl nicht gewährleistet ist, dass die Geräte in den vorgesehenen Fahrzeugen überhaupt eingebaut werden können.« (Wulf 2023)

Wenn die Ausgaben sich nicht an den Notwendigkeiten orientieren, sondern mehr Ausgaben grundsätzlich gut und das eigentliche Ziel sind, braucht man sich über solche Missstände nicht zu wundern. »Das Zwei-Prozent-Ziel ist eine reine Inputvorgabe. Ohne zugleich die Effektivität (Wirksamkeit) und Effizienz (Wirtschaftlichkeit) der Mittelverwendung im Blick zu haben, ist Verschwendung naheliegend.« (Meyer 2023, S. 10) Eine weitere Erhöhung der Militärausgaben setzt nicht an den Ursachen der Probleme an. Sie wird die Probleme deshalb auch nicht lösen können.

6.4 Konkurrenz um knappe Haushaltsmittel

»Es gibt massenhaft soziale Probleme im Land. Die Armut ist auf einem Rekordstand: 16,1 Prozent der Bevölkerung – 13,4 Millionen Menschen – sind einkommensarm oder armutsgefährdet, wie das verharmlosend genannt wird. Was die Aufgaben des Sozialstaates betrifft, gibt es also genug zu tun. Doch es gibt nur eins: Rüstungs- oder Sozialstaat. Man kann ein gigantisches Aufrüstungsprogramm nicht im dem Glauben starten, dass keine sozialen Leistungen auf der Strecke bleiben.« (Butterwegge 2022)

Natürlich wäre prinzipiell eine Erhöhung der Rüstungsausgaben auch über höhere Steuern finanzierbar. Doch die zugespitzte Polarisierung zwischen Rüstungs- oder Sozialstaat, wie sie Butterwegge beschreibt, wird durch die Vorgaben der Bundesregierung verstärkt. Wer die Schuldenbremse unbedingt einhalten will und Steuererhöhungen konsequent ablehnt, hat bei einer kräftigen Erhöhung der Militärausgaben keine andere Wahl, als dringende Aufgaben zu vernachlässigen. Der Haushalt umfasst Ausgaben des Bundes für 2024 in Höhe von 476,81 Milliarden Euro, ein Anstieg um 4,3 Prozent gegenüber dem Vorjahr (Bundestag 2024). Real dürften die Ausgaben damit geringfügig ansteigen. Im Gegensatz dazu steigen die Militärausgaben (je nach Schätzung, siehe oben) um 18,3 bzw. um 25,7 Prozent. Die Rüstung verschlingt damit einen immer größeren Teil der öffentlichen Ausgaben.

Wie sehr auf breiter Front der Sozialstaat unter Druck steht, zeigt eine beispielhafte Auswahl an Einzelposten, die nach dem ersten Entwurf im Sommer 2023 kräftig gekürzt werden sollten (LabourNet 2024):

- Bundesfreiwilligendienst: -26 Prozent
- Maßnahmen gegen sexuelle Gewalt gegen Kinder: -56 Prozent
- Umsetzung UN-Behindertenkonvention: -13 Prozent
- THW: -10 Prozent
- Bundeszentrale für politische Bildung: -21 Prozent
- Humanitäre Hilfe und Krisenprävention: -34 Prozent
- Beauftragte für Migration: -20 Prozent
- Verbraucherinfos: -26 Prozent
- Bundesnaturschutzfonds: -9 Prozent
- Müttergenesungswerk: -93 Prozent
- Familienferienstätten: -93 Prozent
- Jugendbildungs- und Jugendbegegnungsstätten: -77 Prozent
- Freie Jugendhilfe: -19 Prozent
- Freiwilligendienste: -21 Prozent
- Bundesamt für Bevölkerungsschutz und Katastrophenhilfe: -23 Prozent

»Die Pläne zwingen zu massiven Einschnitten bei sozialen Angeboten: von Freiwilligendiensten über die psychosoziale Versorgung Geflüchteter bis hin zur Unterstützung Arbeitssuchender.« (Der Paritätische 2023) Im Vergleich zum Haushalt 2022 sanken die Ausgaben im Haushaltsentwurf 2024 (real) für den Bereich Arbeit und Soziales um über vier Milliarden Euro, bei Bildung und Forschung um fast drei Milliarden Euro und für Wirtschaftliche Zusammenarbeit und Entwicklung ebenfalls um knapp drei Milliarden Euro (siehe Dorn/Schlepper 2023). In den folgenden Haushaltsdebatten konnten durch den massiven Widerstand vieler zivilgesellschaftlicher Organisationen noch an der einen oder anderen Stelle Verbesserungen durchgesetzt werden. Allerdings hat sich die Lage nach dem Urteil des Verfassungsgerichts erneut zugespitzt. Vor allem für die nächsten Jahre wird mit einer wachsenden Finanzlücke gerechnet, die nicht durch eine Einsparung bei den Militärausgaben geschlossen werden soll.

Besonders zu kritisieren ist, wenn die Rüstungsausgaben kräftig zulegen, die Gelder für wirtschaftliche Zusammenarbeit aber kräftig gekürzt werden. Hier wird statt auf Gewaltprävention im internationalen Maßstab auf eine Militarisierung der Beziehungen gesetzt. Was hier noch gar nicht aufgeführt ist, sind die gigantischen Mittel – die für den ökologischen Umbau der Gesellschaft benötigt werden – und für die Sanierung der maroden Infrastruktur. »Der finanzielle Bedarf für diese vielfältigen politischen Herausforderungen führt – nüchtern betrachtet – in eine fiskalische Überforderungsfalle. Der hohe und wachsende Finanzbedarf ist durch die laufenden Einnahmen des Staates nicht zu finanzieren und erst recht nicht mit einer ›schwarzen Null‹ kompatibel.« (Junkernheinrich 2023, S. 15) Aufrüstung ist unter diesen Bedingungen ökonomisch eine Katastrophe.

6.5   Die Gewinner der steigenden Rüstungsausgaben

Ein Profiteur der zunehmenden Aufrüstung ist zweifellos die Rüstungsindustrie. Die fünf größten Rüstungskonzerne haben ihren Sitz in den USA, allen voran als umsatzstärkstes Unternehmen Lockheed

Martin. Trotz der massiven weltweiten Aufrüstung erlitt die US-ame-
rikanische Rüstungsindustrie nach Angaben von SIPRI (Frankfurter
Rundschau vom 04.12.23) im Jahr 2022 einen Umsatzrückgang von
3,5 Prozent gegenüber 2021. Ursache war nicht ein Rückgang der
Aufträge, sondern die Unternehmen hatten große Schwierigkeiten,
die Auftragsflut abzuarbeiten. Arbeitskräftemangel und Probleme in
den Lieferketten haben die Unternehmen ausgebremst. Das lässt befürchten: sobald es ihnen gelingt, ihre Kapazitäten auszuweiten und
den wachsenden Auftragsbestand aufzulösen, erleben wir eine noch
heftigere Aufrüstungswelle.

Die Größe und damit die wirtschaftliche Bedeutung der Rüstungsindustrie in Deutschland ist nicht einfach zu erfassen. In der international definierten Klassifikation der Wirtschaftszweige ist die Rüstungsindustrie keine eigenständige Kategorie. Sie verteilt sich auf verschiedene Wirtschaftszweige. Deshalb gibt es keine Angaben des Statistischen
Bundesamtes zum Umfang und zur Entwicklung der Rüstungsindustrie
in Deutschland. Erschwerend kommt hinzu, dass einzelne Unternehmen
in der Regel auch verschiedene Produkte erstellen und Rüstungsgüter
nur einen Teil ihres Portfolios darstellen. Ein weiteres Problem stellen
die »dual use« Güter dar, die sich sowohl militärisch als auch zivil
verwenden lassen und die damit eine Zuordnung erschweren. Nach
Analyse der IG Metall waren in der Rüstungsindustrie im Januar 2022
etwa 100.000 Menschen beschäftigt, wobei dieser Wert seit einiger Zeit
stabil ist. Da die Erfassung wahrscheinlich unvollständig ist, dürfte der
tatsächliche Wert noch etwas höher liegen. Für die reinen Rüstungsumsätze liegen allerdings auch Zahlen von SIPRI vor.

Klassische Rüstungskonzerne gibt es dabei aber nicht mehr, da es
sich ausschließlich um Mischkonzerne mit erheblichen zivilen Pro-
duktionsanteilen handelt. Zu den eher noch klassischen Rüstungs-
unternehmen zählt die Firma Rheinmetall. Aber auch hier gibt es
andere Produkte, die erzeugt werden. Die aktuelle Situation führt
dazu, dass der Rüstungssektor ausgeweitet wird, weil er hervorra-
gende Geschäftsperspektiven erwarten lässt. Im Fall von Rheinmetall
ergibt sich die Konstellation, dass ein Geschäftsfeld Zulieferungen
für Verbrennungsmotoren für die Automobilindustrie ist. Da die-

se Produktion im Zuge der Elektrifizierung der Autoindustrie keine langfristige Zukunftsperspektive mehr hat, wurde der Bereich gerade verkauft. Das Unternehmen plant bis 2026 mit einem Anteil der Rüstungsproduktion von 80 Prozent am Umsatz (siehe hierzu Handelsblatt vom 21.12.2023).

Zu den weltweiten Größen der Branche zählen die deutschen Unternehmen nicht. Gerechnet nach dem Rüstungsumsatz war 2022 Airbus, als französisch-deutsch-spanischer Konzern, der größte. Der Rüstungsanteil lag hier mit 20 Prozent am Gesamtumsatz jedoch eher im unteren Bereich. Im weltweiten SIPRI-Ranking der Rüstungsumsätze kam Airbus auf den 14. Rang. Allerdings konnten sie im Segment Rüstungsumsatz um 17 Prozent kräftig zulegen. Dahinter folgt auf dem weltweit 28. Platz Rheinmetall. Hier ist der Umsatz 2022 (Konzernumsatz insgesamt) um 13,3 Prozent gestiegen. Auch in diesem Fall verhindern eher die Kapazitätsgrenzen noch viel bessere Geschäfte. Wie gut die Zukunftsaussichten eingeschätzt werden, lässt sich eher am Aktienkurs ablesen, der ja eine Wette auf die Zukunft darstellt. Während der Aktienkurs vom Winter 2019 bis zum Einmarsch Russlands in die Ukraine stagnierte, ist er seitdem um fantastische 266 Prozent angestiegen. Rüstungskonzerne sehen goldenen Zeiten entgegen.

6.6 Rüstungsexporte

Deutschland hatte sich bisher immer dazu bekannt, keine Rüstungsgüter in Krisengebiete zu exportieren, um keine Konflikte anzuheizen. Von einer breiten Öffentlichkeit wurde dieser Kurs mitgetragen bzw. sie wünschte sich eine noch restriktivere Haltung. »Beispielsweise ergab eine Umfrage des Meinungsforschungsinstituts YouGov vom Mai 2018, dass knapp zwei Drittel der Befragten jegliche Waffenexporte kategorisch ablehnen.« (Beitzinger 2018)

Dessen ungeachtet wurden die eigenen Vorgaben nicht immer eingehalten. Schon seit Jahren befinden sich die deutschen Rüstungsexporte im Aufwärtstrend, unabhängig von der aktuellen Regierungs-

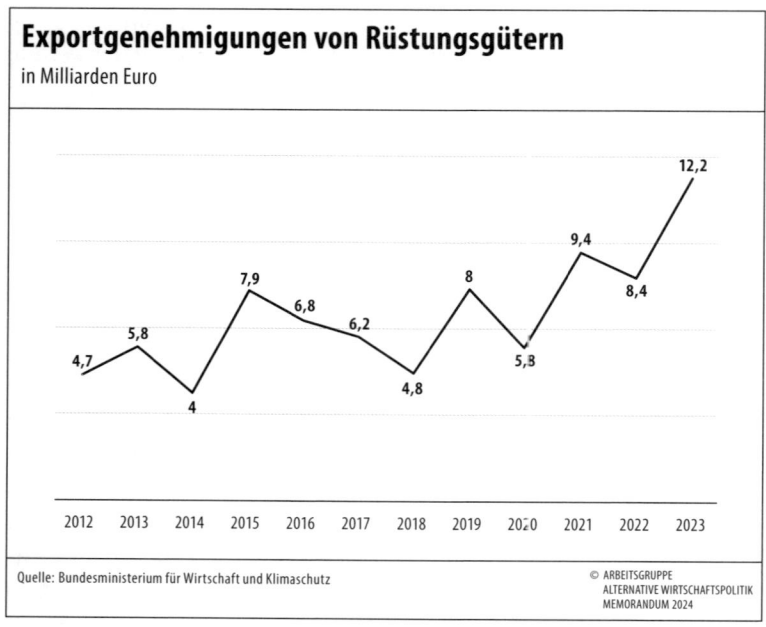

Exportgenehmigungen von Rüstungsgütern
in Milliarden Euro

Quelle: Bundesministerium für Wirtschaft und Klimaschutz

© ARBEITSGRUPPE
ALTERNATIVE WIRTSCHAFTSPOLITIK
MEMORANDUM 2024

konstellation. Im Jahr 2023 hat es dann einen gewaltigen Anstieg bei den Rüstungsexporten um 45 Prozent gegeben. Einen großen Teil des Anstiegs machen die Lieferungen an die Ukraine aus, die mit 4,4 Milliarden Euro mit Abstand an der Spitze liegen und gegenüber 2022 noch einmal um zwei Milliarden Euro zugenommen haben. Damit geht ein großer Anteil der deutschen Ausfuhren von Kriegsgütern nicht nur in ein Krisengebiet, sondern unmittelbar in den Kriegseinsatz. Genauso wie in der Bevölkerung gibt es auch in der *Arbeitsgruppe Alternative Wirtschaftspolitik* keine einheitliche Bewertung dieser Situation. Das Spektrum der Positionen reicht von der völligen Ablehnung von Waffenlieferungen, weil damit der Krieg nur in die Länge gezogen und mögliche Verhandlungen über einen Waffenstillstand und Frieden nur verhindert werden, bis zu der Position, dass die Ukraine selbstverständlich alle benötigten Waffen bekommen müsse, um sich gegen die russische Aggression zu wehren.

Tabelle: Exportgenehmigungen nach Ländern 2023 in Mrd. Euro

Land	Mrd. €	Land	Mrd. €
Ukraine	4,44	Polen	0,33
Norwegen	1,20	Israel	0,33
Ungarn	1,03	Frankreich	0,29
Vereinigtes Königreich	0,66	Zypern, Republik	0,27
USA	0,55	Korea, Republik	0,26

Quelle: Bundesministerium für Wirtschaft und Klimaschutz

Neben der Ukraine ist noch Israel als im Krieg befindliches Land auf der Liste der Staaten, die in größerem Umfang Rüstungsgüter aus Deutschland importiert haben, wenn auch weit hinter der Ukraine liegend. Daneben gibt es Staaten, die zwar nicht ganz vorn liegen, aber auch Rüstungsgüter bekommen und deren Einordnung aus Sicht der Menschenrechte ziemlich eindeutig ist. Für Lieferungen in die Vereinigten Arabischen Emirate wurden Exportgenehmigungen im Umfang von 78,2 Millionen Euro, für solche nach Ägypten 40,3 Millionen Euro, nach Katar 15,1 Millionen Euro und nach Saudi-Arabien 13,5 Millionen Euro erteilt (siehe hierzu Frankfurter Rundschau vom 5.1.2024). Alle diese Länder sind keine Demokratien, in allen diesen Ländern sind die Menschenrechte stark eingeschränkt. Eine »werteorientierte« Außenpolitik ist mit diesen Waffenlieferungen nicht zu vereinbaren. Die besondere Einschränkung der Frauenrechte sollte eigentlich auch einer »feministischen« Außenpolitik solche Lieferungen unmöglich machen. Im Fall Saudi-Arabien kommt noch hinzu, dass es aktiv am Krieg im Jemen beteiligt ist (nach Einschätzung der UN die größte humanitäre Katastrophe seit dem Zweiten Weltkrieg). Gerade für Saudi-Arabien erfolgte im Januar dieses Jahres die Freigabe für die Lieferung von Eurofighter Kampfflugzeugen mit dazugehörigen Raketensystemen. Es ist also für 2024 mit einer deutlichen Zunahme der Rüstungsexporte in dieses Land zu rechnen.

6.7 Abrüstung ist das Gebot alternativer Wirtschaftspolitik

Die *Arbeitsgruppe Alternative Wirtschaftspolitik* hat sich schon immer klar gegen Aufrüstung positioniert. »Finanzpolitisch ergibt sich die Notwendigkeit der Kürzung des Militäretats aus der wachsenden kostenmäßigen Belastung der öffentlichen Haushalte durch Rüstung und Militär sowie der damit verbundenen Verengung der beschäftigungs- und versorgungspolitischen Handlungsspielräume des Staates.« (MEMORANDUM 1984, S. 174) Auch wenn die relative Belastung der Gesellschaft im Vergleich zu den Zeiten des Rüstungswettlaufs bis 1990 trotz der jüngsten Aufrüstung deutlich geringer ist, gilt diese Positionierung nach wie vor uneingeschränkt. Daran ändert aus den oben ausgeführten Gründen auch der Krieg Russlands gegen die Ukraine nichts.

Aufgabe alternativer Wirtschaftspolitik ist es, Bedingungen aufzuzeigen, wie ökonomisch die Versorgung *aller* Menschen mit den Grundbedürfnissen Wohnraum, gute Ernährung, Kleidung, aber auch mit Bildung und Ausbildung, Mobilität und Teilhabe an Kultur in ausreichendem Maße sichergestellt werden kann. Dazu gehört auch ein Leben in sozialer Sicherheit, ohne Angst vor Arbeitslosigkeit, Armut, sozialer Ausgrenzung oder sozialem Abstieg. Auch im reichen Deutschland leben viele Menschen, für die dies nicht sichergestellt ist. Die tiefe soziale Spaltung und große Ungleichverteilung an Einkommen, Vermögen und Lebenschancen wird immer wieder in den MEMORANDEN thematisiert.

Dazu kommt die ökologische Bedrohung. Kriege richten immer verheerende ökologische Schäden an. Aber auch die Produktion von Rüstungsgütern hat einen großen ökologischen Fußabdruck. Die weltweiten ökologischen Belastungen können zudem nur in internationaler Kooperation gesenkt werden. Wachsende geopolitische Spannungen, Blockbildungen und gewaltsame Konflikte bedrohen auch aus diesem Grund unser Leben. Politisch muss alles für Entspannung, Vertrauensbildung und eine verbesserte Zusammenarbeit getan werden. Natürlich ist das keine leichte Aufgabe, aber es muss die größte Priorität haben.

Nicht zuletzt sind schon für den ökologischen Umbau der deutschen Wirtschaft enorme Investitionsvolumina von Nöten. Eine aktuelle Studie des Handelsblatt Research Institute – HRI (Handelsblatt vom 08.01.2024) beziffert beispielsweise allein den Aufwand für die Umstellung des Energiesektors bis 2045 auf über eine Billion Euro.

Unter solchen Bedingungen können wir uns einen gewaltigen Militärhaushalt immer weniger leisten.

Literatur

Arbeitsgruppe Alternative Wirtschaftspolitik (1984): MEMORANDUM 84, Köln 1984.

Bardt, Hubertus (2023): Verteidigungshaushalt: Das ignorierte Ausgabenproblem, in: ifo Schnelldienst 7/2023.

Beitzinger, Franz (2018): Die Rüstungsindustrie im Blick der Öffentlichen Meinung, in: Arbeitspapiere der Bundesakademie für Sicherheitspolitik, 28/2018.

Bundesministerium der Verteidigung (2024): 18. Bericht des Bundesministeriums der Verteidigung zu Rüstungsangelegenheiten, Januar 2024.

Bundesministerium für Wirtschaft und Klimaschutz (2022): Bericht der Bundesregierung über ihre Exportpolitik für konventionelle Rüstungsgüter im Jahre 2022.

Bundesministerium für Wirtschaft und Klimaschutz (2024): Rüstungsexportpolitik der Bundesregierung im Jahr 2023, Pressemitteilung vom 04.01.2024.

Butterwegge, Christoph (2022): »Es gibt nur eins: Rüstungs- oder Sozialstaat«. Interview, in: www.choices.de, 27.4.2022.

Der Paritätische (2023): Haushalt 2024: Drastische Sozialkürzungen, www.der-paritaetische.de/presse-und-kampagnen/sozialkuerzungenstoppen, abgerufen am 05.01.2024.

Destatis (2023): Volkswirtschaftliche Gesamtrechnungen, Arbeitsunterlage Investitionen, Kapitel Definitionen, 11.12.2023.

Deutscher Bundestag (2024): Ausschuss beschließt Haushalt 2024, www.bundestag.de/dokumente/textarchiv/2024/kw03-pa-haushalt-bereinigung-982918, abgerufen am 19.01.2024.

Dolata, Ulrich (1988): Neue Technik – Rüstung- Destruktivkraftentwicklung, in: Wissenschaft & Frieden 1988/1.

Dorn, Florian / Schlepper, Marcel (2023): Fiskalische Zeitenwende in Deutschland – Implikationen des Sondervermögen Bundeswehr auf die Haushaltspolitik, in: ifo Schnelldienst 7/2023.

Junkernheinrich, Martin (2023): Haushaltspolitik im Krisenmodus: Auf dem Weg in die Überforderungsfalle, in: ifo Schnelldienst 7/2023.

LabourNet (2024): »Die Zeitenwende«: 100 Milliarden (nur) für die Aufrüstung, 28.02.2024, www.labournet.de; dort den Abschnitt: Ein paar Beispiele aus dem gruseligen Haushaltsentwurf der Ampel, fußend auf Angaben von Anke Domscheit-Berg.

Meyer, Dirk (2023): Zeitenwende auch für Haushalt und Beschaffungswesen?, in: ifo Schnelldienst 7/2023.

SIPRI (2023): Trends in World Military Expenditure 2022, SIPRI Fact Sheet April 2023.

Übelmesser, Silke (2023): Verteidigung als eine von mehreren großen Herausforderungen, in: ifo Schnelldienst 7/2023.

Wagner, Jürgen (2023): Zeitenwende heißt Sozialabbau, in: IMI-Studie 2/2023.

Wulf, Herbert (2023): Haushalts-Déjà-vu, in: Wissenschaft & Frieden 2023/4.

Tabellenanhang

Tabelle A 1: Bevölkerung, Erwerbstätigkeit

Jahr	Einwohner *innen	Erwerbstätige		Arbeitsvolumen			
		insgesamt	darunter: abhängig Beschäftigte	der Erwerbstätigen	der abhängig Beschäftigten	je Erwerbstätigen	je abhängig Beschäftigten
		1.000 Personen		Millionen Stunden		Stunden	
1995	81.308	38.042	34.245	58.226	49.504	1.531	1.446
2000	81.457	39.971	35.958	58.595	49.517	1.466	1.377
2005	81.337	39.311	34.930	56.310	47.119	1.432	1.349
2010	80.284	41.048	36.533	58.524	49.314	1.426	1.350
2011	80.275	41.544	37.017	59.279	50.102	1.427	1.354
2012	80.426	42.019	37.497	59.162	50.100	1.408	1.336
2013	80.646	42.350	37.855	59.140	50.220	1.397	1.327
2014	80.983	42.721	38.262	59.827	51.032	1.400	1.334
2015	81.687	43.122	38.717	60.412	51.754	1.401	1.337
2016	82.349	43.661	39.320	60.933	52.451	1.396	1.334
2017	82.657	44.251	39.978	61.471	53.219	1.389	1.331
2018	82.906	44.866	40.641	61.945	53.876	1.381	1.326
2019	83.093	45.276	41.117	62.168	54.304	1.373	1.321
2020	83.161	44.915	40.860	59.104	52.000	1.316	1.273
2021	83.196	44.984	41.027	60.623	53.518	1.348	1.306
2022	83.839	45.596	41.687	61.410	54.317	1.347	1.303
2023	84.544	45.929	42.050	61.759	54.800	1.345	1.303

Quelle: Statistisches Bundesamt, Fachserie 18, Rechenstand: Januar 2024.

Tabelle A 2: Erwerbstätige nach Wirtschaftsbereichen in Deutschland

Jahr	Insgesamt	Land- und Forstwirtschaft, Fischerei	Prod. Gewerbe ohne Baugewerbe zusammen	darunter: Verarbeitendes Gewerbe	Baugewerbe	Handel, Verkehr, Gastgewerbe	Information und Kommunikation	Finanz- und Versicherungsdienstleister	Grundstücks- und Wohnungswesen	Unternehmensdienstleister	Öffentliche Dienstleister, Erziehung, Gesundheit	Sonstige Dienstleister
						1.000 Personen						
1991	38.871	1.174	10.968	10.064	2.888	8.879	958	1.206	264	2.315	8.090	2.129
1995	38.042	865	8.805	8.037	3.320	8.840	949	1.260	348	2.708	8.543	2.404
2000	39.971	766	8.475	7.838	2.888	9.373	1.084	1.291	462	3.823	9.059	2.750
2005	39.311	679	7.822	7.245	2.270	9.189	1.147	1.261	463	4.336	9.303	2.841
2010	41.048	645	7.709	7.140	2.325	9.469	1.159	1.216	463	5.215	9.921	2.926
2015	43.122	633	8.082	7.508	2.426	9.846	1.224	1.181	468	5.820	10.486	2.956
2017	44.251	615	8.175	7.594	2.479	10.044	1.283	1.130	473	6.139	10.919	2.994
2018	44.866	608	8.311	7.719	2.516	10.183	1.326	1.109	477	6.225	11.101	3.010
2019	45.276	598	8.369	7.767	2.552	10.231	1.378	1.096	480	6.225	11.298	3.049
2020	44.915	580	8.175	7.571	2.594	10.020	1.401	1.088	475	6.103	11.473	3.006
2021	44.984	560	8.069	7.461	2.620	9.904	1.444	1.083	473	6.140	11.721	2.970
2022	45.596	557	8.104	7.485	2.634	10.080	1.518	1.072	477	6.247	11.912	2.995
2023	45.929	555	8.129	7.496	2.649	10.167	1.557	1.072	477	6.294	12.028	3.001
				Entwicklung 2000–2023								
	114,9	72,5	95,9	95,6	91,7	108,5	143,6	83,0	103,2	164,6	132,8	109,1
				Struktur (insgesamt = 100)								
1995	100,0	2,3	23,1	21,1	8,7	23,2	2,5	3,3	0,9	7,1	22,5	6,3
2023	100,0	1,2	17,7	16,3	5,8	22,1	3,4	2,3	1,0	13,7	26,2	6,5

Quelle: Statistisches Bundesamt, Fachserie 18, eigene Berechnungen. Rechenstand: Januar 2024.

Tabelle A 3: Kernerwerbstätige[1] mit Normalarbeit und atypischer Beschäftigung

Jahr[3]	Insgesamt	Selbstständige[2] Gesamt	Selbstständige[2] darunter: Soloselbstständige	Gesamt	Normalarbeitnehmer*innen Gesamt	Normalarbeitnehmer*innen Teilzeitbeschäftigte über 20 Wochenstd.	Atypisch Beschäftigte Zusammen	Atypisch Beschäftigte Befristet Beschäftigte	Atypisch Beschäftigte – und zwar: Teilzeitbeschäftigte bis zu 20 Wochenstd.	Atypisch Beschäftigte – und zwar: Geringfügig Beschäftigte	Atypisch Beschäftigte – und zwar: Zeitarbeitnehmer*innen
					Insgesamt						
2010	35.145	3.917	2.169	31.076	23.131	2.571	7.945	2.858	4.942	2.517	743
2015	36.155	3.688	1.991	32.367	24.832	3.410	7.534	2.531	4.844	2.339	666
2020	36.532	3.081	1.609	33.363	26.410	4.522	6.953	2.153	4.399	1.944	639
2021	36.597	3.080	1.493	33.431	26.296	4.557	7.136	2.373	4.280	1.682	934
2022	37.389	3.059	1.477	34.249	26.980	4.801	7.269	2.428	4.214	1.689	1.079
					Männer						
2010	18.918	2.669	1.356	16.223	13.821	296	2.402	1.411	670	575	504
2015	19.211	2.477	1.216	16.716	14.476	389	2.240	1.243	699	536	455
2020	19.366	2.031	943	17.311	15.238	664	2.073	1.077	652	514	354
2021	19.416	2.056	878	17.339	15.039	676	2.300	1.215	699	422	504
2022	19.838	2.026	846	17.790	15.831	734	2.409	1.239	685	431	593
					Frauen						
2010	16.227	1.248	813	14.853	9.309	2.274	5.543	1.447	4.272	1.942	238
2015	16.944	1.211	775	15.651	10.356	3.020	5.295	1.288	4.144	1.803	212
2020	17.166	1.050	666	16.051	11.171	3.858	4.880	1.076	3.747	1.430	285
2021	17.180	1.024	615	16.092	11.256	3.881	4.836	1.158	3.851	1.259	431
2022	17.552	1.034	612	16.458	11.598	4.067	4.860	1.189	3.529	1.259	486
					2022						
Früheres Bundesgebiet	-	-	-	-	21.465	-	6.267	1.974	3.819	1.503	868
Neue Bundesländer u. Berlin	-	-	-	-	5.515	-	1.002	455	395	186	211

1) Nur Erwerbstätige im Alter von 15 bis 64 Jahren, nicht in Bildung oder Ausbildung oder in einem Wehr-, Zivil- sowie Freiwilligendienst. 2) Umfasst auch mithelfende Familienangehörige, die in der Tabelle nicht gesondert ausgewiesen sind. 3) Zeitliche Vergleichbarkeit wegen geänderter Erfassung des Erwerbsstatus eingeschränkt.
Quelle: Statistisches Bundesamt, Mikrozensus, Stand: Januar 2024.

Tabelle A 4: Arbeitslosigkeit und Unterbeschäftigung

Jahr	Registrierte Arbeitslose[1] (1.000 Personen)	Erwerbspersonen-potenzial (1.000 Personen)	Arbeitslosenquote* (Prozent)		Unterbeschäftigung nach BA-Konzept (1.000 Personen)		Stille Reserve (Jahresdurchschnitt)
			insgesamt	darunter Frauen	ohne Kurzarbeit	mit Kurzarbeit	
2010	3.238	45.230	7,7	8,1	4.716	4.887	1.389
2015	2.795	45.911	6,4	6,6	3.614	3.666	1.048
2020	2.695	47.520	5,9	6,3	3.488	4.705	949
2021	2.613	47.400	5,7	6,0	3.368	4.254	944
2022	2.418	-	5,3	5,4	3.185	-	880
2023	2.609	-	5,7	5,8	3.484	-	-
Früheres Bundesgebiet ohne Berlin							
2010	2.227	37.116	6,6	7,1	3.227		
2015	2.021	-	5,7	5,6	2.610		
2020	2.075	-	5,6	5,2	2.703		
2021	2.006	-	5,7	5,1	-		
2022	1.850	-	5,0	4,9	-		
2023	2.000	-	5,4	5,2	-		
Neue Bundesländer und Berlin							
2010	1.011	7.602	12,0	12,3	1.474		
2015	774	-	9,2	8,7	1.022		
2020	620	-	7,3	6,6	816		
2021	607	-	7,1	6,6	-		
2022	568	-	6,7	6,3	-		
2023	609	-	7,2	6,8	-		

Tatsächliche Arbeitslosigkeit in 1.000 Personen[2]	Dezember 2020	Dezember 2021	November 2022
	3.516	3.072	3.219

1) Bezogen auf die abhängigen zivilen Erwerbspersonen; 2) www.die-linke.de/themen/arbeit/tatsächliche-arbeitslosigkeit.
Quelle: Bundesagentur für Arbeit, IAB-FB-A2.

Tabelle A 5: Konjunkturdaten

Jahr	Bruttoinlandsprodukt		Konsum		Investitionen		Außenhandel		Kapazitätsauslastung verarbeitendes Gewerbe
	Mrd. Euro		privater	Staats-	Ausrüstungen	Bau	Exporte	Importe	Prozent
		prozentuale Veränderung zum Vorjahr, preisbereinigt							
2005	2.288	0,7	0,8	0,6	6,0	-2,7	7,5	9,1	83,0
2006	2.385	3,8	1,4	1,1	10,9	7,0	13,6	16,9	85,9
2007	2.500	3,0	-0,2	1,7	7,4	5,5	8,1	4,9	87,3
2008	2.546	1,0	0,3	3,7	2,1	2,8	2,0	4,7	86,5
2009	2.446	-5,7	-0,1	3,2	-20,5	-2,3	-18,4	-17,5	72,0
2010	2.564	4,2	0,7	1,4	11,7	4,6	18,5	19,9	79,7
2011	2.694	3,9	1,8	1,0	7,4	11,5	11,5	13,2	86,1
2012	2.745	0,4	1,3	1,3	-1,1	3,4	3,0	-0,3	83,5
2013	2.811	0,4	0,4	1,3	-2,2	1,4	-0,4	-1,0	82,1
2014	2.927	2,2	1,1	1,7	5,4	4,3	3,3	2,2	83,9
2015	3.026	1,5	1,9	2,9	5,4	0,4	6,2	4,3	84,5
2016	3.135	2,2	2,4	4,0	3,5	5,7	0,9	0,6	84,6
2017	3.267	2,7	1,4	1,7	4,8	4,5	6,2	8,0	86,6
2018	3.368	1,0	1,5	0,8	4,9	7,4	3,0	5,6	87,7
2019	3.473	1,1	1,6	2,6	2,4	5,1	0,8	1,4	84,5
2020	3.405	-3,8	-5,9	4,1	-10,0	5,9	-9,1	-7,0	77,3
2021	3.602	3,2	1,5	3,1	4,8	5,7	14,3	17,3	84,8
2022	3.867	1,8	3,9	1,6	11,4	14,0	14,2	24,2	85,2
2023	4.121	-0,3	-0,8	-1,7	8,9	5,9	0,6	-3,5	83,4

Wachstumsrate BIP saison- und kalenderbereinigt.
Quellen: Statistisches Bundesamt, Deutsche Bundesbank, ifo München. Rechenstand: Januar 2024

Tabelle A 6: Verteilung der verfügbaren Einkommen der privaten Haushalte

Jahr	Masseneinkommen insgesamt	darunter: Nettolöhne und -gehälter	darunter: monetäre Sozialleistungen (netto)	Betriebsüberschuss/ Selbstständigeneinkommen, Vermögenseinkommen	Verfügbares Einkommen	Sparquote
	Milliarden Euro					Prozent
1991	707	493	219	338	1.004	12,9
2000	920	605	323	413	1.279	9,3
2005	986	637	296	477	1.417	10,6
2015	1.274	863	411	535	1.725	10,1
2016	1.323	896	426	552	1.785	10,2
2017	1.374	933	442	572	1.844	10,6
2018	1.431	976	454	588	1.920	11,3
2019	1.499	1.022	474	564	1.961	10,9
2020	1.545	1.021	413	534	1.987	16,5
2021	1.597	1.062	420	553	2.036	14,9
2022	1.661	1.119	411	613	2.164	11,1
2023	1.791	1.215	447	622	2.291	11,3
	Verfügbares Einkommen = 100 *					
1991	70,4	49,1	21,8	33,7	100	
2000	71,9	47,3	25,2	32,3	100	
2005	69,6	44,9	20,9	33,7	100	
2015	73,9	50,0	23,8	31,0	100	
2016	74,1	50,2	23,9	30,9	100	
2017	74,5	50,6	24,0	31,0	100	
2018	74,5	50,8	23,6	30,6	100	
2019	76,4	52,1	24,2	28,8	100	
2020	77,8	51,4	20,8	26,9	100	
2021	78,4	52,2	20,6	27,2	100	
2022	76,8	51,7	19,0	28,3	100	
2023	78,2	53,0	19,5	27,1	100	

* Differenz bedingt durch Saldo verschiedener übriger Transferleistungen, wie beispielsweise Schadensersatzleistungen aus Versicherungen oder Überweisungen Erwerbstätiger im Inland an das Ausland. 2015 waren es ca. 60 Mrd. Euro.
Quellen: Statistisches Bundesamt, eigene Berechnungen. Rechenstand: Januar 2024.

Tabelle A 7: Durchschnittliche Bruttomonatsverdienste der abhängig Beschäftigten (Vollzeitbeschäftigte)*

Jahr	Früheres Bundesgebiet			Neue Bundesländer		
	Vollzeitbeschäftigte Arbeitnehmer*innen					
	Insgesamt	Männer	Frauen	Insgesamt	Männer	Frauen
	Euro					
1991	1.987	2.175	1.555	924	966	846
1995	2.358	2.562	1.891	1.652	1.693	1.551
2000	2.652	2.848	2.199	1.929	1.959	1.867
2005	3.009	3.203	2.537	2.239	2.285	2.165
2007	3.134	3.329	2.657	2.344	2.392	2.263
2008	3.213	3.413	2.724	2.431	2.474	2.357
2009	3.248	3.436	2.791	2.486	2.519	2.432
2010	3.338	3.537	2.855	2.547	2.584	2.484
2011	3.426	3.633	2.928	2.609	2.652	2.534
2012	3.517	3.731	3.006	2.639	2.696	2.542
2013	3.577	3.783	3.089	2.691	2.740	2.605
2014	3.652	3.864	3.156	2.760	2.818	2.657
2015	3.726	3.937	3.227	2.886	2.929	2.807
2016	3.819	4.029	3.324	2.974	3.012	2.904
2017	3.885	4.095	3.394	3.049	3.084	2.985
2018	3.994	4.205	3.495	3.150	3.187	3.081
2019	4.110	4.313	3.627	3.246	3.278	3.174
2020	4.081	4.269	3.638	3.289	3.317	3.231
2021	4.208	4.401	3.758	3.403	3.430	3.345
	Durchschnittliche jährliche Veränderung in Prozent					
1991–1995	4,4	4,2	5,0	15,6	15,1	16,4
1995–2000	2,4	2,1	3,1	3,1	3,0	3,8
2000–2005	2,6	2,4	2,9	3,0	3,1	3,0
2005–2010	2,1	2,0	2,4	2,6	2,5	2,8
2010–2015	2,2	2,2	2,5	2,5	2,5	2,5
2015–2020	1,8	1,6	2,4	2,6	2,5	2,9
2020–2021	3,1	3,1	3,3	3,5	3,4	3,5

* Im Produzierenden Gewerbe und im Dienstleistungsbereich *ohne* Sonderzahlungen.
Quellen: Statistisches Bundesamt, eigene Berechnungen.

Tabelle A 8: Verdienste und Arbeitszeiten der abhängig Beschäftigten im produzierenden Gewerbe und Dienstleistungsbereich 2007 und 2021

Art der Beschäftigung	Anteile in Prozent	Bezahlte Wochenarbeitszeit in Stunden	Bruttoverdienste in Euro je			Anteile in Prozent	Bezahlte Wochenarbeitszeit in Stunden	Bruttoverdienste in Euro je		
			Stunde	Monat	Jahr			Stunde	Monat	Jahr
	Früheres Bundesgebiet im Jahr 2021					Früheres Bundesgebiet im Jahr 2007				
Männer										
Vollzeitbeschäftigte	83,7	38,5	29,27	4.895	58.745	87,2	39,1	21,91	3.717	44.610
Teilzeitbeschäftigte	8,4	25,9	23,60	2.653	31.832	4,8	24,5	16,36	1.740	20.881
Geringfügig Beschäftigte	7,9	-	-	330	3.954	8,0	-	-	264	3.170
Frauen										
Vollzeitbeschäftigte	42,9	38,1	24,64	4.075	48.899	45,1	38,5	17,34	2.903	34.831
Teilzeitbeschäftigte	44,5	24,5	22,05	2.343	28.116	36,1	23,3	16,02	1.623	19.474
Geringfügig Beschäftigte	12,6	-	-	340	4.075	18,8	-	-	277	3.319
	Neue Bundesländer im Jahr 2021					Neue Bundesländer im Jahr 2007				
Männer										
Vollzeitbeschäftigte	83,7	39,0	21,74	3.680	44.165	87,8	39,7	14,84	2.560	30.722
Teilzeitbeschäftigte	10,7	28,3	19,31	2.371	28.454	4,8	28,7	13,21	1.648	19.781
Geringfügig Beschäftigte	5,6	-	-	333	3.998	7,5	-	-	188	2.256
Frauen										
Vollzeitbeschäftigte	45,2	38,6	21,14	3.542	42.506	53,9	39,1	14,23	2.416	28.993
Teilzeitbeschäftigte	47,7	29,1	18,86	2.386	28.636	34,7	28,7	12,83	1.599	19.189
Geringfügig Beschäftigte	7,1	-	-	322	3.867	11,4	-	-	193	2.316

Bruttoverdienste für Monat und Jahr einschließlich Sonderzahlungen.
Quelle: Statistisches Bundesamt, Fachserie 16, eigene Berechnungen.

Tabelle A 9: Reallöhne und Arbeitsproduktivität

Jahr	Bruttolohn monatlich je abhängig Beschäftigten (Euro)	Nettolohn monatlich je abhängig Beschäftigten (Euro)	Verbraucherpreisindex	Reallohn brutto	Reallohn netto	Arbeitsproduktivität Bruttoinlandsprodukt je Erwerbstätigen	Arbeitsproduktivität je Erwerbstätigenstunde	Geleistete Arbeitsstunden je abh. Beschäftigten	Bruttolohnquote (Prozent)
	Euro	Euro	1991 = 100						
1991	1.657	1.161	100,0	100,0	100,0	100,0	100,0	100,0	69,5
2000	2.093	1.407	122,0	103,6	99,4	112,0	118,7	93,1	72,2
2010	2.403	1.638	142,3	101,9	99,1	118,8	129,5	91,3	68,0
2011	2.487	1.682	145,4	103,2	99,6	122,0	132,8	91,5	67,1
2012	2.560	1.728	148,1	104,3	100,5	121,1	133,7	90,3	68,9
2013	2.616	1.763	150,4	105,0	101,0	120,7	134,3	89,7	69,3
2014	2.693	1.812	151,9	107,0	102,8	122,3	135,7	90,2	69,2
2015	2.773	1.862	152,7	109,6	105,1	122,9	136,4	90,4	69,5
2016	2.842	1.905	153,5	111,8	106,9	124,1	138,2	90,2	69,3
2017	2.917	1.950	155,7	113,0	107,8	125,8	140,7	90,0	69,4
2018	3.009	2.008	158,5	114,6	109,1	125,3	141,0	89,6	69,9
2019	3.101	2.078	160,7	116,4	111,3	125,5	142,0	89,3	70,8
2020	3.098	2.087	161,6	115,7	111,3	121,6	143,6	86,1	72,2
2021	3.201	2.165	166,6	116,0	112,0	125,3	144,7	88,2	69,3
2022	3.333	2.244	178,0	113,0	108,6	125,8	145,2	88,1	70,0
2023	3.537	2.417	188,6	113,2	110,4	124,5	143,9	88,1	70,0

Quellen: Statistisches Bundesamt, Fachserie 18, eigene Berechnungen. Rechenstand: Januar 2024.

Tabelle A 10: Kassenmäßiges Aufkommen wichtiger Steuerarten

Jahr	Steuern insgesamt VGR (Steuern der Gebietskörperschaften)	Massensteuern			Steuern auf Gewinne und Vermögen					Steuerquote in Prozent des Bruttoinlandsprodukts (VGR)	Verschuldung der öffentlichen Haushalte – Gebietskörperschaften
		Insgesamt	darunter:		Insgesamt	darunter:					
			Lohnsteuer	Steuern vom Umsatz		Veranlagte Einkommensteuer	Körperschaftsteuer	Kapitalertragsteuer			
	Mrd. Euro									Prozent	Mrd. Euro
2000	481	326	136	141	87	12	24	21		24	1.232
2005	476	313	119	140	79	10	16	17		21	1.526
2010	550	361	128	180	105	31	12	22		22	2.088
2015	673	443	179	210	146	49	20	26		23	2.178
2018	776	498	208	235	187	60	33	30		24	2.064
2019	796	518	220	243	187	64	32	29		24	2.047
2020	740	478	209	217	165	59	24	30		23	2.314
2021	833	519	218	249	223	72	42	38		24	2.433
2022	-	560	227	285	-	77	46	-		25	2.325
2023*	833	694	238	293	-	73	46	-		23	2.453

Massensteuern: Lohnsteuer, Umsatzsteuer, Energiesteuer, Tabaksteuer. *Steuern auf Gewinne und Vermögen:* Veranlagte Einkommensteuer, Körperschaftsteuer, Gewerbesteuer, Kapitalertragsteuer, Vermögensteuer, Erbschaftsteuer (oben nicht separat aufgeführt). — Quellen: Statistisches Bundesamt, Deutsche Bundesbank, Bundesministerium der Finanzen, eigene Berechnungen. * Schätzungen für das Jahr 2023.

Steuern und Sozialabgaben in Prozent des Bruttoinlandsprodukts

	Deutschland	Dänemark	Frankreich	Italien	Kanada	Österreich	Schweden	Spanien	Großbritannien	USA
2010	35,5	44,8	42,1	41,7	31,0	41,0	42,9	31,3	31,1	23,4
2021	39,5	46,9	45,1	43,3	33,2	43,5	42,6	38,4	33,5	26,6

Steuern in Prozent des Bruttoinlandsproduktes

	Deutschland	Dänemark	Frankreich	Italien	Kanada	Österreich	Schweden	Spanien	Großbritannien	USA
2010	21,7	44,7	26,0	28,7	26,4	27,0	32,1	19,4	26,0	17,3
2021	24,6	46,8	30,3	29,8	28,5	28,1	33,6	24,7	26,8	20,2

Quelle: Monatsbericht des Bundesministeriums der Finanzen, Februar 2023, nach den Abgrenzungsmerkmalen der OECD.

Tabelle A 11a: Armutsgefährdungsquoten in Deutschland[1]

Merkmal	2010	2012	2014	2015	2016	2017	2018	2019	2020[2]	2021	2022[3]
Insgesamt	14,5	15,0	15,4	15,7	15,7	15,8	15,5	15,8	15,9	16,2	16,7
Männlich	14,0	14,3	14,8	15,1	15,2	15,4	15,0	15,2	15,3	16,0	15,7
Weiblich	15,0	15,8	16,0	16,3	16,2	16,2	16,0	16,6	17,0	17,8	17,7
unter 18 Jahre	18,2	18,7	19,0	19,7	20,2	20,4	20,1	20,5	20,4	21,3	21,6
18 bis unter 25 Jahre	22,7	24,1	24,6	25,5	25,5	26,0	25,6	25,8	25,9	25,8	25,3
25 bis unter 50 Jahre	13,3	13,5	13,8	14,2	14,3	14,5	14,0	14,1	14,4	14,9	14,5
50 bis unter 65 Jahre	12,5	12,7	13,0	13,1	12,1	12,1	11,7	12,0	12,3	13,0	12,6
65 Jahre und älter	12,3	13,6	14,4	14,6	14,8	14,6	14,7	15,7	16,3	17,6	17,5
Einpersonenhaushalt	23,8	25,6	25,6	26,2	26,3	26,5	25,8	26,5	27,8	28,2	27,6
Zwei Erwachsene ohne Kind	8,7	8,7	9,3	9,3	8,8	8,5	8,4	8,7	8,7	9,2	9,1
Ein(e) Erwachsene(r) mit Kind	38,6	41,9	41,9	43,8	43,6	42,8	41,5	42,7	40,4	42,3	42,9
Zwei Erwachsene und ein Kind[2]	9,6	9,5	9,6	9,8	9,2	9,4	9,1	8,8	9,0	8,9	8,4
Zwei Erwachsene und zwei Kinder	10,7	10,4	10,6	10,8	11,5	11,3	10,7	11,0	11,4	11,3	11,2
Zwei Erwachsene und drei oder mehr Kinder	23,2	23,5	24,6	25,2	27,4	29,1	30,0	30,9	31,2	32,2	31,8
Erwerbstätige insgesamt	7,5	7,6	7,6	7,8	7,7	7,8	7,7	8,0	8,7	8,9	8,7
Selbstständige (einschl. mithelfende Angehörige)	8,4	8,9	8,6	8,8	8,7	8,9	8,5	9,0	13,0	13,0	11,4
Abhängig Erwerbstätige	7,4	7,5	7,5	7,6	7,6	7,7	7,6	7,9	8,3	8,5	8,4
Erwerbslose	54,0	59,1	57,6	59,0	56,9	57,2	57,4	57,9	52,0	49,4	49,2
Nichterwerbspersonen	18,5	20,0	21,2	21,9	22,4	22,7	22,4	23,1	22,6	24,2	24,4
Rentner*innen und Pensionär*innen	12,6	14,2	15,6	15,9	15,9	16,0	16,1	17,1	17,5	18,2	18,1
Qualifikationsniveau[4] Niedrig (ISCED 0-2)	35,6	37,9	39,6	40,3	40,2	41,2	40,3	41,7	38,9	39,8	38,9
Qualifikationsniveau[4] Mittel (ISCED 3-4)	14,0	14,6	14,9	15,2	15,0	14,9	14,7	15,2	16,2	16,4	16,1
Qualifikationsniveau[4] Hoch (ISCED über 5)	4,8	5,0	5,0	5,3	5,5	5,6	5,6	5,9	6,5	6,7	6,8
Ohne deutsche Staatsangehörigkeit	31,7	31,5	32,5	33,7	35,5	36,2	34,8	35,2	35,9	35,9	35,3
Mit deutscher Staatsangehörigkeit	12,9	13,6	13,7	13,8	13,3	13,1	12,8	13,2	13,3	14,1	13,7
Mit Migrationshintergrund	26,2	26,3	26,7	27,7	28,0	28,6	27,2	27,8	28,0	28,6	28,1
Ohne Migrationshintergrund	11,7	12,3	12,5	12,5	12,1	11,8	11,4	11,7	11,8	12,5	12,1

1) In Prozent, gemessen am Bundesmedian; 2) Die Ergebnisse des Mikrozensus ab dem Erhebungsjahr 2020 sind nur eingeschränkt mit den Vorjahreswerten vergleichbar; 3) Ersterergebnisse des Mikrozensus 2022; 4) Qualifikationsniveau des/der Haupteinkommensbezieher*in; Quelle: Statistisches Bundesamt, Mikrozensus.

Tabelle A 11b: Armutsgefährdungsquoten nach Bundesländern[1] und in den Mitgliedstaaten der EU

Bundesländer	2005	2010	2015	2021[2]
Deutschland	14,7	14,5	15,7	16,9
Alte Bundesländer	13,2	13,3	14,7	16,7
Neue Bundesländer	20,4	19,0	19,7	18,0
Baden-Württemberg	10,6	11,0	11,8	14,1
Bayern	11,4	10,8	11,6	12,8
Berlin	19,7	19,2	22,4	20,1
Brandenburg	19,2	16,3	16,8	14,8
Bremen	22,3	21,1	24,8	28,2
Hamburg	15,7	13,3	15,7	17,5
Hessen	12,7	12,1	14,4	18,5
Mecklenburg-Vorpommern	24,1	22,4	21,7	18,3
Niedersachsen	15,5	15,3	16,5	18,3
Nordrhein-Westfalen	14,4	15,4	17,5	19,2
Rheinland-Pfalz	14,2	14,8	15,2	17,0
Saarland	15,5	14,3	17,2	17,6
Sachsen	19,2	19,4	18,6	17,0
Sachsen-Anhalt	22,4	19,8	20,1	19,2
Schleswig-Holstein	13,3	13,8	14,6	15,6
Thüringen	19,9	17,6	18,9	19,0

1) In Prozent, gemessen am Bundesmedian;
2) Die Ergebnisse des Mikrozensus ab 2020 sind nur eingeschränkt mit Vorjahreswerten vergleichbar.
Quelle: Statistische Ämter des Bundes und der Länder/amtliche Sozialberichterstattung.

Land	2022	Land	2022	Land	2022
EU-27	16,5	Zypern	13,9	Luxemburg	17,4
Tschechien	10,2	Irland	14,0	Kroatien	18,0
Slowenien	12,1	Niederlande	14,5	Griechenland	18,8
Dänemark	12,4	Österreich	14,8	Spanien	20,4
Finnland	12,7	Frankreich	15,6	Litauen	20,9
Belgien	13,2	Portugal	16,4	Rumänien	21,2
Polen	13,7	Deutschland	16,7	Lettland	22,5
Slowakei	13,7	Malta	16,7	Estland	22,8

Quelle: Eurostat; für Deutschland Statistisches Bundesamt; Datenstand: Januar 2024.

Tabelle A 12: Bevölkerung 2019 nach Bildungsabschluss

Bundesland	Insgesamt	Noch in schulischer Ausbildung	Haupt-(Volks-)schulabschluss	Abschluss der polytechnischen Oberschule	Realschule oder gleichwertiger Abschluss	Fachhochschul- oder Hochschulreife	Ohne Angabe zur Art des Abschlusses	Ohne allgemeinen Schulabschluss
Deutschland	*100*	*3,6*	*29,0*	*7,4*	*24,5*	*33,2*	*0,1*	*2,1*
Baden-Württemberg	100	3,7	31,3	1,0	26,7	35,0	0,1	1,9
Bayern	100	3,1	38,6	1,1	25,4	30,0	0,2	1,4
Berlin	100	3,5	13,8	11,1	20,6	48,6	-	2,2
Brandenburg	100	3,2	11,9	35,5	17,6	29,7	-	2,0
Bremen	100	3,4	25,9	-	27,2	39,7	-	2,9
Hamburg	100	3,9	19,7	0,8	23,5	47,6	0,4	3,1
Hessen	100	4,0	27,7	1,1	27,7	37,3	-	2,0
Mecklenburg-Vorpommern	100	2,8	13,6	39,6	17,8	23,5	-	2,6
Niedersachsen	100	3,6	30,7	1,3	31,5	30,5	0,1	2,3
Nordrhein-Westfalen	100	4,2	32,4	0,7	23,1	36,7	0,1	2,8
Rheinland-Pfalz	100	3,8	36,9	0,8	25,0	31,1	-	2,3
Saarland	100	3,0	40,7	-	22,5	30,9	-	2,2
Sachsen	100	2,7	17,2	32,9	18,9	26,9	-	1,4
Sachsen-Anhalt	100	2,6	14,3	41,9	16,9	21,8	-	1,9
Schleswig-Holstein	100	3,6	30,7	0,9	30,8	31,0	0,3	2,1
Thüringen	100	2,7	15,5	41,3	15,4	24,1	-	1,0
Früheres Bundesgebiet	100	3,7	32,3	1,0	26,1	34,4	0,1	2,2
Neue Bundesländer*	100	2,8	14,3	36,0	17,3	27,8	0,1	1,7

* Ohne Berlin. — Quelle: Statistisches Bundesamt, Bildungsstand der Bevölkerung – Ergebnisse des Mikrozensus 2019, Tabelle 3.4.1.

Tabelle A 13: Europäische Union – Wirtschaftsdaten[1]

Ländergruppe/Land	Wachstum Bruttoinlandsprodukt (Prozent)			Arbeitslosenquote (Prozent)			Außenbeitrag (Milliarden Euro)			Öffentlicher Bruttoschuldenstand (Prozent zum Bruttoinlandsprodukt)		
	2009	2020	2023[1]	2019	2022	2023[1]	2009	2019	2021	2009	2021	2022
EU (27 Länder)	-4,3	-5,9	0,5	6,8	6,1	6,0	140,5	486,1	540,0	73,3	87,4	83,5
Euroraum (20 Länder)[2]	-4,4	-6,4	0,6	7,6	6,7	6,5	150,1	408,1	479,1	79,2	94,8	91,0
Darunter:												
Deutschland	-5,6	-4,6	0,1	3,0	3,0	3,0	121,5	198,4	188,4	72,6	69,0	66,1
Griechenland	-4,3	-9,0	2,6	17,9	12,3	11,0	-23,2	-3,1	-14,0	126,7	195,0	172,6
Spanien	-3,6	-10,8	2,0	14,1	12,7	12,0	-12,4	36,5	17,9	52,8	116,8	111,6
Frankreich	-2,9	-7,9	1,2	8,4	7,3	7,4	-15,3	-23,7	-48,0	83,0	112,9	111,8
Italien	-5,5	-9,0	0,3	9,9	8,0	7,7	-10,3	60,6	39,9	112,5	147,1	141,7
Niederlande	-3,8	-3,8	-0,2	4,4	3,6	3,6	47,4	79,6	87,8	56,8	51,7	50,1
Österreich	-3,8	-6,7	-1,3	4,8	4,6	5,7	9,7	14,2	2,6	79,9	82,5	78,4
Portugal	-3,0	-8,4	2,6	6,7	6,2	6,3	-12,1	1,0	-6,1	83,6	124,5	112,4
Schweden	-5,2	-2,9	-0,4	7,0	7,3	7,1	17,8	20,6	23,5	41,3	36,5	32,9
Nachrichtlich:												
Großbritannien	-4,2	-10,0	-	3,8	-	-	-31,8	-59,1	-	63,7	95,3	-
USA	-2,8	-3,4	2,4	3,7	3,5	3,5	-382,7	-	-	89,7	128,1	-
Japan	-5,5	-4,6	-	2,4	2,6	2,7	-99,9	-	-	215,3	262,5	-

1) Prognose; 2) bis 2022 umfasste der Euroraum 19 Länder.

Quellen: Eurostat, Bundesbank-Monatsbericht, BMF-Monatsbericht, BMWi-Monatsbericht.